《国际安全治理》丛书（二）

国际安全治理的
理论与实践

The Theory and Practice of International Security Governance

赵晓春◎主　编
申　林◎副主编

时事出版社
北京

图书在版编目（CIP）数据

国际安全治理的理论与实践/赵晓春主编 .—北京：时事出版社，2018.9
ISBN 978-7-5195-0089-4

Ⅰ.①国… Ⅱ.①赵… Ⅲ.①国家安全—研究—世界 Ⅳ.①D815.5

中国版本图书馆 CIP 数据核字（2018）第 178040 号

出 版 发 行：	时事出版社
地　　　址：	北京市海淀区万寿寺甲 2 号
邮　　　编：	100081
发 行 热 线：	（010）88547590　88547591
读者服务部：	（010）88547595
传　　　真：	（010）88547592
电 子 邮 箱：	shishichubanshe@ sina. com
网　　　址：	www. shishishe. com
印　　　刷：	北京朝阳印刷厂有限责任公司

开本：787×1092　1/16　印张：21　字数：265 千字
2018 年 9 月第 1 版　2018 年 9 月第 1 次印刷
定价：130.00 元
（如有印装质量问题，请与本社发行部联系调换）

《国际安全治理》丛书（二）

编委会
主 任 陶 坚
副主任 郭惠民

编委（按姓氏笔画排序）
王灵桂　王　帆　王逸舟　达　巍　孙君健
刘建飞　刘跃进　刘笑盈　朱素梅　李永辉
李文良　李少军　李绍先　李　渤　苏长和
杨光斌　吴志成　季志业　陈　岳　孟祥青
孟晓旭　金灿荣　林利民　罗英杰　杨建英
赵晓春　唐永胜　秦亚青　袁　鹏　黄大慧
黄仁伟　彭光谦　楚树龙　戴长征

总　编： 林利民

本书获北京市支持中央在京高校共建项目经费支持

序

《国际安全治理》第一辑《国际安全治理的困境与出路》于2017年出版,很高兴2018年又迎来了第二辑《国际安全治理的理论与实践》的面世。在此,我谨表祝贺并谈谈几点看法。

国际安全治理与中国国家安全建设密切相关。习近平主席指出,国家安全工作应当坚持总体国家安全观,以促进国际安全为依托。这说明,中国的国家安全建设,无论是人民安全,还是政治安全、经济安全、社会安全,抑或是文化安全、生态安全、资源安全等都离不开和平有序的国际环境。和平有序的国际环境难以自动生成,需要世界各国的共同治理。因而,国际安全治理之成效关涉到中国国家安全建设之得失。国际安全治理兹事体大,中国国际关系学者有义不容辞贡献智慧之责任。另一方面,中国总体国家安全之建设亦能促进国际安全之治理。中国不是国际体系的颠覆者,而是建设者和完善者。因此,中国谋求国家安全,不是建立在他国的不安全之上,亦非对国际安全的挑战,而是与世界诸国的共存共容,是对国际共同安全的促进增益。职是之故,自身安全与共同安全紧密联系,中国的国际安全治理研究应当与中国的国家安全研究相结合。

国际安全治理是全球治理的重要组成部分,亦为全球治理中其他治理的保障;故而,在全球治理中解决国际安全问题至为重要。此一问题的解决端赖于打造一个公平合理的人类命运共同体。习近平主席提出的人类命运共同体概念对于解决国际争端、实现国际安全的良好治理至为重要。国家之间的利益竞争、谋夺荣誉和相互猜疑使对立和冲突成为国际关系的常态，如何才能避免国与国的战争、实现人类的永久和平，成为国际安全治理和全球治理的核心和关键。现实主义理论主张以实力谋求安全；但这种把一国的安全建立在他国的不安全之上的做法，必然引发国家之间的军备竞赛和军事对抗，因而并不能带来秩序、和平与安全。新自由主义理论诉诸于制度建构，希图通过国际制度和组织来实现安全；这种努力虽取得了一定成效，但由于缺乏贯彻制度的最高权力，故非根本解决之途径。建构主义理论试图通过各国之间的互动交流实现共情，借以增进各国之间的相互理解；但在对抗或潜在对抗的背景下，此目标的达成殊为不易。人类命运共同体理念开辟了解决国际安全的一种新的理论尝试，经过长期实践后，一旦各国的人类命运共同体的集体意识形成，则国际安全治理和全球治理水平将有望达到一个新高度。

国际关系学院国际政治系几十年来致力于国际关系研究，近年来尤其在国际安全问题研究方面取得了一批成果，其中有专著、编著和具影响力的期刊论文。2017年12月，国际关系学院国政系主办了"国际安全治理与人类命运共同体"论坛，学界大家云集、慷慨激昂，纵论国际风云，站在人类命运共同体的高度，或从国际安全治理与国家安全建设的关系，或从国际安全治理与全球治理的关系，或从国际安全治理的内在逻辑，深究国际安全困境之因、探求国际安全实现之道，智慧竞相迸发。此书即是此次论坛的成果的扩大呈现。

希望国际安全治理论坛能继续办下去，且越办越好；也希望能见到更多的《国际安全治理》专辑和相关研究论著，并以此形成国际关系学院国际政治系新的学术品牌和学术优势！

国际关系学院副校长、教授

目 录

理论篇

共商共建共享：国际安全治理的新理念 …………………… 秦亚青（3）

全球治理的新关切与人类命运共同体 ……………………… 蔡 拓（12）

冷战后"安全观"的转型 ……………………………………… 王树春（17）

国际安全治理中的目的性治理和无目的性治理 …………… 张胜军（22）

理解构建人类命运共同体在全球治理中的地位与作用 …… 李 伟（26）

"人类命运共同体"话语传播与国际安全治理 …………… 孙吉胜（30）

实践篇

解决朝核问题的思考 …………………………… 黄凤志　丁 菱（43）

全球恐怖主义热点分布与态势感知 …………… 杨 溪　李 伟（55）

美国"打朝"的可能性与朝鲜半岛问题的未来 …………… 程亚克（81）

东北亚安全形势的发展与影响 ……………………………… 孟晓旭（94）

简析日本的印太体系安全治理及对中国的影响 …………… 葛建华（108）

南亚地区安全治理的困境与出路 …………………………… 钱 峰（115）

阿富汗安全困局与安全治理 ………… 申 林　张 昕　李炯燊（122）

南太地缘政治与中国的南太安全战略 ……………………… 刘 丹（136）

欧洲安全治理与人类命运共同体建设 ……………………… 张 健（145）

当代西欧民族分离主义问题治理的国内因素影响
.... 李　渤　庞嘉元（152）
当前国际安全乱局与西方的"责任" .... 张　蓓（161）

中国篇

党和国家历代主要领导人的"国家安全观"析评 .... 林利民（175）
新时代中国特色大国外交析论 .... 吴志成（196）
中国参与全球治理的实践与特点 .... 赵晓春（207）
中国全面参与全球治理的兼容问题 .... 王灵桂（213）
共同体战略与金砖合作治理的中国含义 .... 刘　毅（217）

附录　国际安全治理论坛 2017：国际安全治理与
　　　"人类命运共同体"会议纪要 .... （227）

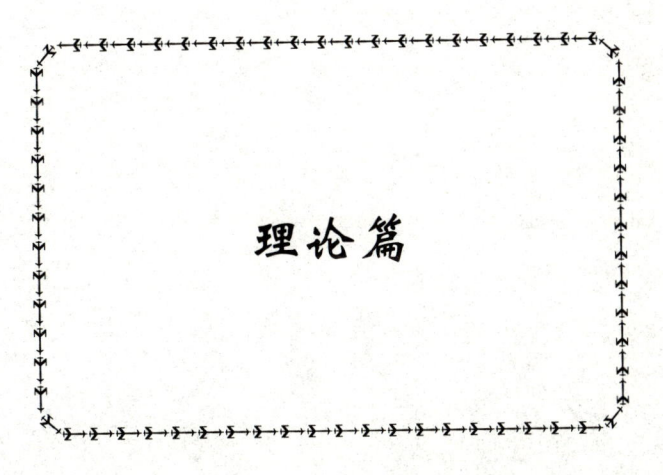

理论篇

共商共建共享：国际安全治理的新理念

秦亚青[*]

[内容提要] 从个体国家的绝对安全到相互安全和共同安全，国际安全理念经历一个渐进的发展历程。今年兴起的民粹现实主义强调自民族第一、自国家优先，在国际安全问题上是向绝对自安全的倒退。全球化会继续发展，全球治理也是国际社会的共同需求。共商共建共享的全球治理观重视相互安全、共同安全、综合安全，提倡多元开放包容的安全共同体，将人类命运共同体视为国际社会的建设目标，代表了当今世界民主、进步的发展方向。

[关键词] 国际安全　全球治理　共商共享共治　人类命运共同体

十九大报告明确指出："中国秉持共商共建共享的全球治理观，倡导国际关系民主化，坚持国家不分大小、强弱、贫富一律平等，支持联合国发挥积极作用，支持扩大发展中国家在国际事务中的代表性和发言权。中国将继续发挥负责任大国作用，积极参与全球治理体系的改革和建设，不断贡献中国智慧和力量。"这就把中国的全球治理观总结性地、提纲挈领地定义为"共商共建共享"。这是一种

---

[*] 秦亚青，外交学院教授，主要研究领域为国际政治理论、全球治理等理论问题。

新的治理理念，表现了我们秉持一种什么样的安全理念，指明了我们要走一条什么样的全球治理道路。共商共建共享治理理念的核心是全球治理的民主化、公正性、合法性。国际安全治理是全球治理的一个重要方面，需要遵循同样的治理原则，亦即共商共建共享的国际安全治理。本文就这一主体主要讨论三个方面的内容：一是国际关系领域安全理念的发展；二是民粹现实主义对安全治理的冲击；三是共商共享共治的安全治理新理念。

一、安全理念的发展：自安全、相互安全和综合安全

从国家体系产生以来，国家安全概念就伴随着国家主权的原则诞生了。国家安全概念是西方人提出来的，是国际安全理念的起始，基本上是以自国家为核心的安全理念，强调国家自身的绝对安全保障。也就是说，初始的国家安全概念有一个内涵性的假定，即国家可以不依赖任何其他国家而独立获得安全。在设计这个概念的时候，原本就是完全从自身去考虑的，就是从一种自身绝对安全的方式去考虑安全问题的，所以是一种绝对"自安全"的考量。这样的考虑与西方的自在本体论有很强的关联。也就是说，个体是独立的、自在的，甚至是自为的。所以，个体是一切安全问题的根本，也是一切安全研究的起点。[①]

但是，国家是生活在一个国际社会之中的。任何自国家的存在都是与他国家的存在联系在一起的，无论国家有多强的实力，这都是一个毋庸置疑的事实，于是便产生了国际安全（international

---

① Qin Yaqing, "A Relational Theory of World Politics," *International Studies Review*, 2016, 18 (1): 33–47.

security）的概念。国际安全实际上是指国家之间的安全，这已经涉及到"相互安全"的问题，但其基础是独立和自在的个体国家，安全也是指这个独立自在的国家相对于其他独立自在的国家的安全。正因为如此，国家安全威胁也就主要指一个国家的安全受到另外国家的威胁，即"自国家"安全受到"他国家"的威胁。

到了20世纪50年代，在国际关系的发展和实践中，国际关系学者提出了"安全困境"概念，将相互安全的概念提升到一个重要的地位。[1]安全困境指一个国家处于保护自身安全所采取的自强措施会被其他国家认定为侵犯意图的反映和安全威胁的表现，因而其他国家也会采取相应的自强行动。结果就是自国家和他国家都陷入一种不断采取自强措施的恶性循环：越加强自我，就越感到不安全；越感到不安全，就会越加强自我。安全困境概念的提出包含了一个反映现实并针对现实的假定，即所有安全都是相互的。相互安全的概念从理论上否定了自安全的合理性，指出任何源于自安全的实践必然导致自我不安全。这可以说是安全困境的深刻启示。

于是，绝对安全开始向相互安全的概念发展。即便在最严酷的情况下，安全也是相互的。阿克塞罗德曾经做过一个安全个案的研究。[2]一战的时候，战壕里敌对双方的士兵，只要上级不命令射击，是不会主动开枪的。因为每一个士兵都知道，如果我不先开枪打对方，对方就不会先开枪打我。由于这样一种默契，双方的安全有了一定的保障。他在这篇文章中专门讨论了一战中战壕里的战士为什么在很多应该开枪的时候并没有开枪；想要说明的是，即便是敌对行为体也可

---

[1] John Herz, "Idealist Internationalism and the Security Dilemma," *World Politics*, 1950, 2: 157–180.

[2] Robert Axelrod, "The Live-and-Let-live-System in Trench Warfare in World War I," in Robert Axelrod, *The Evolution of Cooperation*, New York: Basic Books, 1984, pp. 73–87.

以进行安全合作。冷战时期美苏两家的核战略也是一个极端的例子。当时美国人曾经提出实施"核应用战略"(Nuclear Utilization Strategy, NUTS),这一战略正是以自我的绝对安全为主。核应用战略的逻辑是:我可以设立一种高效的防御体系,拦截对方的导弹,使对方不能伤害自己;但同时我的战略武器系统却完全可以摧毁对方。[1]星球大战战略就是在这套理论基础上发展起来的。这是一种以绝对自安全为考虑的安全战略,实际上是一种非常危险的战略,不但难以保证自己的安全,而且会将军备竞争不断推向高潮,使整个安全环境更加恶劣。所以冷战时期美苏双方更多地是采用"确保相互摧毁战略"(Mutual Assured Destruction, MAD)。这是一个出于相互安全考虑的理念,也是一种相对合理和切实可行的战略。所以,从某种意义上讲,不是核武器防止了体系性战争,而是相互安全的理念使得核武器这一毁灭性武器反而成为防止战争的重要因素。

全球化时代安全理念继续向前发展。两个方向发展尤为重要,一是从国家层面向个人层面延伸,可以称为下行移动。联合国系统提出了"人的安全"(human security)的理念和原则,反映了安全从国家向个人层面移动,也反映了国际安全自身范畴的变化。二是从国家向全球层面延展,可以说是上行移动,或称之为全球安全(global security)。全球化时代也被很多人称为跨国威胁时代,认为这个时代的威胁主要或者不仅仅是来自于其他国家,而是来自于一些共同的全球性危机。哥本哈根学派对安全化的讨论[2]、一些学者对

---

[1] Spurgeon Kenny Jr. and Wolfgang K. H. Panofsky, "MAD versus NUTS: Can Doctrine or Weaponry Remedy the Mutual Hostage Relationship of the Superpowers," *Foreign Affairs*, 1981, 60 (2): 287–304.

[2] Barry Buzan, Ole Wæver, and Jaap de Wilde, *Security: A New Framework for Analysis*, Boulder: Lynne Reinner, 1998.

跨国安全威胁时代安全问题的讨论①都反映了这些安全理念的演化。总体上来讲，相对于国家安全和国际安全这两个层面，这两个方向的安全问题又被通称为非传统安全，结果就是安全形态多样化和安全范畴的拓展。我们现在讨论国际安全形势的时候常用"复杂多变"等说法，正是因为涉及到诸多方面的安全，已经不仅仅是个体国家的自安全和国家之间的相互安全，而是既涉及方方面面的安全问题，也涉及到这些安全问题的相互影响和层层叠加。政治安全、军事安全、经济安全、环境安全等不同安全领域之间已经高度相互关联；国家安全、国际安全、人的安全、全球安全等不同层面的安全之间也已经密切相关。一个复杂的综合安全格局因之形成，安全也已经成为一个综合安全的概念。

二、民粹现实主义兴起及其对安全理念的冲击

这些年来，随着全球化发展，民粹现实主义兴起。民粹现实主义一方面是民粹主义，一方面是现实主义。民粹主义强调自民族第一、本国家优先，而现实主义强调物质性实力是这种优先的重要保障。从某种意义上讲，这是安全治理理念的一种倒退。

回顾全球化时代国家关系理念的重要发展，有三个国际社会的基本共识不容忽视：一是重视全球治理。全球性威胁需要全球治理，全球治理最主要的机制是多边制度安排。这在一定程度上弱化了国家是国际体系中唯一有意义的行为体，亦即国家中心论的假定，强化了国家之间相互关联和维护全球公地的意识。二是重视国际合作。由于全球性问题是

---

① Bruce Jones, Carlos Pascual, and Stephen John Stedman, *Power and Responsibility: Building International Order in an Era of Transnational Threats*, Washington D. C. : The Brookings Institution Press, 2009.

任何一个国家都无法单独解决的,国家之间、国家与其他行为体之间的合作就成为至关重要的事情。阿克塞罗德将一战期间战壕战的敌对双方不主动向对方开枪的做法称为相互生存合作,这是敌对双方之间为了自我生存的合作;而面对全球问题和跨国威胁产生的合作则是国家社会面对共同威胁的合作,是共同生存合作。三是重视合作安全。安全治理作为全球治理的重要组成部分,由于其性质的重要,由于其内涵和范畴的变化,更需要以综合安全和共同安全为重点,以合作安全为基本原则。任何自个体的绝对安全在一个全球化的时代、在安全性质发生重大变化的时期,都是不可能实现的。

民粹现实主义在安全问题上的倒退,对这些基本共识形成了强势的冲击。将民粹现实主义的两个要素(自国家第一和物质性实力第一)结合起来,用于国际安全治理,就是重新高调提出绝对的自国家安全。这是国际安全领域一个很重要的信号,背后的假定是只考虑自安全的战略是可以实现的。这种考虑的结果就是出台排他性安全观、安全战略和安全政策。正因为如此,才会出现"我的核弹按钮比你的大"等言辞和不断进行的大规模军事演习的行动。相信国家可以获得绝对安全,强调获得绝对安全的途径是增强自身的物质性实力,这些恰恰是民粹现实主义国家安全理念倒退的特征性表现。一个典型的例子就是全球最强的国家——美国所谓的"退出"政策,换句话说就是退出全球治理,全球安全也不再是"我"的事情。这个表现方面很多,不胜枚举。总体上说,不管表现为什么形态,出现在哪一个领域,都是一种理念上的倒退。

三、共商共建共享的安全治理理念

共商共建共享的国际安全治理理念是中国特色大国外交的一个

重要组成方面。它包括了从国家自安全到全球安全的整个范畴，考虑了全球化时代安全性质和内涵的变化，提出了一个新的安全治理理念，明确了与之配套的行为准则和路线图。

共商共建共享的全球治理观有几个非常明确的特点：

一是指明了安全的前提和目标，这就是共同安全。我们都生活在同一个地球，没有一个国家可以独善其身，国际社会存在的基础是共同存在，而不是孤立存在。这并非是不承认自个体的存在及其对安全的需求。任何一个自个体，比如国家，都是有着自身的独立存在和自身的安全利益的。但是这种存在和利益不是孤立的，而是与他个体的自身安全和自我利益、与整体的安全和利益共同存在、相互关联的。既然自我存在与他者存在是共时共在的，那么任何一个自我对于安全的考虑必须将他者的安全置于其中；既然个体存在与整体存在是共时共在的，那么任何一个自我对于安全的考虑必须将公地的安全置于其中。中国传统文化中"达己达人"的思想，用于安全领域便是"安己安人"。

二是提出了安全的基本原则，这就是平等安全。安全治理需要通过协商安排的过程加以实施和保障，不是一方强加给另一方的安全，一方强加给另一方的安全是不可持续的。在广义的全球治理问题上，从来都存在多种思想和多种模式。英国作为日不落帝国时期推行的帝国式治理，是将英国的治理模式挪移到被治理的国家和地区，这显然是一种不平等的治理模式。均势治理模式是在欧洲兴起的，是在具有主权的国家尤其是大国之间展开的。这也不是一种平等的安全治理模式，因为均势治理是依赖国家之间物质性实力的均衡而保持的一种战争阴影下的安全，大国完全可以牺牲小国的利益。霸权治理模式也是以不平等为前提条件的，因为霸权的存在本身就是强制性的保障。与这些安全治理模式相比较，共商共建共享的安全治理是一种真正意义上的平等治理模式，包含了高度的正义内涵，所以也是一条可持续的安全之路。

三是强调了安全的唯一途径，这就是合作安全。安全从本质上而言是一个双赢和多赢的概念，因为个体在社会中的存在本身就是一个与其他个体和整个社会的共同存在，自我的安全与他者的安全、与社会的安全是紧密联系在一起的，只有合作才是建立和维护安全的根本途径。任何追求自我绝对安全的努力最终都无法得以实现，并且可能导致不断恶化的自我安全环境，无论这一个体的自身多么强大都是如此。明智的做法只能是在合作中寻求相互的、共同的安全。我们常说，在国际社会中邻居是无法选择的，邻里之间只有选择合作，才能真正保护自我的安全。

四是表述了安全的理想形态，这就是人类命运共同体。在安全领域反映的是一种多元安全共同体、一种安全命运共同体。这是很值得深入探讨的一个方面，因为它超出现在国际关系学界尤其是西方关系学界研究的安全共同体。梳理一下西方学者讨论国际安全共同体的文献，就会发现几个重要的观点。首先是价值的同质化。国际安全共同体的一个重要的前提条件是高度政治制度同质化，也就是说，只有政治体制和价值体系完全相同的国家才能形成这样一个安全共同体。其次是认同的一致性。只有国家形成了高度一致的身份认同，才能形成安全共同体。再次是政策的统一性，要求共同体成员在对外的政策上保持高度统一。①到目前为止，欧盟往往被界定为这样一种安全共同体。但是，当今的世界是多元多样的，不可能在这些方面达成高度的一致；未来的世界也一定是多元多样的，各个国家、民族仍然会保持自己鲜明的特性。即便是欧盟，也会出现

---

① Beverly Crawford, ed., *The Future of European Security Community*, Berkeley: Center for German and European Studies, University of California, 1992; Emanuel Adler, "Europe as a Civilizational Community of Practice," in Peter J. Katzenstein, ed., *Civilizations in World Politics: Plural and Pluralistic Perspectives*, London and New York: Routledge, 2010, pp. 67–90.

类似英国退欧这类难以预测的事情。所以,一种更切实可行的理想安全状态是多元安全共同体,包括不同文明类型、不同类型国家、不同社会制度、不同发展阶段,构成一个共同的包容开放的安全所在。

四、结语

在未来一段时间内,国际安全治理领域的争论会是相当激烈的。一方面,国际社会的安全理念已经从绝对的自安全发展到相互安全和共同安全的层次、从不稳定安全发展到可持续安全的阶段,多边制度治理模式在安全领域的应用代表了一种进步的安全理念和路径。另一方面,民粹主义和强权政治代表的绝对自安全思潮体现了一种后退的力量,但在全球安全治理低效的情况下也有相当大的市场,甚至成为一些主要国家的战略和政策。早在1990年,美国学者米尔斯海默就预言冷战后的欧洲会重新退向争斗,成为大国实力的角斗场。这就是众所周知的"退向未来"命题。[①]但是国际社会是会向前发展的,共商共建共享的全球治理观和国际安全治理思想正是代表着这样一种民主的、进步的思想和力量。

[①] John Mearsheimer, "Back to the Future: Instability in Europe after the Cold War," *International Security*, 1990, 15 (1): 5–56.

全球治理的新关切与人类命运共同体

蔡 拓[*]

[内容提要] 国际安全治理和全球治理、国家治理密切相关。国际安全治理在全球治理的角度有"三个新关切":理性认知全球化、理性认知人类命运共同体、理性认知中国在当代世界的定位。国际安全治理要求国家治理中注意"二个警惕",即警惕国家主义、警惕反民主思潮。

[关键词] 国际安全治理 全球治理 国家治理 全球化 人类命运共同体

我谈两点看法:一是全球治理的"三个新关切",即理性认知全球化、理性认知人类命运共同体、理性认知中国在当代世界的定位。二是在国家治理中要注意"二个警惕",即警惕国家主义、警惕反民主思潮。

一、全球治理的三个新关切

其一,理性认知全球化。谈国际安全治理,很显然它是全球治

---

[*] 蔡拓,中国政法大学全球化与全球问题研究所所长、教授,主要研究领域为全球化和全球治理等理论问题。

理的一部分，应该在更大范围内，从全球治理角度来谈，而全球治理的前提是全球化，所以理性认识全球化很重要。如果对全球化的认知出现了误解，可能对全球治理的认知也会出现相应的问题。从当前来看，全球化认知存在五个误解：第一个误解是对全球化的认知过多偏重于经济视角。现在我们谈逆全球化，主要是从经济角度分析的，谈了大量的贸易、投资方面的问题。实际上全球化是一个全方位的全球化，包括政治、社会、文化等方面的全球化，不能仅从经济角度去理解。第二个误解，是现在我们谈全球化，批评它的负面性过多，如非人性化、贫富差距过大等，而忽视了全球化的本质。它的本质还是人类在相互依存这样的大背景下走向共同性、整体性这样一个趋势。这个趋势并不会改变，在当前逆全球化背景下明显有所忽视，从而使全球化的本质和现象之间有所脱节，没有把全球化的理解和政策失误与全球化本质区分开来。第三个误解，现在评价全球化，我们往往忽略了过程的视角、阶段的视角。自地理大发现以来，按照大跨度的历史眼光来看，五百年多年来的全球化对人类文明起到了非常大的作用；而当前的全球化困境，只是20世纪70年代以来这一轮全球化中的一个下行阶段，尽管它的负面性我们要给予足够的反思与重视，但我们看待全球化的时候还是应该有一个历史的眼光、有阶段性分析，不能太简单化。第四个误解就是把资本全球化和资本主义全球化混淆了，没有搞清楚。现在需要认真研究，资本全球化是生产要素本身的全球化，应该是客观的，不带有其他色彩。而资本主义全球化带有意识形态色彩和政治制度色彩。我们现在笼统地讲目前的全球化就是资本主义全球化是缺乏依据的，一定要从经济学、政治学角度把资本全球化和资本主义全球化做一个明确的切割和区分，否则就说不通我们自己为何要提倡"一带一路"，要强调对外投资、对外转移产能。这样的话，我们岂不也是搞资本主义全球化了，所以这需要从理论上弄清。第五个误解是把全球化的理念简单定为是自由主义。自由主义的确是全球化的基调，如贸易自由、公平、法治、民主等等价值与理念都体现了自由主义。但是自由主义是有歧义的，对"华盛顿共识"和"市场万能"的自由主义，大家就不赞同。我主张把全球化的内在理念归结为全球主义而不是自由主义。我觉得只有对全球化有更清楚的认识才可能对全球治理有信心，否则全球治理就没有前提了。理性认知全球化还要着力解决全球化的三个再平衡：经济再平衡、政治再平衡和观念再平衡。

总之在理性认知全球化问题上，中国现行的政策相对来说是清晰的，我们一直在逆全球化背景下坚决主张推进全球化，并提出全球化再平衡问题，所以在这个问题上国家政策还是比较明确的。

其二，理性认知人类命运共同体。我觉得现在的问题是缺乏对人类命运共同体的基础性理论研究。从学理角度上认知人类命运共同体到底是什么研究不够，现在基本围着外交领域转，学理研究跟不上。我们应该从政治哲学、国家与共同体的关系、社群主义与世界主义的关系这样一些基本理论向度上厘清，这样才能明确什么是人类命运共同体。国家本身就是共同体，现在又提出人类命运共同体，它们的区别是什么？我们现在提人类命运共同体是要超越国家共同体。这些基础理论研究很欠缺。对人类命运共同体存在两种不同理解：一是学理性理解，也是世界主义的解读，即强调人类命运共同体主体不是国家而是人类，人类命运共同体不仅重视利益共享，还同时强调价值共享。如果人类命运共同体没有共同关切、情感、观念的共同，怎么可能叫人类命运共同体？我觉得这应该是世界主义的解读，也是对人类命运共同体理论和理念本质的一种解读，理想主义的解读。二是现实主义的解读，就是国家主体、仅仅强调利益的共享，并不倡导甚至是忽视、回避价值共享，这是现实主义视角，也是工具理性的解读。目前，我们大多数的理解包括我们国家政策上的定位大体还停留在第二个层面上，虽然讲的是人类命运共同体，但是实际上落脚到现实层面上，讲的是国家主体，是利益的共享。对人类命运共同体的两种解读也可以视为人类命运共同体实践进程中的两个阶段，需要找到两者的结合点。现在我们在倡导人类命运共同体理念上似乎是全球、人类的，可是一回到实际政策都是国家的；实际上出现了一种矛盾，在政策层面和理念倡导层面存有矛盾，因此要着重考虑如何把它们协调起来。也就是说可以把人类命运共同体的实现看作是两个阶段组成的过程，第一个阶段更关注国家间的利益共享，但前提是你要有世界主义的解读，要站在世界主义这个制高点。如果不认同人类主体，否认价值共享，我认为人类命运共同体是走不远的，也不能称其为真正意义上的人类命运共同体。今天的讨论中我们一直没有涉及，没有从学理层面把人类命运共同体先搞清楚，而只有搞清楚这一点，才有助于进一步研究它怎么在实践中去做。

其三，理性认知中国在当代世界的定位。首先，我们应该是新兴大国与发展中国家的双重定位。总体上讲中国是发展中国家，但是从国际关系角度讲也要看到我们经济发展后给国际社会带来的冲击性，因此新兴大国定位的视角是需要的，这是双重定位。其次，在全球治理方面，全面参与全球治理和有限引领全球治理结合起来，现在头脑有点热，似乎中国要全面替代美国引领世界。我认为，全面积极参与全球治理是基点，而有限度引领主要体现在在经济领域，由于我们经济块头大、体量重，所以引领是必要的，也是必然的。但很多方面我们还做不到全面引领。此外更重要的是，中国的国际作用，更多地取决于我们如何推进国内的改革和深化国家治理。全球治理的依托点在国内，如果国内改革不继续深入、国家治理不全面深化，要想在全球有影响力和号召力是做不到的。

二、当前深化国家治理要注意"二个警惕"

在推进国内改革和深化国家治理方面，当前要注意"三个警惕"：即警惕国家主义、警惕反民主思潮、警惕强人政治。首先要警惕国家主义的回潮和中国中心主义。在相互依存和倡导人类命运共同体的时代，片面强调国家主义、热衷于当世界的中心，显然是偏离世界文明走向的。其次要警惕反民主思潮。要区别民主和西方民主，搞清民主本身是什么？西方民主又是什么？先区分开，然后再区别反思民主和反民主。我们要反思民主，特别是对西方民主的问题要进行反思，对我们自己的民主也要反思；但是反思民主和反民主是两回事，现在有一种苗头，即在反思民主、特别是反思西方民主过程中似乎不要民主本身了。

冷战后"安全观"的转型

王树春*

[内容提要] 安全是指事物的主体在客观上不存在威胁、在主观上不存在恐惧的一种生存状态。安全观是指人们对安全问题的最一般看法与观念,主要包括谁的安全、谁的什么安全和如何获得安全,即安全主体、安全内容和安全手段等内容。安全观转型就是指从传统安全观向新型安全观的转换。根据冷战后安全研究的现状分析,目前安全观大体上可以分为三种类型,即传统安全观、过渡型安全观和新型安全观。冷战期间大多数国家奉行的安全观都是传统安全观、冷战后大多数国家提出的所谓"新安全观",与本文所说的"新型安全观"不是同一个概念,而与本文所说的过渡型安全观含义基本相同。过渡型安全观既注意到了传统安全观所没有注意到的问题,又不像新型安全观那样超前和脱离现实。

[关键词] 传统安全观　过渡型安全观　新型安全观　新安全观

在本文中,安全就是指事物的主体在客观上不存在威胁、在主观上不存在恐惧的一种生存状态。安全观是指人们对安全问题的最一般看法与观念,主要包括谁的安全、谁的什么安全和如何获得安

---

* 王树春,广东外语外贸大学法学院副院长、教授、博士生导师,主要研究领域为国际政治理论与国际安全问题。

全,即安全主体、安全内容和安全手段等内容,它是一个历史范畴,反映了一定时期的国家或政治集团对安全利益及其实施途径的不同认识。转型主要是指事物由一种形态向另一种形态的转换。[①] 安全观转型就是指从传统安全观向新型安全观[②]的转换。

一

笔者认为,根据冷战后安全研究的现状,目前的安全观可以分为三种类型:传统安全观、过渡型安全观和新型安全观。

传统安全观是以现实主义的假设为基础的。现实主义认为,权力只是"一种有可能使用的手段,国家拥有的权力太小或太大都会有风险……在重要关头,国家最终所关心的并不是权力,而是安全"。[③] 国际政治本质上是一个自助的体系,国家间的竞争和冲突直接来源于两个事实:首先,国家必须依靠自身的力量来维护自己的安全,而对国家的现实威胁或可能的威胁随处可见,从而使国家之间总是相互猜忌或彼此敌视。其次,安全困境的存在,即一国为保障安全而采取的措施,意味着降低了其他国家的安全感。国际政治的无政府结构本身就是国家之间竞争和冲突的决定因素,国家间的竞争是处于国家外部的、普遍的现象,没有必要从不同国家的国内特征来寻找其行为的根源,安全就是和战争有关的问题。决定安全特性的是权力如何在国家之间分配,获得安全的手段则是军事力量。

[①] 参见拙作:《俄罗斯的国家安全战略——从安全观转型视角评析俄罗斯国家安全构想》,《欧洲研究》,2003 年第 1 期。
[②] 请注意,在本文中新安全观与新型安全观是两个不同的概念。
[③] 肯尼思·沃尔兹:《国际政治理论》,中文版序言,北京:中国人民公安大学出版社,1992 年版,第 2 页。

二

由于传统安全观只盯着国家所面临的来自境外的军事威胁，即使在冷战时期（尤其在冷战后时期）也有人对此提出了质疑和批判。"冷战的结束使安全研究发生了形态转换。人们被迫重新思考支撑安全研究的基本假说。……安全研究的一些关键性概念面临着变更：安全、权力、冲突，以及民族国家"。[①]

新型安全观是以抨击传统安全观为前提，以自由主义的假设为基础的。它重视经济全球化所带来的国与国之间相互依存的加深，军事力量在维护国家安全中所起的作用在下降，民族国家安全主体的绝对地位面临挑战。它强调个人的安全，而不是国家的安全占有首要地位。以军事为核心内容的安全不再是国家追求的最重要目标，个人的生活质量和政治权利才是国家应该最关心的事情。全球化时代在无视他国安全的情况下，单个国家已无法获得自身的绝对安全，真正的安全只能来自制度化的国际合作。国家是安全的手段而不是目的，与国外敌人相比，国家更可能成为其公民人身安全和福利的直接威胁。所以，民族国家是过时的概念，安全问题的最终解决应该落实到个人。

三

从目前的客观形势来看，传统安全观的有些内容（如绝对的国

[①] ［澳］克雷德·A. 斯奈德等：《当代安全与战略》，长春：吉林人民出版社，2001年版，第1页。

家中心主义、军事至上主义)无疑已是滞后和过时的,但它还没有完全退出历史舞台。新型安全观虽然对安全问题提出了许多新的想法,但是,它还不是很成熟,某些主张甚至是脱离现实和超前的(如民族国家是过时的概念,强调个人的安全主体地位)。因此,笔者主张,在传统安全观和新型安全观之间还存在一种过渡型安全观,它综合了传统安全观和新型安全观的特点,从而成为目前占主导地位的安全观。三种安全观的异同如下表:

传统安全观、过渡型安全观和新型安全观的异同比较

类型\内容	安全主体	安全内容	安全手段
传统安全观	一元化:国家是唯一的安全主体,所谓安全就是国家的安全。	军事化:国家安全就是国家的军事安全,国家要维持足够的军事防御力量。	单一化:军事手段是解决国家安全最有力的唯一手段。
过渡型安全观	多元化:安全主体既包括国家,也包括国家之上的国际社会和国家之下的个人等等,但更强调国家的安全主体地位。	综合化:安全内容既包括军事安全,也包括经济安全、政治安全、社会安全和环境安全等等,但更强调军事安全的地位,注重发展国家军事力量。	多样化:安全手段既包括军事手段,也包括非军事手段,但二者相比,更强调不放弃军事手段来解决国家安全问题。
新型安全观	多元化:安全主体既包括国家,也包括国家之上的国际社会和国家之下的个人等等,但更强调个人的安全主体地位。	综合化:安全内容既包括军事安全,也包括经济安全、政治安全、社会安全和环境安全等等,但更强调经济安全、个人的发展和政治权利。	多样化:安全手段既包括军事手段,也包括非军事手段,但二者相比,更强调运用非军事手段来解决安全问题。

三种类型安全观之间的相互关系如下图：

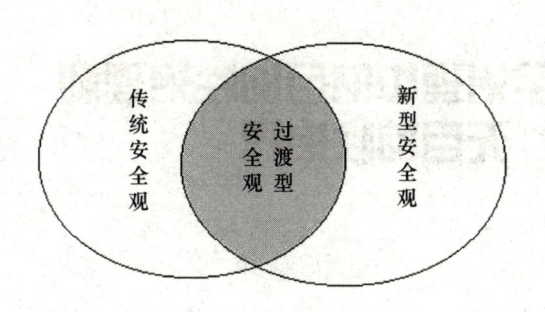

```
  传统安全观  (  过渡型安全观  )  新型安全观
```

四

根据上述对安全观的分类，笔者认为，冷战期间大多数国家奉行的安全观都是传统安全观。但是，冷战后大多数国家提出的所谓"新安全观"，却与本文所说的"新型安全观"不是同一个概念，而与本文所说的过渡型安全观含义基本相同。过渡型安全观既注意到了传统安全观所没有注意到的问题，又不像新型安全观那样超前和脱离现实，从而为大多数国家所信奉。

国际安全治理中的目的性治理和无目的性治理

张胜军[*]

[**内容提要**] 国际安全治理有两大困扰：一是安全泛化问题；二是治理过度问题。第一个问题使得我们搞不清楚到底安全出现了什么状况，第二个问题由于某些方面特别是国家军事安全上的过度治理，又导致了大量资源和经费被占用。为解决上述困扰，本文区分了目的性治理与无目的性治理，目的性治理虽有必要但会带来很多不利的后果；无目的性治理在当今世界更为重要。

[**关键词**] 国家安全治理　目的性治理　无目的性治理

关于全球安全治理，现在我们困扰特别多。本文认为，当前有两个比较大的困扰：一个是安全泛化问题，把所有问题都上升为安全问题，政治、经济、文化等等问题。这是第一个问题。

第二个问题是治理过度问题。在国家层面上的安全治理是过度的，因为各国的军事设施、军事设备、武器装备是过度的，已经远远超出了维护一个国家安全的需求，这个现象在世界上特别突出，也是全球安全治理的难题。

---

[*] 张胜军，北京师范大学政府管理学院教授，国际关系研究所所长。

第一个问题使得我们搞不清楚到底安全出现了什么状况,第二个问题由于某些方面特别是国家军事安全上的过度治理,又导致了大量资源和经费被占用,所以说安全治理问题一直是一个特别难的问题。

在这个过程当中,我们也注意到学术界对这方面的讨论出现了一种过渡,从国家安全范式向人的安全范式的过渡。有学者也提出了人的安全问题,包括传统安全和非传统安全,都是这一类的问题,这些学界的讨论很显然是意识到了对于人的安全投入相对不足或者对国家安全的过度重视。如何解决这种现象呢?当前的国际安全治理,第一是出现了什么情况呢?安全不应该物品化,无论在哪个层面,国家也好、集体也好、区域也好、国际国内也好,安全越来越成为一种公共物品,需求越来越多,大到国家,小到企业、个人,安全公共物品化也是非常有趣的一种变化。还有一个变化特别值得我们研究和关注,安全的内在要素之间关联度越来越高,安全所需要的所有元素之间的关系,比个体要素本身要重要;如果相互依赖特别严重,任何一个要素的缺失都会导致这个环境的安全公共物品的丧失。全球安全治理当中常常面临一种匮乏,无论是安全的公共物品化还是安全的泛化,我们都要考察它的实质。本文认为,它的实质是公权力的介入。我们现在对安全需求到一定程度,势必需要公权力的介入,否则没法维护安全,这也是相互依赖的本质,这个统一起来有助于思考下面的问题。

下面的问题我们就要从它的手段或者说性质上认识安全治理的本质。在手段上安全治理分为两种:一种叫目的性治理,一种叫非目的性治理(无目的性治理)。目的性治理大家都非常清晰,有假想敌的治理或者我们为了某种目标的治理都叫做目的性治理,无外敌者国恒亡。目的性治理是人类社会范畴里的常量。人类诞生以来,目的性地相互攻击,基本都是目的性治理,这些都是军事层面。悖论是什么呢？越是有目的性的治理恰恰达不到目的，基本上所有目的性治理都是失效的，因为所有的目的性治理都有一个意图存在，这个意图会和它的敌对方形成对立，这种对立是难以被消除的，基本上所有的目的性治理都是没有从本质上消除威胁或者说达到安全，实际上都是把它推后了，只不过是阻止了对方的威胁变成现实。我们把这种情况称之为威慑或者叫做均衡，实际上变成了一种相互威慑。为什么相互威慑理论在国际安全领域特别突出呢？目的性治理必然导致这种成果。今天很多学者都会提出疑问，这样导致一种心理上的不安全，这也是安全困境的一种表达。所以我们发现这种目的性的治理，其实不过是推迟了现实威胁，实际上并没有解决。所以现在倡议一种什么解决方法呢？就是寻求交集、寻求共识，相互目的中有重合部分，在这个基础上形成合作，我们把这种方式叫做合作安全，因为它是通过合作、共识使在某一个局部达成的安全。值得庆幸的是，今天合作安全在以意想不到的方式在扩大。

第二种是非目的性治理（无目的性治理）。这一点都不难理解，大家知道春秋时期，孔圣人说礼崩乐坏是非常可怕的一件事情，因为失序、失范、打破默契以后，就会导致不安全。秩序下的安全，比如说有人第一次使用了原子弹、核武器，一旦有人悍然出兵打破这个秩序，必然天下大乱，什么小国的安全都不能保障。所以非目的性治理特别好理解，它就是一种礼崩乐坏以后的失序、失范，这个过程中必然会带来安全方面的危险性急剧提高。为了防止出现这点，我们就要进行目的性治理，就是要维护秩序。维护规则、维护宪法、维护稳定，这些都叫无目的性治理。当然无目的性治理还很广泛，一方面我们有时候会加强防范意识，比如说相互提供一些制度性保障，就是供给侧改革，这是没有问题的。有一种安全来自于系统危机，还有一种安全是我们自身无法意识到的，超出了我们的目的之外，怎么产生的呢？由于这个系统自身结构的某个方面出现了病变，导致出现了安全问题，而且这个安全的出现是滞后的，现在发现不了，得发展一段时间才能演变出来，这个安全也是无目的性安全，你不知道它什么时候爆发。这方面是怎样产生的？以美元和恐怖主义关系为例，现在恐怖主义为什么很厉害，中东这个国家突然某个地方出现了大量的石油，巨量美元凝聚在这样一些国家里，就出现了一种系统紊乱，继续在系统里这样运行会造成的结果就是恐怖主义势力的兴起。对恐怖主义我并不是特别悲观，我认为再过十年差不多就能解决了，因为石油美元的地位逐渐降低、中东国家回归正常的话，这个问题就会得到解决。也就是说，在所有我们意识不到的非目的性的安全里，隐藏着我们不了解的机理，是一种自治理还是他治理？自安全治理和他安全治理必须加以区分，比如金融和权力、军事竞争，我认为他们是无法进行自治理的，因为他们很难出现一种序参量。秩序的背后是序参量，没有序参量出现，这个系统无以为系，你也无法对系统进行治理。但是金融只能监管，没有别的办法。我们对权力其实也是没有办法的，从古至今总是以大欺小、以强凌弱的，性质没有发生变化。这方面我们目前只能采取他治理，最难的是我们可以用权力来监督金融，谁来监督权力呢？因为目前产生的都是一些权力均衡和权力平衡的办法，但是这种办法高度不稳定。

今天世界所谓全球治理的时候，我更加强调非目的性治理（无目的性治理）。自我修炼，传统说非礼勿视、乱邦不居，这样一些自我防范确实是需要的，另一方面国家之间的自救采取制度上的保障，国家自救比如结盟或者外交合作，这些都是非目的性治理，并不知道危险什么时候来临，但可以自救，我们个体也可以这样做。所以我认为现在全球安全治理重点放在哪个方面值得讨论。我的结论是，无目的性治理恰恰是我们值得关注的方向。

理解构建人类命运共同体在全球治理中的地位与作用

李 伟[*]

[内容提要] 构建人类命运共同体是全球治理中国方略的核心，是5000多年中华文明的精华所在，符合国际社会发展的主流和全人类的共同利益。长期以来，西方国家依靠殖民主义"发家致富"，把大多数发展中国家视为二等公民，并以此为基础提出的"普世价值观念"，经不起当前动荡不安的国际现实的检验。中国提出的"一带一路"倡议是中国从人类发展总体出发提出的解决方案，必将造福人类社会。

[关键词] 人类命运共同体　中国方略　"一带一路"

我们谈国际安全治理问题，始终没有脱离十九大报告在国际关系、国际安全治理的中国方略这样一个总体框架。通过不断深入地学习党的十九大报告，对于十九大报告的精神有了更加全面的理解。在学习的过程中，确实感觉到十九大报告的理念、观点和看法非常博大精深。对于十九大报告更应该经常学、带着问题学、结合现实学，真正能够深刻领会、应运到具体的工作中。

---

[*] 李伟，中国现代国际关系研究院院长特别助理，研究员，博士生导师。

下面想就今天所谈的主题，结合自己学习十九大报告的一点体会，对构建人类命运共同体在全球治理中的地位与作用，谈一些还很不成熟的想法，供大家批判。主要谈三个方面的观点：

第一，构建人类命运共同体是全球治理中国方案中的核心。因为习近平主席提出"构建人类命运共同体"的理念具有非常坚实、扎实的历史、现实和理论基础。也可以说"构建人类命运共同体"所蕴含的价值观念，是习近平新时代中国特色社会主义思想非常重要的组成部分。"构建人类命运共同体"这样将人类命运作为一个整体的理念的提出，既包括了我们继承的西方理论中的马克思列宁主义，也包含了中国五千年以来文明的继承和结晶。这两者的结合，非常有别于现成的西方和其他意识形态价值观念。"构建人类命运共同体"体现了它所具有的包容性、多样性、和谐合作共赢等一系列符合人类社会整体利益的理念。"构建人类命运共同体"代表着人类发展的最先进的意识形态，更是超越了西方提出的所谓的"普世价值观念"。我们一直在研究西方提出的普世价值观念，但是现在我们发现在全球无论是西方的普世价值观念还是其他的一些思想观念，都有一个致命的弱点。这个致命的弱点是什么呢？我们看到，包括西方及现有的一些价值理念，都是依托于以不同的宗教为基础而形成的，包括西方意识形态价值观念的最坚实的基础是源自于基督教。这样就可以很清晰地看到，西方的普世价值观念，最终也摆脱不了基督教的束缚。而基督教为核心的普世价值观念的本质，就是一种施舍形态的价值观。我们为什么这样说呢？我们可以看到从西方整体基督教的兴起、发展这个过程中，从它的殖民主义开始掠夺第三世界开始，乃至于到今天我们看到它在全球治理中发挥的作用。在西方长期主导国际关系、国际秩序的过程中，主要表现出三个方面：一是武装干涉，也称为植入式民主；二是如果不便于进行植入式民主和大规模军事干预，采取的手段就是一种制裁的姿态；三是援助，这种援助跟我们所提倡的不一样，它是带有条件的援助，带有西方意识形态价值观念的援助。当西方在国际社会中的主导地位受到挑战时，西方的普世价值观念就暴露出本质特征。所以我们可以看到，为什么英国要脱欧、为什么特朗普能够当选美国总统、为什么西方国家中的极右势力再度兴起。当西方以基督教为基础的意识形态不断受到挑战的状态下，西方的普世价值观念也就变得难以为继了。所以说现在欧洲要把难民挡在自己的国境之外、特朗普要筑高墙，这一切都与他所倡导的所谓"普世价值观念"的思想是不符的。因为西方的普世价值观念，也就是说基督教为基础的意识形态受到了前所未有的挑战。这种挑战才是导致西方乱象的根本。所以说，西方现在面临的问题不是来自于外部而是来自于他们自己内部，这才是问题所在。因此，也可以说西方这种价值观念在全球治理中的地位、作用在急剧下降。我们看到的另外一些宗教为基础的意识形态，都是以对抗性、排他性为主的价值观念，很难承担起全球化背景下全球治理的重担。

第二，"一带一路"建设是全球治理的载体和依托。"构建人类命运共同体"并不是一句空话，也不是空洞的口号。与之相适应的"一带一路"倡议正是"构建人类命运共同体"的一个具体载体。因此，我们不能狭义地仅仅从经济视角来理解"一带一路"建设，所以我们说"一带一路"建设，其中非常重要的一个方面是要弘扬古丝绸之路的精神。"一带一路"建设不仅能够改变一些地区和国家民众的生活，而且更能够充分体现这些精神。这样一来，我们就可以看到这与西方国家主导的全球治理的方式方法不一样。习主席提出的"一带一路"建设包括世界政党大会上提的，说我们不会谋求改变其他国家的政体，我们也不会把中国的模式强加于他国之上。这也充分体现了我们在"构建人类命运共同体"传承的精华所在，与其他国家形成"共商、共建、共享"的合作模式。所以说，如果没有"一带一路"建设，我们也很难把"构建人类命运共同体"这样一个核心的全球治理理念推出去。"一带一路"不仅仅是经济项目为主的，而是涵盖古丝绸之路的精神，中华文明这样一个精华，也包括人类命运共同体的理念。

第三，"新安全观"是当前国际安全治理的一个主要形态。"新安全观"是习主席在亚信会议上提出来的，原来是亚洲安全观的体现，现在已经把它提升为一个国际安全观理念。也就是说新安全观强调的核心就是合作、安全，任何一个国家，你再强大，都不可能包打天下，美国是一个最活生生的事例。

我们认为全球化必然是人类社会发展的不可逆进程。在这样的状态下，不同国家之间的相互依存以及不同国家的安全脆弱性都在不断凸显。所以说只有通过合作来构建安全，才能真正解决国际上的安全问题。

从这三个方面来看，真正的全球治理涉及面非常广，我们要有核心、有载体，还要有形态、形式，这样才能在全球治理问题、包括国际安全治理问题上，中国把自己的理念真正贯彻下去，造福于人类。

"人类命运共同体"话语传播与国际安全治理

孙吉胜[*]

[内容提要] 在国际安全治理过程中,国际安全话语具有十分重要的位置。安全话语直接影响国家安全政策。同时,安全政策也需要通过话语来呈现。安全话语与安全政策之间是一个相互影响、相互塑造的关系,二者之间需要保持良好的平衡。从某种程度上讲,国际安全治理同样也存在安全话语的治理。中国作为正在上升的新兴大国,在国际安全治理进程中承担有重要责任,中国独特的国际安全话语将对国际安全治理产生积极影响。其中,中国提出的"人类命运共同体"理念就是一种独特的国际安全话语,其中所体现的安全观与西方传统安全理念中的安全困境、囚徒困境、零和博弈、结构性冲突甚至战争,或是权力政治和丛林法则、力量均衡等大相径庭。然而,要让中国的国际安全话语对国际安全治理产生更大的影响,就要让世界真正理解中国人的思维方式和不同的秩序观、安全观,就要更有效地传播中国的国际安全治理理念和"人类命运共同体"理念。

[关键词] 国际安全话语　中国　人类命运共同体

---

[*] 孙吉胜,外交学院副院长、教授,中国国际关系学会秘书长,主要研究领域为国际关系理论、国际政治语言学与中国外交等。

话语是国际安全治理方面的一个重要因素，话语不仅可以表像安全问题，同时也可以把某个问题建构成为安全问题。安全话语与安全政策相互影响、相互塑造。在世界发生大发展、大变革、大调整的时期，国际安全领域实际也需要话语"治理"，以更好地针对某个安全问题消除分歧、塑造共识。十八大以来，中国提出了"人类命运共同体"等一系列外交新理念、新主张和新政策，在国际安全领域中国提出了共同、综合、合作、可持续的安全观。由于中国已经把自己界定为世界大国，世界大国就需要在国际社会具有超出一般国家的感召力、影响力和塑造力。影响力和感召力的一个重要方面就是国际社会对自己提出的理念和主张的认可、接受和欢迎。如何来构建和传播中国的安全观，使其为国际社会理解和接受是当前需要思考的一个重要问题。

一、话语与国际安全治理

国际安全治理是全球治理的一个重要领域，而话语是国际安全治理中一个值得研究的要素。

话语可以建构安全感知，影响对安全问题紧迫感、威胁程度等的认知，话语一方面描述和表像关于安全的信息，同时也可以使某个问题成为一个安全问题，还可以影响安全化程度的高低。早在20世纪90年代，哥本哈根学派就提出了安全化理论。[1] 根据安全化理论，安全是一种通过言语行为对安全进行建构的过程，并通过这样

---

[1] 关于安全化理论，详见巴瑞·布赞：《新安全论》，朱宁译，杭州：浙江人民出版社，2003年版；朱宁：《安全与非安全化——哥本哈根学派安全研究》，载《世界经济与政治》2003年第10期；罗田虹：《哥本哈根学派的安全理论评析》，载《教学与研究》1999年第8期。

一个过程塑造某个安全问题的缘起、演变和消解。安全不再被视为是一种客观存在，而是一种主体间现象。无论是哥本哈根学派的安全化理论、威尔士安全学派的批判安全研究，还是巴黎学派的安全研究，都否定了安全是一种客观存在的观点。安全被认为是一种主体间创造的现象，不同的世界观和不同的政治话语传播着关于安全的不同观点和话语。① 既然如此，话语实际上成为影响国际安全的重要因素。一个典型的例子是"9·11"之后，相关调查显示语言资源不足是美国未能预见和阻止恐怖袭击的原因，② 袭击之前美国安全部门没有及时将收到的情报翻译成英文，甚至包括一份"明天是发动进攻时刻"的录音带。③ 外语能力因此被安全化，美国很快出台《国家安全语言计划》，开始关键语言建设，如阿拉伯语、汉语、波斯语、印度语、韩语、俄语等。话语不仅可以把某个问题安全化，安全化程度的高低很多时候也需要通过话语来实现。例如，关于气候变化这一客观现象，在克林顿执政期间它就被表述为一个紧迫的安全问题，而在小布什执政期间就被去安全化，直接导致了美国不同的气候变化政策。④ 美国发动伊拉克战争之前，也是通过话语建构了伊拉克大规模杀伤性武器对美国迫在眉睫的安全威胁，为发动伊拉克战争提供了一个道义理由，话语在这个过程中发挥了重要作用。

其次，国家之间围绕安全问题存在大量的话语博弈，话语冲突和话语竞争无处不在。这种话语博弈也对采取何种相关政策产生影响。例如，美国在2016年关于南海的话语是紧紧围绕"中国破坏航

---

① 郑先武：《人的解放与"安全共同体"——威尔士学派的"批判安全研究"探析》，载《现代国际关系》2004年第6期，第56页。
② 徐英：《外语战略、外语能力与国家安全》，载孙吉胜主编：《国际政治语言学：理论与实践》，北京：世界知识出版社，2017年版，第471页。
③ Daniel Klaidman, "Lost in Translation," *Newsweek*, October 26, 2003.
④ 艾喜荣：《话语操控与安全化——克林顿政府与小布什政府气候变化政策对比研究》，2016年博士论文。

海自由"这一安全主题,令人产生了中国的行为导致在南海航行不安全的错觉,同时美国还借助 CNN 等媒体使南海问题在国际层面危机化,对中国造成了巨大的压力。中国也围绕领土主权和维护南海问题与美国进行了大量的话语博弈,指出南海航行自由不存在任何问题,而是美国插手南海问题的借口,域外势力介入只能破坏该地区稳定,损害中国与东盟国家利益。再比如,关于朝鲜半岛核问题,美国和朝鲜之间一直存在大量的语言战,相互叫板不断。2017 年 9 月朝鲜第六次核试验后,特朗普在 19 日联合国大会一般性辩论上公开表示,如果美国被迫自卫或保护盟国,那么美国别无选择只能彻底摧毁朝鲜。[①] 而朝鲜也强硬表示美国将为威胁付出沉重代价。在每次美韩联合军演前后,朝鲜与美、韩的话语对立就更加强烈,使双方之间的软环境更加恶化,话语对立也成为朝鲜半岛紧张局势的重要组成部分。

第三,身份和安全政策通过话语这一媒介保持二者的平衡,安全话语直接影响国家安全政策。同时,安全政策也需要通过话语来呈现。安全话语与安全政策之间是一个相互影响、相互塑造的关系,二者之间需要不断调整,以保持平衡。[②] 在当前世界发生大变革、大发展、大调整的时期,世界安全也面临很多新问题需要去描述、去阐释:如何来解释欧洲难民危机的原因、如何来解释伊斯兰国的突起、如何来理解人工智能对未来安全的影响等等,不同的解释会直接影响安全政策的取向。从某种程度上讲,国际安全治理对于国家安全来说也存在安全话语的治理,治理得好就可以营造一个有利于

[①] Donald Trump, "Remarks by President Trump to the 72nd Session of the United Nations General Assembly", United Nations, New York, September 19, 2017, https://www.whitehouse.gov/the-press-office/2017/09/19/remarks-president-trump-72nd-session-united-nations-general-assembly, 2017 年 12 月 25 日登录。

[②] 详见 Lene Hansen, *Security as Practice: Discourse Analysis and the Bosnian War*, London & New York: Routledge, 2006.

解决问题的话语秩序和软环境。例如，网络安全一直是中美之间一个重要的安全话题。美国一直视中国日益成长的网络空间能力为主要威胁，早在 2007 年就开始在国际社会制造"中国网络威胁论""中国黑客威胁论"，有意夸大中国网络能力。① 有些人还认为"中国正从事无休止的网络间谍活动，试图窃取美国政府和商业利益"；② 而中国则表示自己也经常是网络攻击的受害者。③ 实际上，如果中美能够把网络安全视为共同面临的安全问题，双方必须合作才可以应对，导致的结果就会完全不同。这也是为何中美于 2017 年启动中美执法与网络安全工作的原因，实际是希望通过对话找到双方共同的网络安全话语，使双方都在同样的语境下来行事。

二、"人类命运共同体"视域下中国安全观话语的独特性

"人类命运共同体"是近年来中国外交提出的一个重要概念，既是中国外交的一个目标，也是统领中国外交各个领域的一个理念，强调人类共住地球村，你中有我、我中有你，一荣俱荣、一损俱损。在"人类命运共同体"视域下，中国的安全观也具有其话语独特性。

"人类命运共同体"包含了中国新的安全理念，即树立共同、综合、合作、可持续的安全观，这也是中国特色大国外交理念的一个重要组成部分。2014 年 5 月，在亚信第四次峰会上，习近平主席首

---

① 张伶、徐纬地：《中美网络安全关系中的威胁、风险与机遇》，http：//theory.people.com.cn/n/2015/0922/c386965 - 27618172.html，2018 年 1 月 2 日登录。
② 《美国应该与中国加强网络安全合作》，新华网，2015 年 09 月 13 日，http：//news.xinhuanet.com/world/2015 -09/13/c_ 128224572.htm，2018 年 1 月 2 日登录。
③ 刘晓明：《中国是网络攻击受害者 深知网络安全重要性》，中国新闻网，2014 年 5 月 21 日，http：//www.chinanews.com/gn/2014/05 -21/6193984.shtml，2018 年 1 月 2 日登录。

次正式提出共同、综合、合作、可持续安全的亚洲安全观，该安全观也被写入当年的《上海宣言》。在2015年9月联合国大会一般性辩论的讲话中，他再次强调，要摒弃一切形式的冷战思维，树立共同、综合、合作、可持续安全的新观念。2017年1月，习近平主席在联合国日内瓦总部发表题为《共同构建人类命运共同体》的演讲，主张为建设一个普遍安全的世界，各方应该树立共同、综合、合作、可持续的安全观，可持续安全观成为共建人类命运共同体的有机组成部分。

中国的安全话语具有自身的独特性，有别于西方传统的安全话语。一般而言，按照西方的传统安全理论，提到安全人们首先会想到安全困境、囚徒困境、零和博弈、国强必霸、大国必战，或是权力政治和丛林法则、力量均衡等，体现的是典型的二元对抗思维，是一种竞争、冲突的游戏。中国的安全话语则与西方传统大国的主导安全话语完全不同，体现了中国提出的"共商、共建、共享"的治理理念。这些理念不仅体现了中国的大国担当，同时也体现了中国对外政策的传统和中国安全话语的独特性。

首先，中国的安全观完全否定了西方的安全逻辑，从二元对抗思维转为和合思维，这种和合思维直接导出不同的安全治理政策。在这种逻辑的引导下，中国的安全观不再把竞争、敌对放在首位，不再仅仅是强调相对收益，而是强调合作共赢。

其次，中国的安全观强调共性，而非个性。无论是综合还是共同，中国的安全观都是强调共性。当前世界安全所面临挑战的很大一部分是来自于非传统安全，如恐怖主义、网络安全、重大传染性疾病、气候变化等，这些安全问题都属于人类共性问题，都不是任何一个大国可以单独应对。当前世界秩序的维护涉及的很多问题也是如此。正如杨洁篪在第51届慕尼黑安全会议开幕式上的致辞中所强调："我们应当寻求安全利益的最大公约数，既让自己安全，也让别人安全，共同营造和谐稳定的国际和地区安全环境。"①

第三，中国的安全观强调综合性和关联性。在当今世界安全格局中，很多安全问题表面上看是各自独立，实际上背后可能紧密相连、有时甚至互为因果，最常见的传统安全问题经常与非传统安全问题交织在一起。例如，就欧洲难民危机而言，如果单纯将其视为一个社会安全问题，可能就很难从本质上解决，它实际和美欧在中东的政策紧密联系在一起，同时又进一步使欧洲内部分化。再比如，一些极端思想的传播可能要追溯到最初激化的社会矛盾。中国的安全观恰恰强调综合性和关联性，即面对某个具体安全问题，要综合施策、协调推进。

正是由于中国所倡导的安全观的独特性，加之西方话语霸权和学术话语权的影响，中国需要有效、准确地传播自己的安全观。按照目前官方的权威翻译版本，"共同、综合、合作、可持续的安全观"译为"new thinking on common, comprehensive, cooperative, and sustainable security"，而"共商、共建、共享"的全球治理观译为"the principle of achieving shared growth through discussion and collaboration in global governance"，由于语言和文化差异仅仅从字面的翻译很难让这些新的中国理念有效地在国际社会传播，并被正确理解和有效接受，如何从学理层面、从学者研究层面来传播这些新的理念就显得尤为重要。

---

① 杨洁篪："树立共同、综合、合作、可持续的安全观，携手共建持久和平与共同发展的美好世界，"外交部网站，2015年2月7日，http://www.fmprc.gov.cn/web/ziliao_674904/zyjh_674906/t1235255.shtml，2018年1月25日登陆。

三、"人类命运共同体"视域下中国安全观话语的构建与传播

无论是"人类命运共同体"概念还是中国安全观话语,实际上都与传统西方大国的理念有很大差异,解释和讲述这些理念可以从中国文化入手。中国文化和中国的思维方式实际上更有助于解决当前人类面临的共同安全问题。进行相关的话语构建和话语传播可以从中国的思维方式和中国文化的秩序观入手。

中国提出的"人类命运共同体"和安全观体现了中国独特的思维特点和秩序观。中国的秩序观强调"和而不同""兼容并蓄",与霍布斯文化中的丛林法则形成了鲜明对比,丛林法则实际上被由道德和礼制所规范的和合秩序所取代。通过"仁"来促进公平规范,通过"义"来促进正义,通过"礼"来约束竞争。中国的秩序观使中国更理性地对待世界差异,追求"和而不同""求同存异"。面对世界不同的文化、文明,中国的秩序观主张互学互鉴、兼容并蓄,多元共生,"文明的冲突"概念被自然化解。也正是因为这种秩序观的影响,中国把构建"人类命运共同体"作为未来世界秩序的最终目标,中国的安全观、发展观、治理观等实际都体现了这一理念。对于世界安全而言,中国提出的"共同、综合、合作、可持续"的安全观也体现出了中国文化和中国思维的特点。

首先,中国文化重视整体性,强调群体性思维、强调从全局而非局部出发来看待事物的性质和联系。这种思维方式也可以从中国的外交实践体现出来。"人类命运共同体"概念实际也是中国整体性思维的一种体现。中国创建的机制,如中非之间的中非合作论坛、中国与中东欧的"16+1"合作、中国与东南亚国家之间的澜湄合作

机制等都是把原来零散的个体聚合在一起，在一个整体架构下来解决共同的问题。这种整体性思维也是当前中国安全观的一个出发点，即从整体性视角来把握、分析、评价和解决全球的安全问题，不再像冷战期间的排他性安全观，主要通过建立军事同盟来实现。中国的整体思维可以更好体现平等性、普遍性、包容性和开放性。

第二，中国文化强调事物差异性的同时更强调关联性。事物之间一方面存在差异性，是一种自然状态，同时事物间又相互关联、相互转化。在一定条件下矛盾对立双方可以相互转变，这就是"同"与"异"的关系。中国思维强调包容互鉴、非二元排他，亦即两个对立的事物尽管对立，但可相互补充、相互依存、相互转化，就如同两极、阴阳，双方各有优势，最终形成一个由差异构成的和谐整体。当今世界，安全问题已经从传统的军事、政治向经济、科技、环境、文化等领域扩散，安全的内涵和外延都在不断变化；同时彼此之间经常出现连带、外溢效应，如发展问题与安全问题紧密相连，经常相互影响。欠发展的贫穷落后国家不仅难以保证自身安全，而且很容易波及其他国家安全。中国强调的可持续安全的一个重要方面就是突出发展与安全并重，以发展求安全、以安全促发展，实现持久安全。[1] 不仅如此，当前各国相互依存不断加深的，各国的安全问题也是如此。涉及安全问题每个国家都不可能做到独善其身，今天一国的安全问题明天就可以变为另一国的安全问题，今天还是安全的问题明天也可能转化为威胁的问题。因此，中国一直反对片面追求自身的"绝对安全"、不尊重他国安全利益、甚至谋求对他国的控制和影响的行为。[2] 面对世界各类复杂、多样、交织的安全问题，当前就更需要中国安全观所强调的综合、互为因果的视角，统筹维护、多管齐下。

---

[1] 陈蔚、武香君：《习近平安全战略思想研究》，载《世界经济与政治论坛》2015 年第 6 期，第 29 页。

[2] 丛鹏 主编：《大国安全观比较》，北京：时事出版社，2004 年版，第 298 页。

第三，重和合一直是中国传统文化的精髓。中国文化强调在面对相互对立的事物时，要尽力调和二者之间的矛盾，努力使之向好的方向发展，最终达成和谐状态。这种思维方式也使中国的安全观如同中国外交的其他领域一样强调合作共赢。实际上，冷战思维和强权政治在安全领域体现较多，相互博弈观念尤重。而当前全球的很多安全赤字如果没有合作思维根本无法解决，如网络安全、恐怖主义、移民问题等等，安全的实现需要多元化手段，需要通过加强对话与合作来寻求共同安全。这种合作思维可以引导各国从低敏感领域入手，积极培育合作意识，逐渐扩大合作领域、创新合作模式，通过合作谋求和平，通过合作促进安全。中国安全观中的合作理念也正顺应了这种历史需求，强调要跨越意识形态和社会制度的差异，通过对话达成共识，实现安全合作。

结　语

中国提出的共同、综合、合作可持续的安全观是构建"人类命运共同体"的一个重要方面，无论是"人类命运共同体"理念还是可持续安全观实际都体现了中国独特的思维方式和秩序观，也体现了中国外交实践的传统。但是，正是由于这些理念的独特性，要使它们被国际社会真正理解并非易事。中国要成为世界大国，在国际层面的理念传播尤为重要，否则就很难在软性方面真正成为一个大国。从中国文化和中国思维方式入手来阐释中国的独特理念是一个值得研究的重要路径。只有让世界真正理解了中国人的思维方式和不同的秩序观和安全观，中国才能够更加有效地传播自己的安全治理理念和"人类命运共同体"理念，要真正做到这一点需要更加系统的凝练和阐释。

实践篇

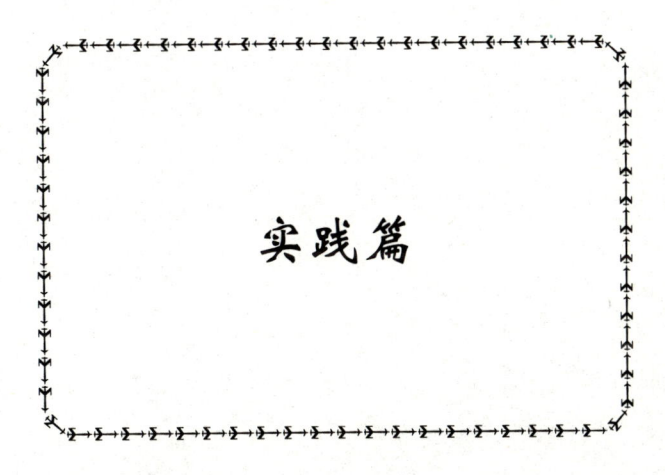

解决朝核问题的思考①

黄凤志* 丁 菱*

[内容提要] 自金正恩执政以来，朝鲜高频次核导试验已经成为东北亚地缘政治博弈场上挑逗美日韩反应的"红巾"，美韩以高强度军演和制裁予以回击，导致朝鲜半岛局势紧张、战争风险加剧，对中国东北亚地缘安全环境造成重大冲击。在东北亚地缘安全新困境形成过程中，朝鲜拥核自重、韩国引入"萨德"反导系统以及美日对朝鲜拥核的战略性利用是主要原因。朝鲜高频次核导试验与美韩频繁联合军演相互刺激、互为因果，促使地区紧张局势不断升级。朝核危机及其直接衍生的地区安全新困境是东北亚冷战遗产在新的历史条件下的激活物，中国提出的"双暂停"倡议，是在当前形势下缓和半岛危机、防止安全困境不断趋紧的最为现实可行和最为合情合理的方案，但难以获得美韩朝的认同。探讨解决朝鲜拥核问题的中国应对具有重要现实意义和学术价值。

[关键词] 朝核问题 萨德导弹部署 中朝关系 双暂停

自金正恩执政以来，朝鲜高频次核导试验已经成为东北亚地缘

---

* 黄凤志，吉林大学行政学院教授，博士生导师；丁菱，吉林大学行政学院国际政治系2016级博士研究生。

① 本文是2016年度教育部哲学社会科学重大课题公关项目"中国丝绸之路经济带"建设的地缘政治环境与地缘战略研究（16JZD027）研究成果的一部分。

政治博弈场上挑逗美日韩反应的"红巾"。2017年11月29日凌晨，朝鲜成功发射新型洲际导弹"火星-15"，其射程能够覆盖美国全境，金正恩完成"核武大业"的举措再次震惊了美韩。朝鲜核导技术取得的长足进展不仅导致朝鲜半岛局势长期紧张、美国东北亚同盟体系越发牢固，也给中国东北亚地缘安全环境造成极大冲击。朝鲜成为"拥核"国家的事实加深了东北亚安全困境的忧虑，如何解决朝核问题众说纷纭、举世瞩目。

一、朝鲜高频次核导试验与东北亚地缘安全的核危局

在近些年的东北亚地缘安全环境中，愈演愈烈的朝核危机是最突出的"痛点"之一，朝鲜通过高频次核导试验成为事实拥核国家。朝鲜不仅核导能力获得显著提高，而且"拥核自保"态度坚决，显示出无视联合国制裁、"宁愿吃草"也不弃核的姿态。国际社会除了不断加码的制裁，近乎无可奈何。朝鲜高频次进行核导实验使得东北亚地区出现了朝核问题困局。

首先，朝鲜加速进行核试验，并且威力倍增。自金正恩执政以来至2017年9月，不到5年时间，朝鲜一共进行了4次核试验，核试验的频率远超金正日执政时期，而且这4次核试验释放的TNT当量都在逐次提高。2017年9月的第6次核试验释放的TNT当量约为120千吨，是第5次核试验的6倍。[①]

其次，朝鲜频繁进行弹道导弹试射，远程打击能力显著提升。以2011年12月1日至2017年8月25日之间的朝鲜导弹试射为例，

---

① "Large nuclear test in North Korea on 3 September 2017", September 3, 2017, https://www.norsar.no/p-ress/latest-press-release/archive/large-nuclear-test-in-north-korea-on-3-september-2017-article1534-984.html.（上网时间：2017年9月17日）

这段期间朝鲜一共成功试射 65 次弹道导弹，其中包括 2 次洲际弹道导弹、2 次中远程弹道导弹、14 次中程弹道导弹、40 次短程导弹、3 次潜射弹道导弹发射和 2 次航天运载器发射，此外还有 2 次不知道具体类型的导弹发射也是成功的。① 虽然目前朝鲜远程弹道导弹实验成功率不高，但朝鲜正在稳步测试，并收获技术诀窍。② 朝鲜的洲际弹道导弹研制能力在不断提高。2017 年 11 月 29 日，朝鲜成功发射了达到洲际导弹级别、能覆盖美国全境的 "火星–15" 型导弹。美国对此做出了强烈反应，美国常驻联合国代表黑莉呼吁所有国家断绝与朝鲜的外交关系，要求中国停止对朝原油贸易。与此同时，朝鲜政府还非常注重提高核弹头小型化及核弹结合能力。担任过美国驻韩司令的柯蒂斯（Curtis Scaparrotti）和美国北方司令部司令的威廉（William Gortney）均表示相信朝鲜已经具备核弹头小型化并将核弹头安置在弹道导弹上的能力。③

第三，朝鲜 "拥核自保" 态度极为坚决。朝鲜坚持走 "先军道路"，不仅将拥核写入宪法，而且用不间断的导弹试射表达 "拥核自保" 的决心以及对联合国和国际社会要求它弃核的抗议。朝鲜每次导弹试射的时间选择都 "精挑细选"，往往选择在联合国召开国际性会议时，或者美中举办大型国事活动时。朝鲜以核导试验来 "表态"，用以昭示不管是敌对国家——美、日、韩，还是有着传统友谊的邻国——中国，或是整个国际社会都无法阻止朝鲜进行核导试验的脚步。2017 年 5 月 12 日，朝鲜谴责美国众议院最近通过的对朝实施新一轮制裁的法案，并于当日进行导弹试射；5 月 29 日，在 G7 峰会

---

① "The CNS North Korea Missile Test Database", September 20, 2017, http：//www.nti.org/analysis/articles/cns-north-korea-missile-test-database/. （上网时间：2017 年 9 月 17 日）

② Editorial Board, "The United States needs a new strategy for North Korea", *The Washington Post*, February 13, 2017.

③ Anna Fifield, "North Korea Says It Can Fit Nuclear Warheads on Missiles", *The Washington Post*, March 9, 2016.

期间朝鲜进行导弹试射；7月4日，正值美国独立日纪念日，朝鲜发射了首枚洲际弹道导弹，事后金正恩说这是送给美国独立日的礼物。9月3日，金砖厦门会议开幕之际，朝鲜进行了第6次核试验。可见，朝鲜在用核导试验表达一种强硬态度，即抗议、且不畏惧国际制裁，警告所有抗议朝鲜进行核导试验的国家，朝鲜不接受任何国家、任何国际组织的"弃核"建议。

第四，朝鲜进行持续核导试验的物质基础并未因联合国制裁而遭到根本损毁。金正恩执政（2012年）以来，朝鲜GDP总量基本保持增长，其中2013年GDP增长1.1%，2014年增长1.0%，2015年增长-1.1%，2016年增长3.9%。[1] 朝鲜逐渐增强的经济实力为其持续进行核导研究提供必要的物质基础。

朝鲜不顾国际社会的谴责，高频次进行核试验和导弹试射的原因主要有三。

首先，朝鲜政府认为拥核是其自保的唯一方式，是朝鲜的"活路"所在。朝鲜强调研发核导武器是遏制美国日趋严重的敌视活动与核威胁、防止在朝鲜半岛和地区造成核战争危险的手段，[2] 是一种自卫性的国家防御方式。如果不是因为美国长期以来对朝鲜的敌视政策和美国对朝鲜进行的核恐吓与军事威胁，朝鲜不会走上拥核自保的道路。只要美国对朝敌视政策与核威胁不从根源上消失，朝鲜任何情况下都不会把核与弹道火箭摆上谈判桌，在己选择的强化核力量的道路上丝毫不会退让。[3]

其次，朝鲜政府想通过高频次核导试验逼迫美国对其真正重视，

---

[1] "Gross Domestic Product Estimates for North Korea in 2017", July 22, 2017, http://www.bok.or.kr/cont-ents/total/eng/boardView.action？menuNaviId＝1959&boardBean.brdid＝21265&boardBean.menuid＝1959.（上网时间：2017年9月22日）

[2] 《朝鲜外务省向拟炮制史上最危险"制裁决议"的美国发出警告》，朝中社平壤2017年9月11日电。

[3] 《朝鲜外务相：朝鲜半岛核问题的责任完全在于美国》，朝中社平壤2017年8月8日电。

从而实现与美国直接对话,并增加与美国谈判的资本。如果朝鲜核导能力很低,低到美国都不重视的程度,美国依旧会延续奥巴马时期的"战略忍耐"政策,不愿意也不会主动与朝鲜对话。当朝鲜核导能力不断提升,尤其是在2017年7月进行了2次洲际弹道导弹试射、9月再次进行了第6次核试验后,美国充分认识到朝核问题的严重性和解决问题的紧迫性。虽然特朗普一再强调朝鲜不要挑战美国的"红线",并对朝鲜进行"极度施压"政策,但特朗普政府也担心对朝鲜动武会引发"灾难性的后果",所以也会不时释放出希望与朝鲜进行谈判的信号。国务卿蒂勒森在2017年5月提出解决朝核问题的"四不"原则,以及蒂勒森在9月30日接受记者采访时释放出美国对朝鲜开放了至少两三条沟通渠道的信号,表明美国政府开始尝试与朝鲜进行直接沟通。

第三,冷战后美国对伊拉克等敌对国家进行的数场战争对朝鲜产生了警示作用,萨达姆、卡扎菲等人手无镇国利器的悲惨下场促使朝鲜走上了坚定拥核的道路,而美国对印巴拥核曾网开一面,则让朝鲜看到了希望,强化了其侥幸心理,鼓励了朝鲜成为拥核国家的想法。朝鲜事实拥核对东北亚地区安全造成严重威胁。

其一,朝鲜高频次核导实验增加了战争爆发风险。美国一再强调朝鲜不要越过"红线",但朝鲜一意孤行,坚持"以核制核",成功进行了氢弹试验和洲际弹道导弹试射。在特朗普与金正恩的口水战中,朝鲜扬言要把首尔变成火海,用可携带核弹头的新型洲际弹道火箭将美国变成一片灰烬。一旦美韩出现战略误判,朝鲜半岛战争风险势必加剧。

其二,朝鲜高频次核导实验加大核扩散的风险。朝鲜事实拥核极大地刺激了韩国和日本,发展核武器的国民意愿在萌动。如果日韩两国效仿朝鲜,以朝鲜事实拥核为借口进行核武研发,势必会加大地区核扩散风险;如果朝鲜把核原料或技术转卖给其他国家,将会继续产生核扩散的风险。二者对地区安全产生巨大负面影响。前美国国务院朝鲜问题高级专家、布鲁金斯非常驻资深研究员李维亚（Evans J. R. Revere）曾撰文，强调朝鲜有着核扩散的不良记录，拥核的朝鲜极可能将核原料或技术转卖给任何想要对付美国的组织或国家。[①]

其三，朝鲜高频次核导实验也成为中国国家安全"黑洞"。朝鲜核试验场距离中国东北边境近在咫尺，任何核泄漏事件都会给中国东北生态安全造成灾难性的后果。另外，朝鲜半岛的战争危机引发的难民潮也会冲击周边国家。从安全防范和危机管控的视角看，中国必须在东北边境地区强化军事部署来应对朝鲜半岛局势危机。

二、朝鲜高频次核导实验的动因透视

（一）朝鲜拥核的内生环境与地缘政治环境

朝鲜地处东北亚地区"核心地带"，朝鲜的政治体制使其与周边国家形成了鲜明反差。这种政治体制的特殊性主要表现在朝鲜是世界上少数没有进行改革开放的国家，封闭、专制、世袭、僵化使朝鲜在世界和平与发展大潮中面临"边缘化"的危机。

朝鲜半岛冷战局面的延续使朝鲜与美韩日处在持续敌对抗衡状态中，苏联解体、中国改革开放和蒙古易帜也凸显了朝鲜的僵化。在朝鲜半岛美韩至今没有与朝鲜签署和平协议，双方保持着敌对关系，保持政治、军事对峙状态，朝鲜在东北亚乃至国际体系中陷于敌多友寡和形单影只的状态，存有严重的安全焦虑。在中国大力倡

---

① 林子恒：《朝鲜拥核已成定局？》，《联合早报》，2017年8月19日。

导的六方会谈中，美、日、韩朝严重缺乏互信，都"机会主义"地利用了会谈，使得《9·19共同声明》功亏一篑。

朝鲜拥核问题的症结在于美韩与朝鲜的敌对关系，解决朝核难题的钥匙也在美朝手中。

从朝鲜方面看，世袭制政治体制、僵化经济发展模式和美韩日的敌对促其走上了通过高频次核导实验坐实拥核国家的身份，以应对国际体系的排斥性的道路。朝鲜拥核战略的选择塑造了朝鲜"问题国家"的形象。

从美国方面看，超级大国的实力、地位和身份赋予其握有解决朝核问题的主动权。美国对朝核问题的态度取决于朝鲜的核武器对其自身是否构成了直接威胁。长期以来，美国政府对朝鲜核能力的看法存在分歧，主要决策部门曾认为朝鲜拥核对美国尚不构成严重威胁。因此，美国并不急于彻底解决朝核问题，奉行了战略忍耐政策。美国朝核政策的目标有二：其一，解决朝核问题要服务于美国的东北亚战略，拖延朝核问题有益于巩固美韩、美日同盟，打造美日韩三边同盟，强化在东北亚的军事存在，以遏朝为名行制华之实。其二，施压中国解决朝核问题，希望以中国国家利益的付出解决朝核问题，无论结局是朝鲜崩溃、中朝关系的破裂，还是朝鲜弃核，美国都是赢家。对此，中国学者指出："'六方会谈'中断后，奥巴马政府一方面采取了'不接触'政策，把平壤先弃核作为对话先决条件，朝被逼到了死角；另一方面，又不断煽风点火，刻意制造紧张，为强化在亚太的军事部署寻找借口，配合实施'亚太再平衡'战略。特朗普上台后，美朝对话如昙花一现，旋即被史无前例的军事恫吓和威胁所替代，美韩军演、航母巡弋、重戴'支恐帽'等等，招招式式都在刺激朝方的敏感神经，令朝孤注一掷。"① 朝核问题以零和博弈关系套牢了东北亚邻国。

（二）朝鲜拥核战略目标与动机

朝鲜选择拥核战略的根本原因是孤立感的困扰与安全感的缺失，拥核是面临复杂国际环境做出的极端战略选择。朝鲜以事实拥核为后盾，以追求国家安全作为拥核战略的首要目标。

首先，朝鲜拥核战略的认知源于在核武器诞生以来，美国从未对有核国家使用过武力，美国发动局部战争的对象也只针对无核国家。例如攻打南联盟、伊拉克、阿富汗。

其次，核武器自问世以来就是大国的象征，朝鲜将核武器视为维护国家安全的有力保障和外交博弈的政治资本。为此，朝鲜即使在经济处于崩溃边缘也不惜代价发展核武器。从朝鲜视角审视，拥核是保卫国家安全最有效的手段，甚至比拥有同盟更有效。朝鲜拥核战略的意图是将发展核武器作为谋求国家安全、增加政治谈判筹码、实现强盛国家的安国利器。

第三，朝鲜还将拥核战略视为稳定国家政治体制、巩固领袖地位、实现强盛国家的利器。简言之，朝鲜坚持拥核战略的政治目标在于以核实力来实现稳定国家政治体制、巩固金氏家族统治地位、保障国家安全。

基于对朝鲜拥核战略的动机分析，我们可以断言在通常情况下朝鲜绝无弃核的可能性，东北亚地区已经出现了朝鲜事实拥核的现实。

---

① 施君玉：《压美朝直接对话 国际社会不该只有呼吁》，大公网，http://news.takungpao.com/world/exclusive/2017-12/3520471.html.（上网时间，2017年12月2日）

三、中国解决朝核危机的地位与作用

朝鲜半岛地缘政治的矛盾方是朝鲜和美韩的对峙与抗衡，利益攸关方是中俄日，中国解决朝核危机问题扮演的角色是"促和"和"维稳"的角色，中国无力左右美韩朝任何一方，中国对朝鲜的影响力有限。

1. 朝鲜坚决拥核的意志对中国朝鲜半岛政策构成制约。由于朝鲜提出的以半岛和平机制取代停战机制主张远未实现，以及中朝间存在的结构性互信不足问题，决定了朝鲜不会寻求中国的核保护，而会坚持发展核武器。朝鲜宣称核武器是"民族的命根子"，这意味着朝鲜不会首先弃核，其拥核的意志十分坚定。

中国出于地缘考虑，在朝核问题上的立场是视半岛和平稳定与无核化同等重要。因此，中国在处理朝核问题时采取的是"双轨"政策：一方面针对朝鲜发展核武的行为，中国严格执行联合国对朝决议，向朝施压；另一方面，中国不允许以武力解决朝核问题，继续维持了中朝之间正常的国家关系，希望朝鲜保持稳定。

就维护中国在朝核问题上的国家利益而言，这种政策无疑具有合理性。但是，在朝鲜坚决的拥核意志面前，中国的政策就会暴露出其内在的缺陷。

2. 美国的东北亚战略和对朝核问题的态度制约了中国解决朝核问题的政策效能。美国东北亚战略的主要目标是遏制中国崛起挑战美国的主导地位，美国对华奉行接触加遏制的两面性政策是国际体系霸权国与崛起国的结构性矛盾决定的。朝核问题对美国东北亚安全战略的挑战是局部性挑战，其为美国推行以遏朝为名行制华之实提供了机遇，部署"萨德"反导系统就是案例。美国历届政府惯用的策略手段就是向中国施压对朝进行经济制裁,在解决朝核问题中撕裂中朝关系,以牺牲中国国家利益为代价解决朝核问题,达到让朝鲜崩溃、中朝关系破裂或者朝鲜弃核的一箭三雕目标。

3. 中国在朝核问题上可选择的政策手段有限。朝鲜长期坚持主体思想和先军政治,经济自给自足,其政策具有较强的自主性和抗压性。虽然中国出于人道主义精神曾给予过朝鲜援助,但这种有限援助难以转换为政治影响力。朝鲜高频次核导试验后,中国坚定执行了联合国制裁朝鲜的决定,然而朝鲜并未出现严重经济危机局面,事实表明经济制裁并非是能够迫使朝鲜屈服放弃核导的撒手锏。中国的国家利益要求中国既要从国际法层面奉行不干涉他国内政的国际关系准则、从地缘政治层面奉行睦邻的周边政策,也要从国际道义层面对破坏核不扩散机制的国家维护联合国决议进行经济制裁,更要从维护国家安全利益层面不带头制裁朝鲜,以免为美国为首的西方国家火中取栗。

四、解决朝核问题的路径

1. 中国的国家安全利益要求我们在解决朝核问题时要奉行朝鲜弃核、半岛无核、维护朝鲜半岛和平与稳定、坚持通过协商与对话方式和平解决朝核问题的主张,确保朝鲜半岛不战不乱。朝鲜与中国仅一江之隔,我们既坚决反对朝鲜拥核,也同时关心朝鲜半岛的和平与稳定。笔者认为应该营造合适的谈判环境,重视东北亚各国的合理关切。东北亚相关国家应协调立场,以和平方式实现半岛无核化达成共识。

2. 中国应坚持破解朝鲜半岛安全困境的"双暂停"和"双轨并行"思路。中国希望美朝作为朝核问题的直接当事国早日恢复谈话,希望美国把有关愿意就朝核问题与朝鲜进行对话的表态落实到具体的对朝政策之中，并呼吁朝鲜对此做出相应呼应。"双暂停"是摆脱目前安全困境的最为关键的第一步。

3. 中国在解决朝核问题时应始终站在道义的制高点上，在联合国框架下解决朝核问题。从根本上实现半岛和平的有效途径，应从改变朝鲜半岛的冷战安全结构入手。"应以和平机制取代停战机制，实现半岛和地区的长治久安"。

4. 各国应对话探讨怎样解决朝核问题，实现半岛无核化，厘清各国应承担的责任与义务，包括和平的责任、无核的责任以及非战的责任与义务。各国不要推卸责任与义务，不要转嫁责任与义务。美朝相互为敌，导致了核问题的出现，中国应力避为美韩火中取栗。

5. 中国积极参与国际社会治理朝核问题，但应尽力规避解决朝核危机对中国国家利益的损害，从定性与定量两个维度研究朝鲜拥核对东北亚地缘安全的威胁，积极倡导在制裁的同时保持对话。参与解决朝核问题的国家众多，中俄协调政策至关重要，我们要尽量防止中朝关系由僵冷走向敌对，重视朝鲜合理的利益诉求，从说服朝鲜率先停止核试验入手，推动美韩停止进行联合军演，缓解东北亚安全困境。

朝鲜坚持拥核战略和高频次进行核导实验严重损害了中国在东北亚地区的国家安全利益，中国被迫参与联合国对朝制裁，使两国关系陷于困境。中朝关系困境是两国核心战略利益分歧使然，两国都为此付出了各种利益损害的代价。拥核或弃核事关朝鲜国家重大安全战略利益的选择，决定了中朝关系暂时难有转机，我们应以党际联系维系国家关系，防范中朝关系由僵化走向恶化。

朝鲜奉行拥核战略的本质是美国长期敌视朝鲜造成了朝鲜的极度不安和拥核自保。"中国不掌握解决朝核问题的钥匙，在说服朝方停止核项目上也缺乏关键筹码；而被朝鲜视为安全威胁来源的美国，对朝方安全诉求这个解决核问题的关键条件不愿予以考虑"。[①] 事实上目前美国正利用朝核危机获得多重利益：保持在东北亚军事存在；强化美日韩三边合作；以遏朝为名行制中之实；站在解决朝核问题的国际道义制高点上，扮演世界领袖角色。美国在东北亚地区过剩的军事存在也严重威胁了中国的国家安全利益。中国提出"双暂停"方案是解决半岛危机和改善中朝关系的理想步骤，美国防范和遏制中国的心理作祟，不愿接受中国的方案同朝鲜和解，更不愿与朝鲜签署和平协议，中国在解决朝核问题中面临左右为难的境遇。

我们在强调中国朝鲜半岛政策三大目标——无核、和平、对话的同时，还应避免中朝关系走向敌对，非敌对的中朝关系是中国东北亚地缘安全战略的需要，也是中国睦邻政策使然。

中国应积极倡导在制裁的同时坚持对话，在威慑的同时实现谈判，重视朝鲜合理的利益诉求，在朝鲜停止核试验的基础之上寻求中朝关系的改善。

[①] 傅莹：《傅莹撰文谈朝核问题奉劝美方动武前三思》，环球网，2017 年 5 月 2 日，http：//world. huanqiu. com/article/2017 - 05/10573684. html? qq-pf-to = pcqq. group. （上网时间：2017 年 9 月 27 日）

全球恐怖主义热点分布与态势感知

杨 溪* 李 伟*

[内容提要] 2017年国际反恐取得重大进展——国际反恐联盟对"伊斯兰国"的军事打击取得胜利。"伊斯兰国"在伊、叙地区的主要据点相继被摧毁，残余分子被迫向沙漠地区流窜，国际反恐进入后"伊斯兰国"时代。从全球层面来看，2017年中东、南亚、非洲等热点地区恐袭势头依旧空前；欧洲、俄罗斯、东南亚等地重大恐袭事件频发，不断冲击各国安全底线；国际恐怖主义的联动性、交织性、跨国性、多样性更加突出。本文将根据对外经贸大学国际关系学院大数据国际关系研究中心提供的数据梳理统计，采用定量分析和定性研究相结合的方式，对2017年全球恐怖主义热点地区和形势加以分析，感知其态势和未来可能发展的前景。

[关键词] 全球恐怖主义 发展态势 热点分析 趋势预测

2017年全球恐怖主义活动十分猖獗，恐怖活动热点依然集中在中东、南亚、非洲等地。依据恐怖袭击发生的数量来看，中东地区由于叙利亚和伊拉克是恐怖活动重灾区，加之周边其他国家受波及，恐袭数量位列全球首位。南亚地区阿富汗安全局势未出现好转趋势，

---

* 杨溪，中国现代国际关系研究院国际反恐方向博士生；李伟，中国现代国际关系研究院研究员。

"伊斯兰国"不断向该国渗透,恐怖袭击事件高发;巴基斯坦受多重恐怖威胁,再加之印度国内的恐怖袭击事件,使南亚地区恐袭数量居全球第二位。除北非以外的非洲其他地区,恐怖主义呈上升态势,总体恐袭数量处第三位。拉美地区的哥伦比亚政府和反政府武装"哥伦比亚武装力量"(哥武)签订和平协议一周年已过,2017年6月"哥武"正式解除武装,长达50年的冲突画上句号。但哥伦比亚第二大游击组织"民族解放军"(ELN)继续扮演哥伦比亚内战的主要角色,发动多次袭击事件,加之美国相继的恐袭事件,使美洲恐袭数量位列全球第四。欧洲国家一方面继续饱受"独狼"式恐袭之苦,重大恐袭事件持续发生;另一方面东部乌克兰顿巴斯地区政府军与分离势力持续交火,美俄的角力更使乌克兰脆弱的和平再蒙阴影。双重因素作用下欧洲恐袭数量位列全球第五。东南亚国家深受"伊斯兰国"恐情外溢的影响,菲律宾马拉维长达6个月的冲突也使东南亚的恐怖主义问题持续升温,恐袭数量位居全球第六。独联体国家整体恐情较为平缓,但俄罗斯的恐怖主义态势相对突出。综合来看,伊、叙战场国际反恐联盟针对伊斯兰国的战争暂时告一段落,但各国与恐怖主义的斗争却远未结束,未来前景依然严峻。

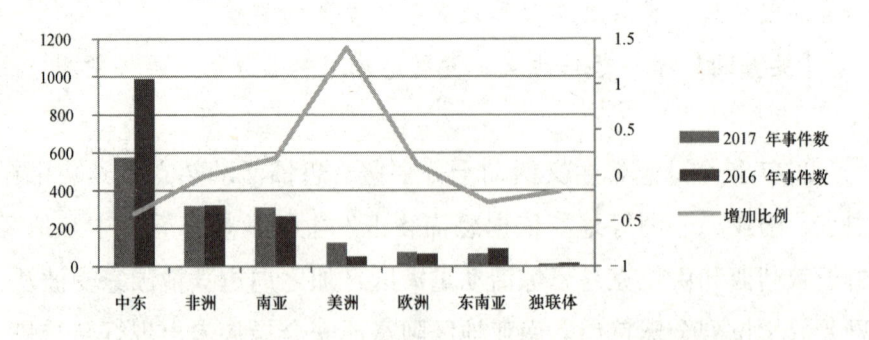

图1　2016—2017年全球主要地区袭击事件发生数统计图

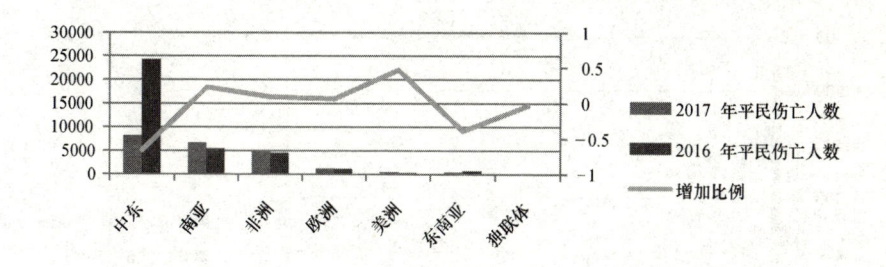

图 2　2016—2017 年全球主要地区袭击伤亡人数统计图

一、中东地区恐怖主义威胁形态

2017年，中东伊、叙战场打击"伊斯兰国"的军事行动进展顺利，该组织的活动能力受到极大打击，实施恐袭的频次和烈度均有所降低。"基地"组织及其分支在西奈半岛、阿拉伯半岛、马格里布地区活动频频，大有填补"伊斯兰国"被击退后的恐怖活动真空之势。以沙特阿拉伯为首的逊尼派和伊朗为代表的什叶派之间冲突加剧，伊朗德黑兰核心城区接连遭受重大恐袭，伊朗将矛头指向沙特，双方之间白热化的矛盾、冲突有上升态势。巴以矛盾持续发酵。2017年底美国总统特朗普宣布美国承认耶路撒冷为以色列首都后，巴以冲突以及伊斯兰世界与美国和以色列的矛盾进一步激化。中东旧格局被彻底打破，新格局尚未建立，"伊斯兰国"被摧毁后，各国传统矛盾和分歧日益凸显，以恐怖组织为代理人开展的战争将长期存在。一些国家对国际反恐的工具性和双重标准将严重影响中东恐怖主义发展态势。数据表明，中东地区2017年比2016年袭击事件数减少约46%，平民伤亡人数减少23.8%，总体而言安全形势较2016年有较大好转，但前景并不乐观。中东地区主要国家恐怖主义情况如下：

| 58 | 国际安全治理的理论与实践 |

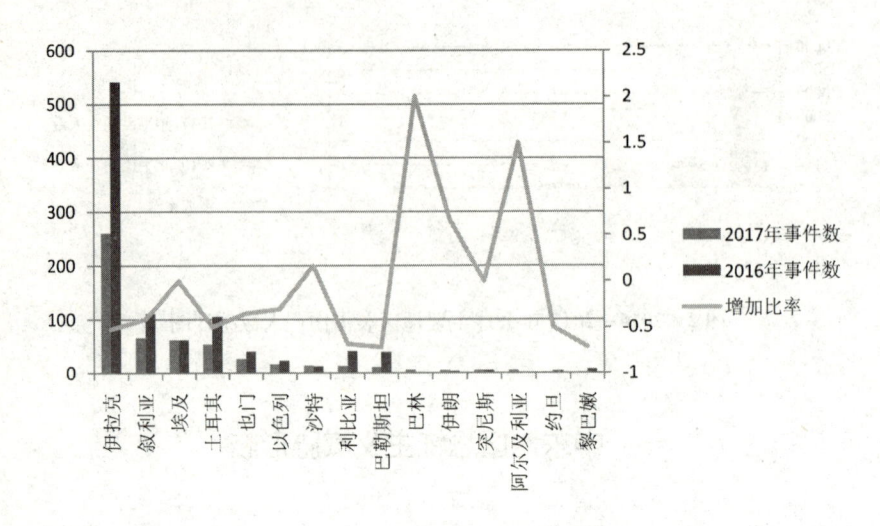

图3　2016—2017年中东地区主要国家袭击事件发生数统计图

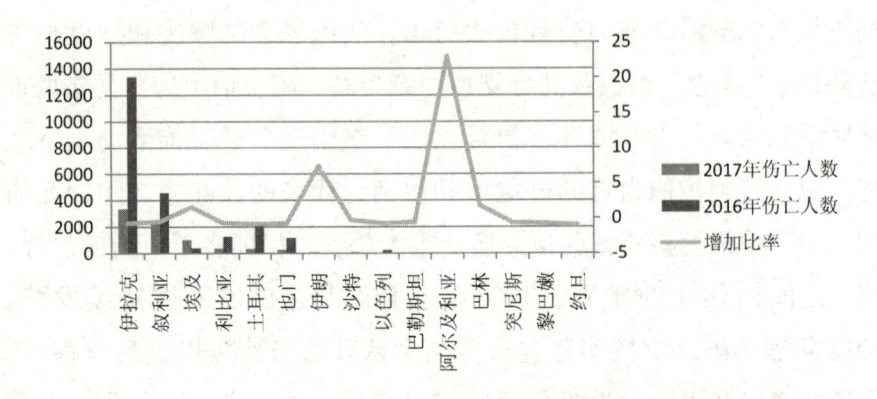

图4　2016—2017年中东地区主要国家袭击伤亡人数统计图

（一）伊、叙战场战事顺利，极端组织"征服阵线"活动频频

伊拉克、叙利亚战场打击"伊斯兰国"的战争进展顺利，"伊斯兰国"所占"领土"与城镇几乎全部被收复，发动恐袭的能力被削弱。2017年，伊拉克、叙利亚地区恐袭事件减半，伤亡人数缩减75%。"伊斯兰国"主要有三种恐袭手段：发动炸弹袭击、屠杀平民和俘虏、使用枪支和火箭弹等射击方式。但恐袭频率与带来的伤亡

均有大幅减少，屠杀与处决事件的死亡人数更是减少 94.5%。国际反恐联盟打击"伊斯兰国"的军事胜利，使长期处于动荡之中和恐怖主义威胁之下的中东地区暂时缓了一口气。

随着对叙利亚"伊斯兰国"的打击，"基地"组织网络中的叙利亚多股极端势力出现联合取代"伊斯兰国"趋势，其主要代表"征服阵线"也成为继"伊斯兰国"之后的第二大恐袭实施者。2017 年 1 月 28 日，以"征服阵线"和"沙姆自由人伊斯兰运动"为首的五个组织宣布联合，共同形成"叙利亚解放阵线"（Hayat Tahrir al-Sham，简写为 HTS），[1] 成员约 12000—14000 人，[2] 其意图是将叙利亚转变为由"基地"组织领导下的"伊斯兰酋长国"。2017 年 7 月，由于在是否与政府和谈问题上存在分歧，"征服阵线"与"沙姆自由人组织"发生激烈冲突，23 日，"征服阵线"控制了"沙姆自由人组织"在叙利亚西北部伊德利卜省伊德利卜市的全部据点及武器，取得了伊德利卜的主导地位。12 月，叙利亚政府军对伊德利卜"征服阵线"发动猛烈攻击，域内及域外一些大国出面干预。由此可见，叙利亚恐怖组织新态势引发大国在叙利亚问题上的新一轮分歧。

表 1　伊叙地区发动袭击手段统计表

	2017		2016		事件数减少率	伤亡人数减少率
	事件数	伤亡人数	事件数	伤亡人数		
屠杀和处决	18	206	74	3728	73.8%	94.5%
爆炸袭击	231	4459	381	9410	39.4%	52.6%
枪击	46	720	92	2538	50%	71.6%

---

[1] "Al Qaeda and allies announce 'new entity' in Syria", https://www.longwarjournal.org/archives/2017/01/al-qaeda-and-allies-announce-new-entity-in-syria.php，上网时间：2017 年 1 月 28 日。

[2] "Al Qaeda Is Starting to Swallow the Syrian Opposition", https://foreignpolicy.com/2017/03/15/al-qaeda-is-swallowing-the-syrian-opposition/，上网时间：2017 年 3 月 15 日。

（二）埃及恐怖袭击加剧，造成的人员伤亡数量大幅上升

虽然 2017 年埃及的袭击事件与 2016 年基本持平，但伤亡人数却翻了一番，由 408 人增长到 1055 人。埃及反恐主战场依然在西奈半岛，实施者主要是"伊斯兰国"西奈半岛分支及埃及本土的"哈斯姆运动"（又称"决断运动"）。袭击特点主要表现为：一是宗教和教派冲突是主要原因，基督教徒和苏菲教派成为主要袭击目标。2017 年由恐怖分子实施的针对基督教徒的袭击和处决案件多发，同时针对基督教堂和苏菲教堂的袭击造成大量伤亡。4 月 9 日，位于北尼罗河坦塔镇和亚历山大市的两座科普特基督教少数派教堂遭炸弹袭击，造成至少 30 人死亡、70 人受伤。5 月 26 日，埃及中部明亚省（Minya）一辆乘客主要是科普特基督教徒的大巴遭遇枪击，造成 28 人死亡、25 人受伤。11 月 24 日西奈半岛北部埃尔—阿里什市一所苏菲派清真寺的爆炸及枪击案，造成 235 人死亡、130 余人受伤。恐怖分子在苏菲派清真寺内引爆爆炸装置，随后对逃离的人群射击，并试图向运走伤者的救护车开火，手段十分残忍。12 月 29 日，首都开罗南部科普特基督教堂遭遇枪击案，11 人死亡、10 人受伤。二是以埃及军方和警察系统的机构和人员为目标的袭击多发。2017 年 7 月，埃及拉法（Rafah）地区一警方检查点遭遇"伊斯兰国"汽车炸弹恐袭，致 26 人死亡、26 人受伤。

（三）土耳其加大反恐举措，一改 2016 年乱局

2016 年土耳其发生大小恐袭事件 105 起，造成人员伤亡 2329 人。2017 年伊始，伊斯坦布尔夜总会发生爆炸袭击，造成 39 人死亡、69 人受伤。然而 2017 年全年恐袭数减少到 53 件，伤亡人数降低至 350 人。土耳其国内安全形势得以好转：一是因为土耳其自 2016 年 8 月以来持续开展"幼发拉底河之盾"行动，打击土叙边境"库尔德工人党"和"伊斯兰国"，建立起土耳其本土和叙利亚战场之间的安全隔离带。2017 年 3 月，土耳其总理耶尔德勒姆称"幼发拉底河之盾"行动已经成功结束，然而土耳其并未从叙利亚撤军。6 月 28 日，土耳其总统埃尔多安接受俄罗斯《消息报》采访时也称，如果边境出现威胁，土方准备在叙利亚北部实施新一轮军事行动。二是因为土耳其自 2016 年 7 月政变后持续开展大规模肃清"居伦运动"分子的行动，采取严密的安全审查措施，据报道遭解职或停职的人员多达 15 万人，另有 5.5 万人被捕。此种情况下，恐袭的策划和实施难度加大。三是逐步从总理制向总统制过渡。2017 年 4 月 16 日，土耳其修宪公投成功，总统埃尔多安的权力得以强化，能够清除体制障碍，启动各种安全举措，反恐成效显著。

（四）也门"伊斯兰国"力量衰弱，"基地"组织威胁仍存

2017 年也门反恐形势趋稳主要得益于"伊斯兰国"整体实力的衰弱，发动恐袭事件和造成伤亡人数大幅减少。然而，"阿拉伯半岛基地组织"却稳步扩张。美军在也门开展多次针对"圣战"分子的空袭，一定程度上打击了"阿拉伯半岛基地组织"，但该组织在也门南部的基础并未削弱。2017 年 6 月 7 日，与"阿拉伯半岛基地组织"有合作的阿巴斯旅（Abu Abbas Brigade）在哈迪政府和胡塞武装在塔伊兹地区交战之中，企图夺取 Tashrifat 基地附近的总统府，并为胡塞武装提供掩护。[①] 也门内战拉锯为"阿拉伯半岛基地组织"

---

① "Gulf of Aden Security Review", https：//www.criticalthreats.org/briefs/gulf-of-aden-security-review/gulf-of-aden-security-review-june–7–2017，上网时间：2017 年 6 月 7 日。

的扩张提供有利时机，其得以在双方实力真空地带开展活动，并且选择性参战，扩充"领土"。如果也门内战不结束，"基地"组织扩张就得不到真正遏制。

表2 也门地区各组织发动袭击数统计表

	2017		2016		事件减少率	伤亡人数减少率
	事件数	伤亡人数	事件数	伤亡人数		
"基地"组织阿拉伯半岛分支	18	165	8	166	-125%	0.1%
极端组织"伊斯兰国"	6	83	18	766	66.7%	89.2%
胡塞武装	1	24	3	115	66.7%	79.1%

（五）利比亚东西分裂割据，恐怖组织扩大生存发展空间

2017年利比亚局势有所好转，袭击事件发生数和伤亡人数均有所下降。然而，利比亚面临较大安全隐患：一是国家安全力量的缺失给恐怖组织和部落武装带来生存空间，以"基地"为首的恐怖组织发展、联合趋势显著。2017年3月，在利比亚的恐怖组织"伊斯兰卫士"（Ansar Dine）、"穆拉比通组织"（al-Mourabitoun）、"马齐那解放阵线"（the Macina Liberation Front）、"伊斯兰马格里布基地组织"萨赫勒分支（Saharan branch of AQIM）发布视频，宣布成立在"伊斯兰卫士"领导下的"穆斯林与伊斯兰胜利联盟"（Jama'at Nasr al-Islam wal Muslimin）组织，① 部分前"伊斯兰国"成员也宣

---

① "AFRICAN JIHADI GROUPS UNITE AND PLEDGE ALLEGIANCE TO AL-QAEDA", http：//www.newsweek.com/al-qaeda-groups-unite-sahel-563351. （上网时间：2017年3月3日）

布投靠"基地"组织分支。利比亚恐怖组织重组将带来新的威胁和挑战。二是利比亚东西分裂割据，和解进程缓慢。目前，利比亚政府和社会都处于东西分裂的状态，缺乏强有力的政权有效实施国家治理。政局动荡致使当地人民生活水平不断下降。利比亚社会发展的困局也为极端主义思想传播创造有利条件，给利比亚发展带来隐患。

二、南亚地区恐怖主义威胁形态

2017年南亚地区恐怖威胁加剧，袭击事件发生数和伤亡人数均有增加，中东圣战分子回流和本土恐怖组织发展壮大使南亚成为继中东之后的第二大战场。南亚地区恐怖主义发展不仅受到国际伊斯兰极端主义影响，地区内国家之间的历史冲突和现实矛盾也催生了地区恐怖主义乱局。域外大国美国的干涉也为地区局势带来新的变数。一方面总统特朗普的新南亚战略宣布美国不寻求阿富汗重建，重点放在打击恐怖分子上，虽然短期内有利于帮助阿富汗政府增强控局能力，但始终治标不治本，未针对阿富汗恐怖主义发展开出治本药方。另一方面美国在南亚地区更加倚重印度，不断对巴基斯坦施压，并不利于南亚地区政治平衡和反恐大局。2017年南亚主要国家恐怖威胁情况如下：

（一）阿富汗新老恐怖组织交织，安全形势进一步恶化

阿富汗是全球继伊拉克、叙利亚和也门之后的第二大战乱地区。数据显示，2017年阿富汗冲突事件发生数和平民伤亡人数比2016年分别提升18.4%和34%。其中塔利班制造的袭击高达总数的

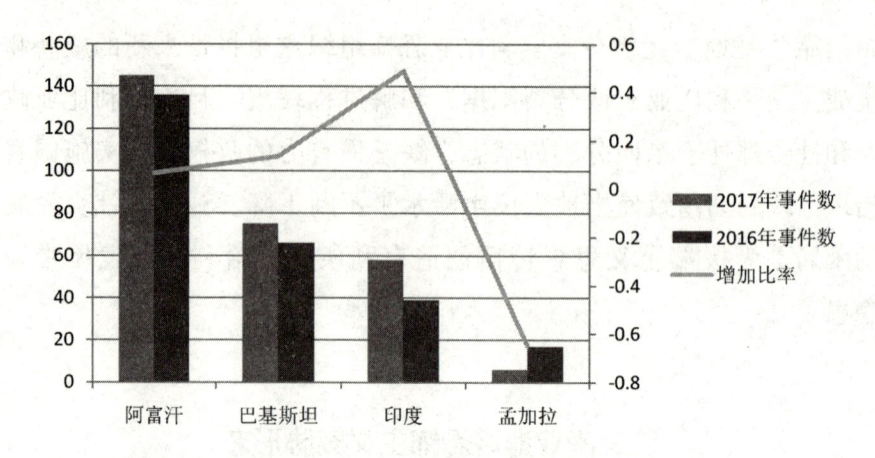

图5 2016—2017年南亚地区主要国家袭击事件发生数统计图

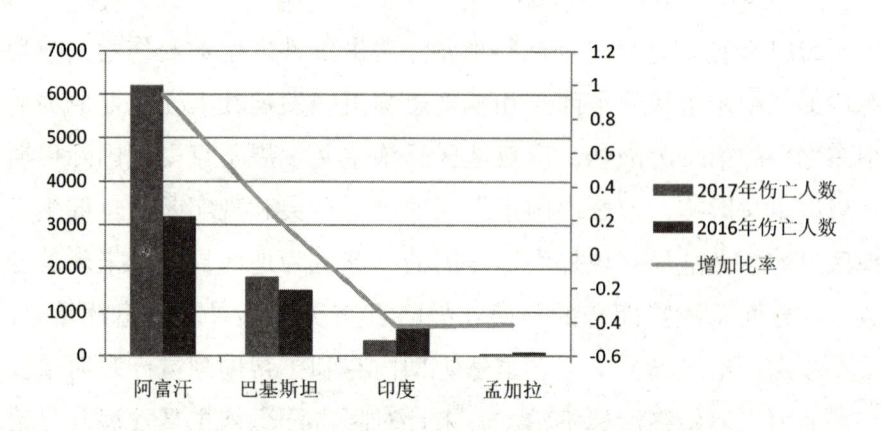

图6 2016—2017年南亚地区主要国家袭击伤亡人数统计图

72.7%,"伊斯兰国呼罗珊分支"制造的袭击占20.5%。"基地"组织、哈卡尼网络也有所活动,但烈度较低。2017年阿富汗国内恐怖主义呈现如下特点:一是"伊斯兰国"在阿富汗的分支"伊斯兰国呼罗珊分支"加大在阿富汗扩张,袭击广度与烈度均有所增强。"伊斯兰国"的袭击活动不仅停留在阿巴边界楠格哈尔、霍斯特等省份,中北部萨尔普勒省也出现其分支活动迹象。北约"坚定支持行动"公共事务部主任称,"'伊斯兰国'只在阿富汗3个省份有活动,

2017年1600名'伊斯兰国'武装分子被消灭,'伊斯兰国'在阿富汗人数并未增加"①。同时,"伊斯兰国呼罗珊分支"制造多起大案要案,包括3月喀布尔军事医院恐怖袭击和多起针对什叶派清真寺的恐怖袭击。自8月以来,"伊斯兰国呼罗珊分支"接连在赫拉特省、喀布尔市的什叶派清真寺和什叶派文化中心制造大规模恐怖袭击,造成人员伤亡均在百人以上。二是阿富汗和谈进展缓慢,塔利班战斗力仍有所提升。2017年阿富汗政府和塔利班和谈未取得有价值的进展,4月起,阿富汗塔利班宣布发动新一轮"春季攻势",目标直指阿富汗各地政府部门,在喀布尔安全部队、警察局、大国民议会、矿产石油部等政府部门和军警力量驻地发动大规模袭击,伤亡人数均在百人以上。大规模袭击在多个省份同时上演,目标依然是安全部队和警察力量,并屡屡得逞。4月21日,10名塔利班武装分子袭击阿富汗国民军位于巴尔赫首府马扎里沙里夫的驻地,造成至少256人死亡、160人受伤。事件发生后,阿富汗国防部长阿卜杜拉·哈比比和国民军总参谋长加达姆·沙阿·沙希姆向总统提交辞呈并得到批准。10月17日,针对帕克蒂亚省警察培训中心的枪击案中致死41人、受伤158人,包括该省警察局长在事件中身亡。塔利班在袭击中使用战斗缴获或从安全部队偷来的悍马巡逻车发动炸弹攻击,提升军事装备性能。三是新老恐怖组织冲突激烈。"伊斯兰国呼罗珊分支"和当地塔利班武装长期为争夺势力范围爆发冲突。2017年4月25日,双方在阿富汗北部朱兹詹省发生激烈冲突,朱兹詹省政府发言人称,冲突造成塔利班76人死亡、56人受伤,"伊斯兰国呼罗珊分支"15人死亡、12人受伤。5月1日,阿富汗东部楠格哈尔省"伊斯兰国呼罗珊分支"和塔利班武装发生冲突,造成至

---

① "1, 600 Daesh Fighters Killed In 2017 In Afghanistan: RS", http://www.tolonews.com/afghanistan/1600-daesh%C2%A0fighters%C2%A0killed-2017-afghanistan-rs, 上网时间: 2018年1月10日。

少 28 名武装分子和 2 名平民身亡。10 月 9 日，塔利班领导人阿洪扎达到赫尔曼德省，一方面针对密集的恐袭提出新的战略，另一方面促成塔利班和"伊斯兰国呼罗珊分支"的和解，称双方"目标相同不应彼此区别对待，要和谐相处，与阿富汗政府作斗争"。① 然而，10 月 25 日，双方再次在朱兹詹省连续数日交火，造成至少 52 名武装分子死亡。

（二）巴基斯坦安全形势复杂，反恐举步维艰

2017 年巴基斯坦总体安全形势严峻，恐袭事件数和伤亡人数列全球第四，甚至高于战火中的叙利亚。巴国内重大恐袭频发，2016—2017 年伤亡人数百人以上的恐袭 8 起，超过 50 人以上的恐袭 20 起。袭击者针对公园、市场、医院、游行示威队伍等人群聚集的软目标实施残忍的自杀式爆炸袭击，特别是将满是祷告人群的宗教场所作为袭击对象，造成包括妇女和儿童在内的大量平民伤亡。其中 2016 年拉合尔市场袭击、奎达医院袭击、奎达警察学校袭击和 2017 年塞赫万清真寺袭击、帕拉齐纳尔市场袭击等大案要案的伤亡人数都在 200 人以上。巴基斯坦国内的恐怖威胁呈现本土极端组织和分离势力交织、境内外恐怖势力勾连的格局。一是极端主义盛行。以"巴基斯坦塔利班"组织及其分支"自由党"为代表的极端组织是巴基斯坦的头号威胁，由其造成的恐怖袭击约占袭击总数的 40%。2017 年"巴塔"分支及其成员频频活动，制造多起重大伤亡事件，以在"巴塔"成立 10 周年之际宣示实力。二是宗教、教派冲突多发。近年来，针对什叶派、苏菲派以及基督教等少数教派群体和宗

---

① "Serious Concerns Raised Over Taliban Leader's Visit To Helmand"，http：//www.tolonews.com/afghanistan/serious-concerns-raised-over-taliban-leaders-visit-helmand.（上网时间：2017 年 10 月 9 日）

教场所的袭击明显呈上升趋势，伤亡巨大。因宗教场所相对封闭、人员密集，造成的人员伤亡也明显高于其他目标。三是以"俾路支斯坦解放军"为代表的分离势力活动猖獗。为了达到其政治目的，近年来巴基斯坦分离势力针对中资企业和员工的绑架、袭击增多，企图利用中巴友好关系向巴基斯坦政府施压。四是国际恐怖组织流窜作案，并呈现与当地武装力量勾连的趋势。2017年"伊斯兰国"和"基地"组织在巴基斯坦发动袭击占总数的12.4%。巴基斯坦政府连年反恐行动的高压给恐怖组织的实力带来重大打击。在巴阿边境地区流窜的组织出现与当地组织勾连的趋势。2016年奎达地区发生的人质劫持事件由"伊斯兰国"和"简戈维军"同时认领；2017年帕拉齐纳尔市场的爆炸袭击由"简戈维军"和"巴基斯坦塔利班"同时认领。内外双重恐怖威胁为巴基斯坦反恐带来巨大的难题和挑战。

（三）印度克什米尔局势持续紧张，受"伊斯兰国"影响上升

2017年印度袭击事件数较2016年有所上升，但未有重大袭击事件发生，伤亡人数有所减少。印度恐袭主要来源于两个原因：一是克什米尔地区作为印巴间的火药桶，双方冲突不断加剧，活跃在印控克什米尔地区的"虔诚军"和"穆罕默德军"也频频活动，制造多起针对印度军警的袭击事件。二是印度受到"伊斯兰国"影响的袭击风险也逐渐上升。2017年3月，印度中央邦一火车站发生简易爆炸装置袭击，致10人受伤。警方逮捕3名嫌疑人，系受"伊斯兰国"影响的恐怖分子。同时，反恐警察成功防止了7起类似的事件，表明印度受"伊斯兰国"影响的恐怖袭击预谋有所增加。

三、非洲其他地区恐怖主义威胁形态

非洲地区经济发展疲软,同时面临多元化的恐怖威胁,多年以来局势持续动荡。索马里、利比亚、尼日利亚等多国政府控局能力较弱,北部和萨赫勒地区伊斯兰极端思想盛行,南北方间宗教关系紧张,都为非洲的稳定带来极大挑战。本土恐怖组织"博科圣地""索马里青年党"和国际恐怖组织"基地""伊斯兰国"在北非的分支行动活跃,分别占袭击总数的36%、31.7%、10.5%和4%,均高于2016年占比。恐怖主义袭击也主要发生在萨赫勒动荡弧地带,集中在索马里、尼日利亚、马里、喀麦隆、肯尼亚、尼日尔几国。数据显示,2017年除北非外的非洲其他地区发生袭击事件308起,较2016年320起略有下降,伤亡人数4915人,较2016年上升7.99%。主要地区恐怖主义活动情况如下:

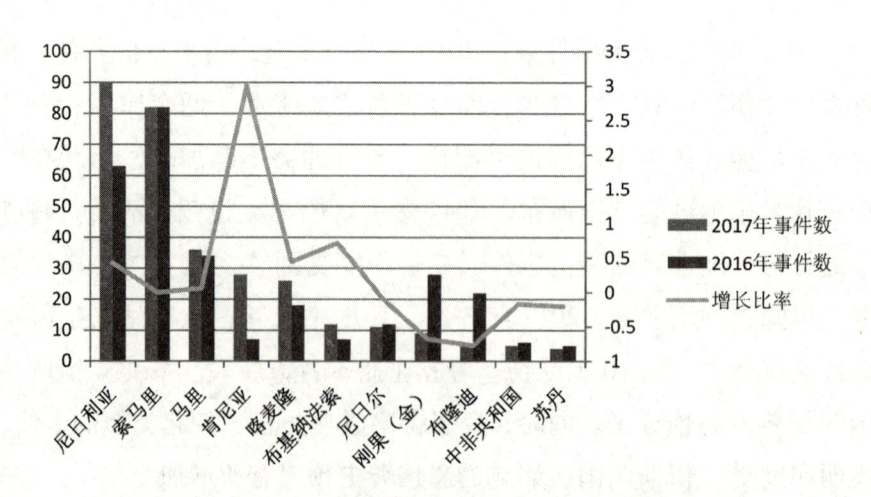

图7 2016—2017年非洲地区主要国家袭击事件发生数统计图

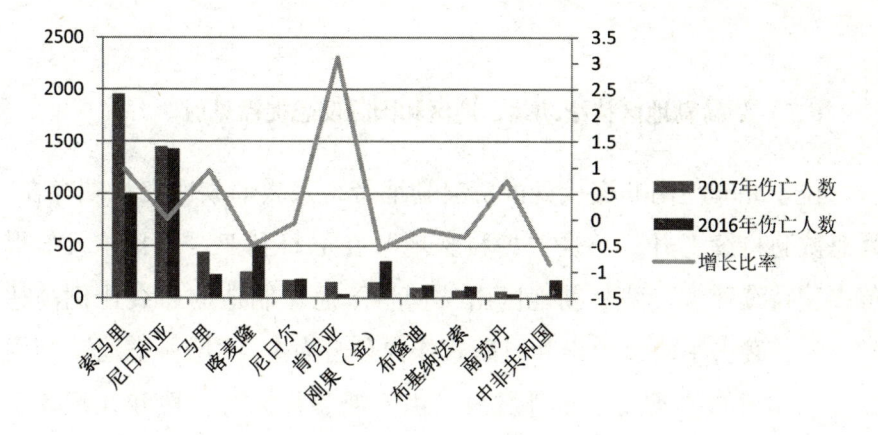

图 8　2016—2017 年非洲地区主要国家袭击伤亡人数统计图

（一）"索马里青年党"活动猖獗，政府、军方反恐步履维艰

2017 年索马里的安全形势依然严峻。一是"索马里青年党"表现活跃，普特兰东北部安全局势恶化。2017 年 6 月，"索马里青年党"实施 2014 年以来最大的袭击，占领普特兰地区国防部哨所。10 月，与"伊斯兰国"有关的组织占领普特兰地区一个小城市，这是该团伙出现以来首次攻占城市。同时，10 月，索马里首都摩加迪沙发生两起爆炸，导致 350 多人遇害，是该国史上最致命的一次袭击。索马里整体安全形势恶化。二是政府、军方反恐难行。5 月 11 日，索马里与国际组织签订协议，将重建索马里国民军，但因人事任命分歧，重建进程可能被拖延。政府和军方的资产、人员，纷纷成为恐怖组织的袭击对象。三是国际援助有限，索马里军事行动后勤保障堪忧。欧盟 2018 年 3 月联合国任期结束后将停止援助非盟驻索马里特派团，并在 2020 年之前逐渐撤出。非盟也表态在欧盟撤退期间不愿继续增加资金，仅保障索马里国民军关键补给路线。国际援助的弱化为索马里的安全形势带来长远隐患，索马里局势短期内不会有太大好转。

（二）萨赫勒地区持续动荡，地区和国际反恐捉襟见肘

位于北非与南非交接处的萨赫勒地带，宗教部族冲突长期存在，暴恐威胁持续上升。一是"博科圣地"在尼日利亚、尼日尔、乍得等多国持续肆虐。萨赫勒地区由"博科圣地"制造的恐袭比例高达62.3%，袭击手段以枪击和自杀式炸弹袭击为主。"博科圣地"利用妇女、儿童的"圣战"事件频发，由于遇袭目标对女性和儿童疏于防范，袭击造成的伤亡增大。同时，"博科圣地"还制造劫持人质事件，不断补充女性、儿童"圣战者"资源；二是"伊斯兰马格里布基地组织"表现活跃。2017年以来，"伊斯兰马格里布基地组织"主要活跃于尼日尔、马里和布基纳法索等国，与"博科圣地"不同，"伊斯兰马格里布基地组织"的袭击目标锁定政府军警部门、联合国维和部队和外国军事援助力量，削弱政府军反恐能力。2017年3月2日，"伊斯兰马格里布基地组织"萨赫勒分支和其他"基地"附属组织（疑似"伊斯兰卫士"），"马西纳解放阵线"和"纳赛尔主义独立运动"（"基地"组织西非分支）宣布建立新的"基地"组织分支联盟"伊斯兰和穆斯林胜利组织"（Jamaat Nusrat al-Islam wal-Muslimin, JNIM）。萨赫勒和西非地区针对软目标的袭击显著上升。三是地区和国际反恐力量透支。2014年起，毛里塔尼亚、马里、尼日尔、布基纳法索与乍得成立"萨赫勒五国集团"，联手应对地区挑战。但各国经济和军事实力发展水平无法保障地区安全稳定。联合国维和部队受到维和中立性限制，无法直接参与作战行动，反而成为恐怖分子袭击的目标，近年来伤亡惨重。2017年2月，五国集团峰会正式决定成立5000人的地区联合部队，但仍将受制于其国力发展，对萨赫勒地区安全稳定作用有限。

四、欧美国家恐怖主义威胁形态

2016年，欧洲经历21世纪以来最血腥的时期，法国、德国、比利时等欧洲心脏地带重大恐袭事件接二连三，人员伤亡创历史新高，民众指责政府应对不利的呼声日益高涨。2017年以来，欧洲各国积极采取多种安全举措，整体形势趋稳，袭击事件发生数和伤亡人数与2016年基本持平。乌克兰东部地区政府军与反政府军战火再起，平民伤亡是2016年的5倍之多，脆弱的和平难以为继；美俄幕后角力更使得乌克兰未来难以预料。长期与"爱尔兰共和军"和"埃塔"组织斗争，拥有丰富反恐经验的英国和西班牙成为2017年受袭击最为惨烈的国家，重大恐袭事件接连发生。2017年底，继欧洲恐袭多发之后，美国也连续发生多起恐怖袭击，特朗普的"禁穆令"并未对美国反恐形势带来太大成效。主要国家恐袭形势主要呈现如下特点：

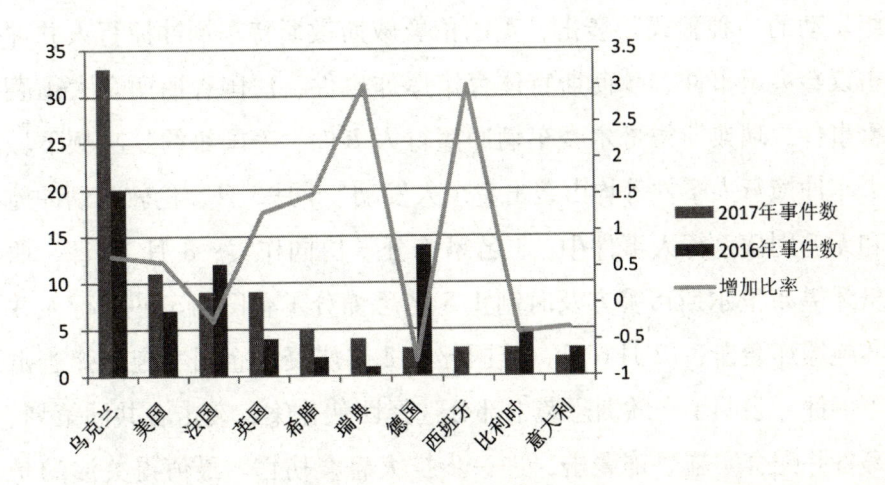

图9　2016—2017年欧美地区主要国家袭击事件发生数统计图

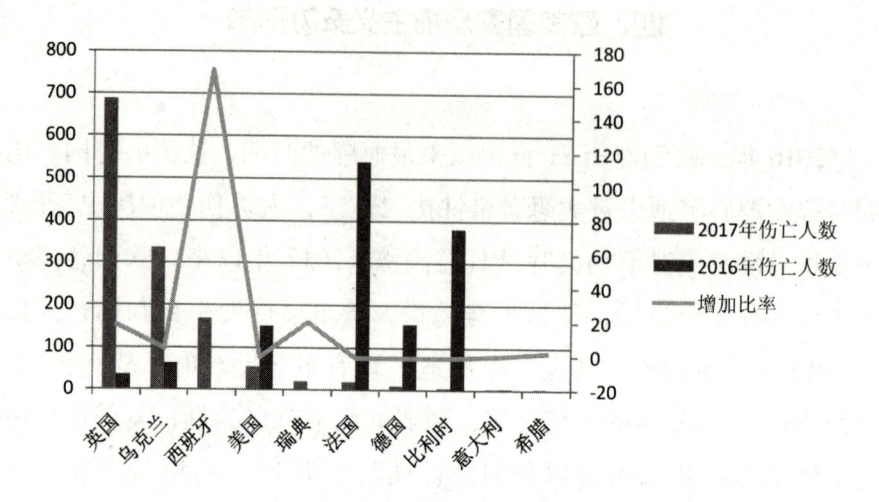

图10　2016—2017年欧美地区主要国家袭击伤亡人数统计图

（一）"独狼式"恐袭与团伙恐袭交织，潜在的"圣战"支持网络危害极大

2017年欧洲国家面临的恐袭依然主要是由独立的个人或行动小组发动的"独狼式"袭击，英国伦敦威斯敏斯特车辆冲撞行人并冲击议会大厦事件、曼彻斯特体育馆爆炸事件、法国香榭丽舍大街袭警事件、瑞典斯德哥尔摩车辆冲撞行人事件、美国纽约曼哈顿下城卡车冲撞行人事件等均由袭击者个人发动。6月3日，伦敦车辆冲撞和无差别砍杀行人事件中，3名恐怖分子协同作案；8月18日，西班牙堪布里尔斯市警方及时制止5名恐怖分子企图驾车冲撞行人并实施爆炸袭击；12月6日，英国挫败2名嫌疑人企图实施炸弹袭击等事件，表明了在欧洲恐袭中部分选择团伙作案，袭击者共同策划、筹备并配合实施恐怖袭击，进一步扩大恐袭伤亡。最值得关注的是西班牙恐袭背后所隐藏的恐袭支持网络。2017年8月，西班牙11名

摩洛哥裔青年在1名清真寺阿訇的煽动下，占据巴塞罗那阿尔卡纳尔镇一栋别墅制造爆炸物并策划爆炸袭击。因"爆炸工厂"意外引爆，恐袭分子变更袭击手法，制造了8月17日西班牙巴塞罗那市中心热门景点加泰罗尼亚广场车辆冲撞事件和18日堪布里尔斯袭击事件两起连环恐袭。西班牙长期以来受巴斯克恐怖组织"埃塔"的威胁，政府拥有丰富的与恐怖组织斗争经验，然而恐怖分子在巴塞罗那周边大量储备原料，收集超过120个煤气罐并集中制造爆炸装置，却未被西班牙警方发现，潜在的"圣战"支持网络不容小觑。

（二）袭击手段更加多元、工具趋于便利性、袭击设计性增强

欧洲的"独狼式"恐袭手段多元，其中车辆撞击、爆炸袭击、持刀伤人、枪击占据主要地位。受2016年法国尼斯、德国柏林大型恐袭的影响，2017年的汽车撞人恐袭大部分使用的是租来的卡车和货车，一方面因车体庞大增大伤亡，另一方面便于小组作案。手段多元化降低了恐袭的成本，袭击更加难以防范。同时，恐袭的时间、地点和对象都经过精心策划。英国曼彻斯特恐袭将炸弹设置在演唱会散场时的出口位置，巴塞罗那和威斯敏斯特恐袭则选择了地标性建筑物，纽约恐袭选择万圣节节日游行期间，使恐袭伤亡增加、象征性意义更为明显。12月6日，英国警方和军情五处挫败一起恐袭阴谋，恐怖分子计划在唐宁街引爆爆炸装置制造混乱，随后暗杀首相特蕾莎·梅。

（三）国际国内矛盾交织，恐袭动摇欧洲社会基础

欧洲恐怖主义袭击势头不减，既有国际恐怖主义外溢的大背景，也有国内多重矛盾交织的因素。一是中东"圣战"分子回流给欧洲

带来巨大挑战。随着"伊斯兰国"在中东的据点被消灭,大部分外籍圣战分子陆续返回其母国。他们经过战争的历练,拥有丰富的参战经验和袭击手段,实施恐袭的复杂性和危害性将会大大提高。为此,欧洲各国加强对回流本土极端分子的甄别、监控和遣返工作。2017年5月,英国《泰晤士报》指出,英国情报人员已经辨别了23000名常驻该国的极端分子,而法国的这一数字是20000人,比利时是18884人。二是难民危机加剧欧洲恐袭威胁。2017年欧洲难民数量明显回落,接收难民最多的德国上半年登记注册的庇护申请人数为90余万,仅为2016年同期的一半,不到两年前的1/8。然而难民的消化、安置和融入困难重重,为欧洲各国社会管理带来巨大挑战。部分同情极端组织的难民申请庇护被拒后实现自我激进化,直接转变为"独狼袭击者",就地"圣战"。2017年4月,瑞典斯德哥尔摩恐袭就是如此。三是极端思想盛行,催化本土极右势力。饱受恐怖主义之害的欧洲,不仅当地穆斯林受极端思想驱使逐渐走向极端,欧洲本土的反穆斯林势力也出现激进化的趋势。6月19日,英国伦敦一座清真寺附近发生车辆冲撞事件,一名48岁男子驾驶厢式货车撞向刚结束夜间祷告的穆斯林,造成1人死亡、10人受伤。此次事件发生在穆斯林斋月期间,突出显示了欧洲极右势力激化、报复性反穆斯林的风险,攻击手段与恐怖袭击相同。

  英国脱欧引发的欧洲一体化危机还未过去,恐怖袭击和难民危机所带来的社会风险和治理成本将给乱中的欧洲雪上加霜。欧洲与中东和北非地区地理相邻,地缘因素决定了其国内安全形势势必受国际恐怖主义态势影响。美国由于其在伊斯兰世界的军事干预和政治影响,首当其冲成为伊斯兰极端主义的主要目标。接二连三、出乎意料的恐袭给欧美民众带来巨大的心理压力,各国反恐政策和措施正在悄然改变欧美民主、自由的基本价值体系,某种程度上说,已经达到了恐怖主义的意图。2018年元旦之前,欧美各国加大安全措施和反恐人力、物力投入，祥和的欧洲再难逃恐怖阴云。

五、东南亚地区恐怖主义威胁形态

东南亚地区在全球范畴内来看整体安全形势较好，菲律宾和印尼恐袭有所增加、泰国恐袭态势趋缓，三国伤亡人数都有所减少。总体来看，东南亚地区菲律宾、印度尼西亚、澳大利亚三国受到"伊斯兰国"的影响加大；菲律宾成为"伊斯兰国"从中东溃败后的又一战略支点，菲律宾总统杜特尔特强调"'伊斯兰国'已经到来"；泰国政府积极推动与南部边境地区"巡逻小队"（Runda Kumpulan Kecil，RKK）和穆斯林叛乱组织"国民革命阵线"（Barisan Revolusi Nasional，BRN）安全区谈判，局势有所好转。主要国家恐怖形势如下：

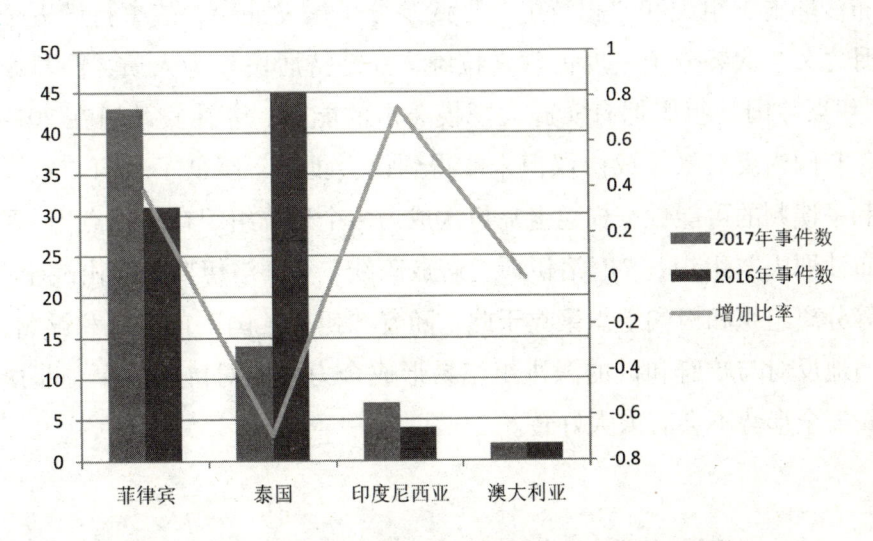

图11　2016—2017年东南亚地区主要国家袭击事件发生数统计图

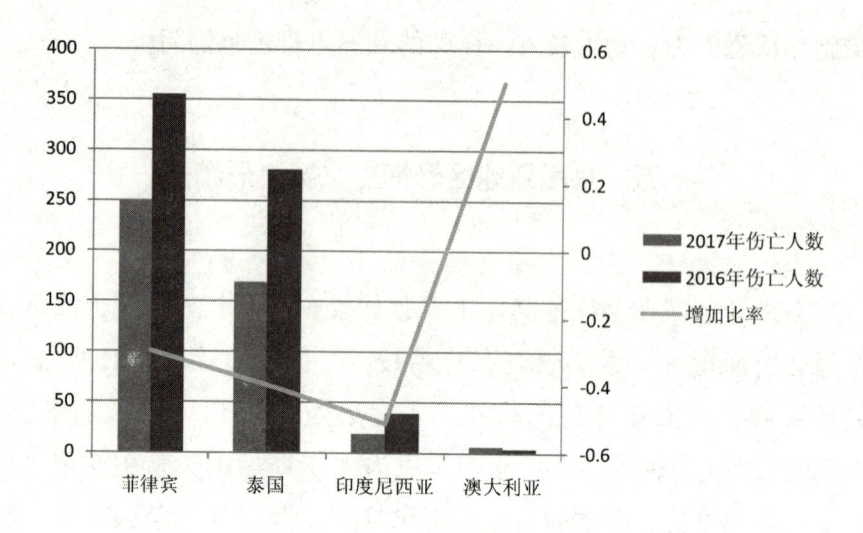

图12　2016—2017年东南亚地区主要国家袭击伤亡人数统计图

（一）菲律宾爆发马拉维危机，安全形势堪忧

2017年5月23日，菲律宾军警在棉兰老岛上的马拉维市与"阿布沙耶夫"组织和"穆特组织"武装分子爆发冲突，战事持续五个月之久。武装分子一度占领马拉维，并劫持居民作为人质，凸显亲"伊斯兰国"组织拥有实施大规模袭击的能力。菲律宾政府在2014年与国内反对派达成协议但未能得到议会批准，降低了政府与叛军和平谈判的可能性，棉兰老岛再次成为多个恐怖组织在菲据点，"阿布沙耶夫"组织、"摩洛伊斯兰解放阵线""摩洛伊斯兰自由战士"等分离组织和极端组织聚集于此，随着"伊斯兰国"的号召和影响，当地反对与政府和谈的激进组织易形成合力共同对抗政府军。菲律宾安全形势不会有太大好转。

（二）泰国本土激进势力受国际恐怖组织极端思想影响，更加活跃

2017年泰国虽然未出现明显与"伊斯兰国"关联事件，但泰国本土宗教、民族矛盾多发，南部反政府武装组织受到极端势力影响，制造多起恐怖袭击。一是北大年府遭遇大型恐袭。泰国北大年府地区，88%的人民信仰伊斯兰教，长期以来与泰国其他地区存在民族、宗教冲突。5月9日，泰国北大年府地区发生汽车炸弹袭击，造成1人死亡、60人受伤。二是泰国政府与南部武装组织和谈失败，武装组织袭击不减。泰国南部地区主要为穆斯林人口，争取独立的武装组织自2004年起在泰国南部制造暴力冲突，对泰国形势带来较大影响。2017年2月，泰国政府宣布与马拉北大年达成突破性协议，开辟安全区，但南部势力最强的武装组织"国民革命阵线"（Barisan Revolusi Nasional，BRN）并未参与此次和谈，仍坚持战斗求独立的路线。5月22日，该组织在泰国曼谷一所部队医院发动爆炸袭击，造成24人受伤。9月14日，该组织在泰国也拉府针对巡逻部队设伏，造成泰军2人死亡、27人受伤。同时，"民族革命阵线"下属"巡逻小队"（Runda Kumpulan Kecil）也在泰国南部零星发动多起袭击，但造成的伤亡较小。

（三）印尼警方击毙多名武装分子，"伊斯兰国"影响增大

印尼出现与"伊斯兰国"武装有直接联系的分子，多次与印尼警方发生枪战，但造成的人员伤亡较小。2017年2月27日，印尼万隆警方在一起小型爆炸案发生后与一名武装分子发生枪战并将其击毙。4月8日，印尼东爪哇省警方挫败一起恐袭后与6名疑似与"伊斯兰国"有联系的武装分子发生交火，最终击毙嫌疑人。5月24日，印尼首都雅加达一个公交车站发生自杀式爆炸袭击，造成3人死亡、10人受伤，警方称是与"伊斯兰国"有联系的"唯一真主游击队"（Jamaah Ansharut Tauhid）实施。这也是2017年以来印尼最大伤亡事件。

(四)澳大利亚并未出现"伊斯兰国"武装人员,但国内受"伊斯兰国"激进思想影响增多

2017年4月7日,澳大利亚昆比恩(Queanbeyan)地区2名青少年受"伊斯兰国"影响,袭击一个服务站,造成该站一名29岁男性员工死亡。6月5日,澳大利亚墨尔本一名受"伊斯兰国"影响的恐怖分子将1名女性劫持为人质,造成1人死亡、3人受伤。

六、俄罗斯与独联体国家恐怖主义威胁形态

2017年俄罗斯的恐怖主义发展态势有愈演愈烈之势,尽管从数据来看,俄罗斯2017年恐袭事件数与2016年持平,但伤亡人数均翻了一番。俄罗斯恐怖主义发展态势呈现如下趋势。一是圣彼得堡重大恐袭事件多发,北高加索地区仍然是主要威胁。2017年,"'伊斯兰国'北高加索分支"在俄罗斯实施的恐袭占俄罗斯恐袭总数的58%,造成伤亡人数39人,约占总伤亡人数的20%。"基地"分支"伊玛目谢米尔营"(Imam Shamil Battalion)呈现与其竞争态势,宣称制造重大人员伤亡的圣彼得堡地铁爆炸案。两大恐怖组织竞相实施恐袭,引发俄罗斯国内更极端的反恐措施。二是中东反恐战果加剧俄罗斯威胁。12月11日,俄罗斯总统普京闪电访问叙利亚,宣布从叙利亚撤军,无论军事还是外交完成完美收官。但中东战事的成功进一步加剧了俄罗斯与极端组织的敌对态势。根据俄方预测,在2018年俄罗斯世界杯期间,将有4500名"圣战"分子回流到俄罗斯准备发动袭击①。俄罗斯为此充分准备,加紧打击回流分子。10

---

① "后西方时代的中东:'伊斯兰国'化整为零,俄罗斯风光无限不轻松",http://new.qq.com/omn/20180118/20180118A0NJEP.html。(上网时间:2018年1月18日)

月 7 日，俄罗斯国防部发言人科纳申科夫称，俄空军 6 日在叙利亚消灭了 120 人左右来自塔吉克斯坦、伊拉克和北高加索地区的"伊斯兰国"成员，以及一支由 60 多人组成的外国雇佣军。三是电话恐怖主义空前活跃，俄罗斯遭受前所未有的"电话诈弹"袭击，损失巨大。9 月 10 日以来，俄罗斯多地频频接到"炸弹袭击"报警电话，首都莫斯科也被卷入其中。9 月 10 日，鄂木斯克市匿名举报者称市政大楼内埋有炸弹；11 日，斯塔夫罗波尔市接到 1500 个匿名报警电话；12 日，新西伯利亚和叶卡捷琳堡等地几十处目标受到电话威胁，机场、车站、商场、学校、影院在内的多个人群密集处被紧急疏散；13 日，首都莫斯科接到大量匿名报警电话，一天内疏散了近 5 万人，排查了 23 座建筑。三天之内，俄罗斯疏散了 13 万人、搜查设施 420 处，未找到任何爆炸装置。①"电话恐怖主义"带来的市民恐慌和警力浪费成本低微、影响巨大，作为恐怖主义新的形态在俄罗斯空前活跃。

相比之下，独联体国家近年来很少发生恐怖袭击，安全形势较为稳定。2017 年只有阿塞拜疆发生 1 起恐袭事件，未造成人员伤亡。2016 年白俄罗斯、吉尔吉斯斯坦各发生 1 起恐怖袭击事件，共造成 1 人死亡、4 人受伤。然而，独联体国家特别是中亚五国依然面临较大恐怖威胁，一是激进思想蔓延与日俱增。2017 年 12 月 16 日，刚上任一个月的吉尔吉斯斯坦总统索隆拜·热恩别科夫在塔什干举行的独联体国家政府首脑理事会上称，"'伊斯兰国'思想正在中亚蔓延，威胁日益扩大"，并且"活跃宣传、招募"中亚公民，号召独联体和集安组织间在边界安全方法开展有效合作；二是遭挫败的恐袭图谋较多。12 月 12 日，哈萨克斯坦国家安全委员会副主席比利斯

---

① "俄罗斯遭遇'电话恐袭'"，http://news.sina.com.cn/o/2017-09-21/doc-ifymenmt5802305.shtml.（上网时间 2017 年 9 月 20 日）

别科夫在哈议会参议院国际关系、国防和安全委员会会上发言时称，自 2017 年初起，哈萨克斯坦安全部门已经成功制止了 11 起恐怖袭击图谋，尚未发现哈国公民被国际恐怖组织招募，这是最近五六年来首次完成这一目标。中亚的稳定形势是独联体多国大选结束、政权稳定过渡后的政府强力反恐的直接成果，但中东恐怖主义外溢趋势也为独联体各国带来更大的挑战。

七、总结与预测

2017 年全球打击"伊斯兰国"战争虽然取得一定胜利，但中东据点消灭之后带来的恐怖主义外溢现象凸显，全球恐怖主义发展态势并未得到根本转变。一是"圣战"分子回流催化中东、南亚、东南亚、非洲等地区的复杂矛盾，中东、非洲、南亚、东南亚地区政治、经济发展不足，受恐怖主义影响地区的反恐态势并不会得到根本转变；二是恐怖组织内部争夺激烈，"基地"组织利用"伊斯兰国"衰落后留下的真空寻求扩张。2017 年"基地"组织在北非、萨赫勒、叙利亚地区的分支持续扩大，并且出现联合趋势，虽然本年度内并未有明显的显现，但其在国际恐怖主义发展中的角色可能越来越突出；三是欧美地区防范"独狼"式袭击的任务艰巨，"圣战"分子回流加大对欧美的恐怖威胁；四是南亚、东南亚地区受"伊斯兰国"极端思想影响和实体活动加大，为我国周边带来不稳定因素。基于以上特点，可以预测 2018 年全球恐怖主义发展态势很难得到根本性遏制，甚至有可能更加猖獗。

美国"打朝"的可能性与朝鲜半岛问题的未来

程亚克[*]

[内容提要] 2017年11月29日，朝鲜成功试射"火星-15"洲际导弹，试射的导弹射程达13000千米，打击范围可覆盖美国全境。特朗普和美国军方也不断放出狠话，认为朝鲜已经触及美国设定的"红线"。特朗普政府是否以武力解决朝核问题一时成为国际社会关注焦点。本文认为，美国出于综合战略考虑，对朝鲜发动军事打击的可能性比较低，其政策基调仍将坚持战略威慑模式，力图以压促变、促朝弃核；另一方面，朝鲜的拥核决心也不会发生变化，美朝博弈将进入新的周期，威慑与反威慑恐将成为未来一个时期美朝关系的新常态。与此同时，相关各方加紧互动，美朝韩举行了三方秘密会谈；金正恩3月25—28日"非正式"访问北京，与习近平主席举行了会谈；蓬佩奥在即将接任美国务卿前赶往平壤会晤了金正恩；4月27日朝韩在板门店韩方一侧举行了南北高峰会谈。这一切预示着朝韩加速和解、南北统一进程急速加快的可能性不能排除，这将如何影响美国对朝核的政策及半岛局势和东北亚安全，如何影响朝核问题的变化趋势，尤其值得关注。

---

[*] 程亚克，中国现代国际关系研究院博士研究生，主要研究领域为中美关系与美国外交及东北亚安全。

[关键词] 朝核问题 东北亚安全 美国 战略威慑

2017年9月3日，朝鲜进行第六次核试验，是迄今为止威力最大的核试验。2017年朝鲜还进行了包括"火星-14"和"火星-15"洲际弹道导弹试验在内的15次导弹试验。据分析，朝鲜弹道导弹能力大致相当于发达国家一、二代水平，2017年11月29日试射的"火星-15"洲际弹道导弹射程达13000千米，具备了覆盖美国本土的能力。[1] 这尤其引起美国的强烈反应。美国战略界普遍认为，朝核问题到了战略爆发（strategic breakout）的关键时刻，[2] 主张以武力解决朝核危机的声浪再度高涨，特朗普及美军方不少要员纷纷发出战争威胁。美国高层人士甚至分析说，特朗普对朝动武的概率达到30%，倘若朝鲜进行第七次核试验，则美国对朝鲜动武的概率将提升至70%。[3] 朝鲜半岛一时战云密布，大有"山雨欲来风满楼"之势。

一、美国目前以武力解决朝核问题的可能性不大

尽管部分美国军界、战略界及一些"鹰派"在媒体上不断鼓吹以武力解决朝鲜核问题，但就目前的发展趋势看，美国以武力解决

---

[1] Justin McCurry & Julian Borge, "North Korea missile launch: regime says new rocket can hit anywhere in US", November 29, 2017, https://www.theguardian.com/world/2017/nov/28/north-korea-has-fired-ballistic-missile-say-reports-in-south-korea. （上网时间：2017年12月1日）

[2] Robert S. Litwak, "Preventing North Korea's Nuclear Breakout", The Wilson Center, 2017.

[3] Uri Fredman, "Lindsey Graham: There's a 30 Percent Chance Trump Attacks North Korea", https://www.theatlantic.com/international/archive/2017/12/lindsey-graham-war-north-korea-trump/548381/（上网时间：2017年12月28日）; Brad Reed, "Lindsey Graham: There's A 70 Percent Chance Trump Will Attack North Korea If It Tests Another Nuke", December 14, https://www.rawstory.com/2017/12/lindsey-graham-theres-a-70-percent-chance-trump-will-attack-north-korea-if-it-tests-another-nuke/（上网时间：2017年12月28日）

朝核问题、对朝发动"先发制人"打击,无论是针对朝核导基地的"外科手术式打击"、针对金正恩的"斩首行动"、以"政权更迭"为目标的全面战争等,都是低概率事件,可能性不大。

1. 美军对朝可能有必胜把握、却无"全胜"把握,尤其是不可能通过一次性"先发制人"军事打击行动而彻底清除朝鲜核力量,使朝鲜完全束手受缚、完全无回手之力。

从军事观点看,美国发动对朝鲜的军事行动实质上是一场有特别要求的特战行动,其胜利"标准"不是一般条件下的所谓"杀敌一万、自损三千",而是看其能否在一次系统性军事行动中实现对朝战争能力的全覆盖、全压制、全毁灭,彻底封杀朝鲜战争机器,使朝鲜完全没有机会进行军事反击。这一胜利标准极高、极难做到,面对朝鲜这样奉行所谓"先军政治"的强悍对手尤其如此。朝鲜有约110万军队,有千余枚中远程导弹、沿三八线附近部署有上万门远程大炮,还有数目不详的核弹头。美国核武器专家西格弗里德·赫克(Siegfried Hecker)估计朝鲜政权拥有25—30枚核武器,每一枚核武器都足以摧毁一座城市。另有一份泄露的情报则认为朝鲜拥有的核武器接近60枚。[①]

从地理观点看,朝鲜境内山脉纵横、丛林密布、地形复杂,大大增加了美军军事行动的困难,并且武器经过严格伪装、高度分散。美国军方情报评估认为朝境内军事目标总数不下数千个。朝鲜方面充分利用其境内山高林密、地势复杂的特点,把数以千计的军事目标、尤其是将其核导设施深藏于大山深处数百米、上千米岩层覆盖的洞穴中,更辅以各种其他保护措施。美国方面必须在事先侦察清楚的条件下,同时攻击并毁灭这数千个军事目标,才能实现在一次

---

① 卡特里纳·曼森:"金正恩可能在新年贺词中宣布完成核武计划",2017年12月22日,英国《金融时报》中文网,http://cn.ft.com/story/001075601? full = y.(上网时间:2018年1月5日)

"先发制人"突袭中彻底封杀朝鲜战争机器的最低胜利目标。而朝鲜方面奉行的是全民国防体制，全民皆兵、严密封锁消息，地面情报与人力情报难以企及，这更增加了美国军事情报侦测和军事行动的困难。

显而易见，以美国目前的军事技术水平和空中打击能力，无论如何都做不到对朝军事行动的"完胜""全胜"。虽然美国有可能以"先发制人"方式攻击并毁灭鲜朝大部分军事目标，但无法"一次性全部摧毁"（take out）朝方的导弹与核武器以及靠近首尔部署的所有远程大炮，从而使朝对美"先发制人"打击完全没有反击能力。因此之故，一旦美国对朝发动"先发制人"打击，其遭遇朝鲜猛烈军事报复就会在所难免，而这一点正是美方做决策时的最大战略顾虑，[1] 也是中韩俄等反对美对朝搞"先发制人"打击的重要依据。

2. 朝鲜有一支攻击力极强、攻击精神极其旺盛的军队，有强大的军事反击能力，如美国做不到在"先发制人"打击中一次性"歼灭"朝鲜军事力量，予朝鲜以反击机会，则由朝鲜军事反击造成的政治与战略后果是美国政府所难以承受的。

朝鲜强大的军事反击能力众所周知，并得到美方及一些国际机构的认同，首尔及一些临近三八线的美军基地皆在朝鲜常规火炮打击范围内，尤其增加了美对朝军事打击行动的复杂性和困难程度。如果美国对朝鲜"先发制人"打击不能一次性"摘除"朝鲜军事反击能力，朝鲜以残存的武器反击，例如以劫后残存的远程大炮攻击首尔及三八线附近的美军基地、以导弹攻击日本境内目标，甚至在朝鲜境内引爆核装置等，都意味着美国军事行动的彻底失败。美攻击朝核生化设施时如措施不当，还可能引起灾难性的核生化污染。

---

[1] John Delury, "Trump and North Korea: Reviving the Art of the Deal", Foreign Affairs, March/April, 2017, pp. 46–51.

此外，朝鲜还有一二十万人的特战部队，可以用多种特战方式深入韩国境内进行特种作战，如攻击韩核电站等敏感设施，等等。

早在1997年，时任驻韩美军总司令加里·勒克（Gary Luck）就曾估算，一旦朝鲜半岛发生战争，韩国至少会有100万人丧生、经济损失至少会达到1万亿美元。[①] 美国智库2012年另有一项分析显示，一旦朝鲜半岛开战，朝鲜方面的常规火炮在开战当日即可造成首尔6.4万人死亡。朝鲜如果使用常规武力对韩国发起大规模打击，则将造成约1.5万名在韩美国公民和2.8万名驻韩美军官兵死亡，战争首日即可能造成上百万人丧命。[②] 韩国釜山一带还有不少核电站也可能成为朝鲜导弹打击目标。这些核电站防护设施有限，一旦遭到朝方军事打击或遭遇特种攻击并引致核泄漏，无疑会给战区带来难以想象的人员伤亡、物质损失和生态灾难。此外，有媒体评估倘若美国对朝动武，朝在利用常规武器进行大规模报复行动的同时，很有可能会对美国本土的洛杉矶、旧金山、波特兰等城市发动核打击，最终可能造成800万人死亡。[③] 如果出现以上任何一种情况，尤其出现核生化武器导致的灾难性后果以及美本土遭遇核打击，就意味着美对朝军事打击行动的失败，届时特朗普政府在政治上很难向国内外交待。

3. 美国对朝方核导威胁所划定的"红线"虚多于实。美国一向通过其各种战略性文件及军方表态等方式宣称"以能力界定对手"，特朗普更是经常在推特上以对朝划"红线"说事，一些美国官员则

[①] John Delury, "Trump and North Korea: Reviving the Art of the Deal", Foreign Affairs, March/April, 2017, pp. 46–51.

[②] Scott D. Sagan, "The Korean Missile Crisis: Why Deterrence Is Still the Best Option", Foreign Affairs, November/December, 2017, pp. 72–82.

[③] Harry J. Kazianis, "8 Million People Could Die in a Nuclear War with North Korea", November 22, 2017, http://nationalinterest.org/blog/the-buzz/8-million-people-could-die-nuclear-war-north-korea-23329（上网时间：2017年12月28日）.

明确宣称朝鲜如拥有攻击美国本土的能力就是最后的"红线",将为美所不能接受。例如,2017年7月,美国参谋长联席会议主席邓福德在阿斯彭学会的论坛上提到,武力应对朝鲜核能力并非不可想象,不可想象的是允许朝鲜将核武器投射到美国本土的能力。[①]

尽管如此,面对朝鲜这样一个决心排除一切阻力、坚决拥核、坚决不弃核的战略对手,美国这类划"红线"活动,宣传价值多于实质意义,如何认定朝鲜是否已经跨越美国划定的"红线",仍有很大的主观讨论空间。朝鲜"火星-15"导弹虽然攻击距离可以覆盖美全境,但按通常的技术标准,尤其是按美国的标准,其可靠性、准确性、再入能力、核导结合等技术问题并未最后解决,距离实战部署还有一个过程。美国反导能力强,即使朝以少量导弹对美发动攻击,美也很容易将其击落。因此,朝鲜导弹射程能覆盖美国本土并不能自动成为美对朝动武的直接理由。美如决心对朝发动军事打击,就可以认定朝已跨越美划定的"红线";但美国如不能下定对朝搞"先发制人"打击的战略决心,也有理由说朝尚未跨越"红线',以便保持自由选择的战略空间。显然,目前特朗普政府宁愿选择后一种认知,以免把美国的战略选择自由度逼到死角。

4. 美对朝动武得不偿失、不符合美国的最佳地缘战略选择,尤其不符合特朗普政府的"美国第一"原则。

其一,美国目前很难将解决朝鲜问题作为美国际战略重点。特朗普是一个经济型总统而非战略型总统,他出身商人、不懂战略,其之所以能"意外"当选美国总统,是因为其国内优先、经济优先、美国优先的口号抓住了美国"人心"。他上任后,尤其坚持"美国第一"原则,其施政重点中振兴美国经济高于国际战略。而在国际

---

① Joseph Dunford, Talks at the Aspen Security Forum, July 22, 2017, http://aspensecurityforum.org/wp-content/uploads/2017/07/Tank-Talk.pdf(上网时间:2017年12月25日)

战略方面，特朗普政府的战略优先排序也有很大变化。2017年12月，特朗普政府出台的《美国国家安全战略》的基调是大国博弈。该报告共提到朝鲜18次、伊朗17次，低于中国33次和俄罗斯25次。2018年新年伊始，美国政府接连出台的几份战略文件，包括新版国防报告、国家安全战略报告、国情咨文等，都把中俄等大国列为首要竞争对手，把大国博弈定位为美国国家安全战略的核心，打击恐怖主义等小布什政府时期的头号战略重点已经明显后移，解决朝核问题虽然是美国的战略重点，但相对于与中俄博弈等已经相对后移，并非美国第一优先事项。

其二，对朝动武成本高，美国将难以承受。韩方曾估计美如对朝发动全面战争需出动70万地面部队，兰德公司则估计即使只是解决朝核生化设施也需要动用10万地面部队。韩国军事问题研究院（Korea Institute for Military Affairs）安全问题研究主管金永松（Kim Yeol-soo）表示，根据对朝作战计划，一旦美对朝开战，美韩除了动员160艘舰船、1600架飞机和大约270万名韩国预备役军人外，还将动员将近70万美国士兵。美国也将部署航空母舰、F-22战机和B1-B轰炸机等战略性装备。[①] 此外，美对朝动武即使军事行动成功，其善后处理的成本也极高。美方有机构预测对朝动武后的善后成本要高于伊拉克战争、阿富汗战争的成本，其总数将以万亿美元计。

其三，在更深层次上，现在就打垮朝鲜并不符合美国的地缘政治利益。从冷战后20多年的历程看，美国在东北亚需要一个分裂的朝鲜半岛，需要朝鲜半岛局势时缓时紧，甚至需要朝鲜不时发出"战争威胁"制造紧张氛围，以便促使韩国、日本在安全方面继续依赖美国。在半岛局势持续高度紧张的背景下，韩国不再提收回"战时指挥权"、

---

① 布赖恩·哈里斯等报道、何黎译："美国对朝动武尚面临后勤难题"，2017年12月28日，http://www.ftchinese.com/story/001075683#adchannelID=1203（上网时间：2018年1月4日）

不得不按照美国的要求部署"萨德"、不得不多购买美国武器；美军继续驻韩、驻日就有了合法性；美也有理由拉近美日韩三国同盟及加强驻东北亚的军事力量、大规模举行美日韩军演以及派遣美国海空军到东北亚示威。相反，如打垮朝鲜、促成半岛统一，一个统一的朝鲜半岛可能脱美倚中，对美闹独立、与日本缠斗，从而解构美日韩同盟，并使美国在朝鲜半岛甚至在日本驻军失去合法性。

此外，美对朝动武很难获得国际支持。中俄坚持反对美对朝动武，作为美国盟友的韩国尤其反对美国发动对朝鲜的军事打击。其原因是首尔在朝鲜远程大炮的炮口下，韩国担心首先遭遇朝鲜军事报复、担心核生化污染、担心朝鲜一旦被打垮，重建朝鲜的大部分责任将落在韩国身上。韩国方面估计为重建朝鲜，韩国每年要投入其 GDP 的 24%，即每年要投入 3000 多亿美元，这是韩国在财政上难以承受的、因而也是不愿意的。韩国年轻人尤其不愿意付此代价。虽然韩国人长期生活在朝鲜的核打击阴影之下，但是韩国公众坚决反对美国发动对朝核设施进行"先发制人"的军事打击。[1] 朝鲜半岛一旦开战，很有可能将地区主要大国都牵扯进来，局势失控的可能性极大。

二、朝核问题未来变化趋势

2018 年 3 月以来，韩国成功地举行了平昌冬奥会。中国派高级代表团出席了平昌冬奥会，中韩关系出现新的变化；美国方面，派出了副总统彭斯为首的代表团参会，特朗普的女儿也在现场现身，

---

[1] John Delury, "Trump and North Korea: Reviving the Art of the Deal", Foreign Affairs, March/April, 2017, pp46-51.

且平昌冬奥会不久，美国国务卿蒂勒森被特朗普解职，接替蒂勒森的是中央情报局局长蓬佩奥；而更重要的是朝鲜运动员参加了平昌冬奥会，并与韩国运动员同场组队竞技，朝鲜借机派出了二号领导人及金正恩胞妹金与正领导的代表团与会，会后韩方派代表团访朝并得到金正恩接见，朝韩并约定 2018 年 4 月举行双方首脑"峰会"。凡此种种，预示着朝核问题、半岛问题及朝韩关系进入了新的"十字路口"，有可能出现出人意料的转折性变化。未来一段时间，朝核问题有可能出现四个值得关注的变化趋势。

1. 朝鲜不会放弃核武器，不会停止核、导弹试验，但其核、导试验的节奏会有变化；总的趋势是频率会有所降低，朝鲜将更坚定地推进其"核开发与经济发展并进"双轨政策。

朝鲜核、导计划的根本驱动力在于其自身的强烈不安全感，艰难地实现了今日的核成就后，是不会轻言弃核的。尽管金正恩近来表示愿意和平解决朝核问题、愿意与美讨论弃核问题，但他也提出了若干条件，这些条件的提出实际上又使和平弃核近乎不可能。萨达姆和卡扎菲的失败，对朝而言可谓前车之鉴。特别是 2011 年，美国支持北约推翻利比亚的卡扎菲政权给朝鲜政权造成了很大冲击，更使其坚定了拥核的决心。2016 年，时任美国国家情报总监詹姆斯·克拉珀就曾评论说，让朝鲜放弃核武器可能性微乎其微，他们不会那么做，因为那事关他们的生死存亡。[1]

朝鲜 2017 年进行的几次核导试验、尤其是 11 月 29 日的远程导弹试射成功表明，朝鲜的氢弹和远程导弹已基本成型，对国内外已有交待，也初步形成对美核威慑能力。下一步，朝鲜核导试验的重

---

[1] Jesse Johnson, "'North Korea Giving-Up Nuclear Arms's a Lost Cause', Top U. S. official says", October 26, 2016, https：//www.japantimes.co.jp/news/2016/10/26/asia-pacific/clapper-says-push-get-pyongyang-shed-nuclear-arms-probably-lost-cause/#.WlYsKSO76Rs（上网时间：2018 年 1 月 4 日）

点将转向核、导质量的提升和完善，尤其是从技术上根本解决精确性、稳定性及再入技术的可靠性问题。因此之故，朝鲜核、导试验的频度将较前几年有所降低，且大吹大擂的挑衅性调门也会有所降低。不过，鉴于朝鲜核导技术还较"原始"，尤其是核导结合、精确制导、核弹头再入技术、可靠性等方面还需要继续改进、提升，朝鲜不会停止这些工作，尤其有可能会加强其潜射导弹试验。不排除朝鲜择时在太平洋某一地点进行核、导结合实际飞行试验的可能性。朝鲜领导人金正恩在 2018 年的新年致辞中也指出，"核武器研发部门和火箭产业要大规模生产核弹头和弹道导弹"[1]。专家预测，这种情况很有可能就会发生在 2018 年。[2]

另一方面，朝鲜在核开发取得阶段性成果、安全感获得提升后，有可能、有必要、也有意愿将较多的精力用于发展朝鲜经济，"核开发与经济发展并进"将会成为朝鲜政治、经济发展的基本方向，也是其战略导向。2011 年，朝鲜前领导人金正日逝世，金正恩在首次讲话中曾暗示朝鲜将放弃"先军政策"，承诺不会再让人民"勒紧腰带"过日子。2012 年，金正恩明确提出核威慑与经济"同步发展"（simultaneouse progress）。2013 年，金正恩在劳动党中央委员会上表示，朝鲜到了一个新的历史转折点，要发展经济、提高人民生活水平。2016 年，朝鲜虽然进行了 2 次核试验、24 次导弹试验，显示出朝鲜仍然将安全置于经济发展之前，[3] 但其在发展经济方面也采取了不少新举措、新思路。金正恩上台以来，朝鲜经济形势明显好

---

[1] Ruediger Frank, "Kim Jong Un's 2018 New Year's Speech: Self-Confidence After a Tough Year", January 3, 2018, http://www.38north.org/2018/01/rfrank010318/（上网时间：2018 年 1 月 9 日）

[2] Christina Zhao, "North Korea Expected To Test A Missile Loaded With A Live Nuclear Weapon in 2018", December 22, 2017, http://www.newsweek.com/north-korea-test-missile-loaded-nuclear-weapon-2018-756557（上网时间：2018 年 1 月 7 日）

[3] John Delury, "Trump and North Korea: Reviving the Art of the Deal", Foreign Affairs, March/April 2017, pp46-51.

转，连年实现经济正增长，其 GDP 增长率最好的年份甚至达到 3.9%（也有说6%—7%），粮食短缺问题已经基本解决，这些都是朝鲜开始重视经济发展的证明，也是金正恩"核开发与经济发展并进"双轨政策的初步成果。显然，朝鲜近期不会放弃这种"核开发与经济发展并进"的双轨政策。

2. 半岛无核化的国际共识将空心化，各相关国家将继续宣称不承认、不接受朝鲜有核国家地位，继续坚持半岛无核化主张，但难以采取实现这些诉求的有效行动。

美国虽然不接受朝核武开发、千方百计促朝弃核，但美既不能对朝动武、其坚持的对朝制裁政策又难有实际成效，其制裁手段已经基本用尽。今后美国会继续坚持朝必须弃核，但已经"无可奈何花落去"，不想默认也要默认。日本不愿朝拥核是真实的，但从历次六方会谈的情况看，日本关心的是"被绑架日本人"问题。这一方面说明日本清楚自己在"六方会谈"中处于可有可无的配角地位。另一方面也表明日本方面认为朝核问题应由中美等主要大国承担"责任"，如果中美等不能促朝弃核，日本也只能采取"无可奈何"的默认政策。俄对朝鲜是否弃核其实在两可之间，其对解决朝核问题的政策充满机会主义，其默认朝为有核国并无任何难处。如认为对俄有战略上的好处和实际利益，俄即使公开承认朝的拥核国地位也不会有太大的困难。韩国的立场最值得玩味。李明博政府虽然坚持朝鲜必须弃核、半岛必须无核化，并参加了"六方会谈"、要求对朝制裁，但其对美动武的主张以及最带实质性的制裁一直坚持抵制立场，韩国这一立场是美对朝最严厉的政策总是被打折扣的国际因素之一。文在寅政府在平昌冬奥会期间积极推进朝韩和解，实际上等于用行动默认朝拥核地位。要而言之，默认、可能默认或半默认朝鲜拥核国地位，正在成为相关国家的政策，半岛无核化的国际共识正在空心化。有美国学者认为，朝鲜拥核已经成为既定事实，朝鲜问题不再是防扩散问题，已演化成为核威慑问题，美国应当像对待前苏联和中国一样，接受朝鲜拥核事实，并对朝鲜采取威慑战略①。

3. 美国及国际社会对朝制裁政策很难再加码。

自2006年以来，国际社会对朝开始进行国际制裁。历经2009年、2013年、2016年和2017年多次加码，越来越严厉，已近似封锁、禁运，该打的牌已经基本用尽，很难再加码、也很难给朝造成新困难。朝鲜方面则因长期受孤立，经济自给程度高、对外依赖程度低。这些制裁虽然给朝鲜经济、政治、社会、人民生活以及核开发和军力发展造成了极大的困难，但并未达成迫朝放弃核开发的效果，更未达成美国所期望的"朝鲜崩溃"或"政权更迭"。这也证明国际制裁已经不是一个有效的武器。有分析认为，奥巴马政府多年来的对朝经济制裁政策，其结果只换来朝鲜核武器库的扩张和投送能力的增强。有针对性的制裁可以减缓核扩散，但是旨在改变朝鲜意志的全面制裁从未见效，将来也不会见效。② 朝鲜今后如果减少核、导试验频度，并继续采取较温和的政策，不断向外伸"橄榄枝"，相关国家继续向默认朝为拥核国家的方向调整对朝核问题的政策，则国际社会对朝制裁政策可能更难执行，美对朝制裁政策更难坚持下去。

4. 平昌冬奥会期间朝韩突然出现和解势头，表明朝韩之间有可能以朝核、导开发取得"突破性"进展、朝远程导弹试射成功、成长为对美有一定核威慑力的实际核拥有国为契机，加快半岛和平统一进程。朝鲜半岛出现类似当年苏东剧变式的"突然性"统一的战

---

① Scott D. Sagan, "The Korea Missile Crisis: Why Deterrence Is Still the Best Option", Foreign Affair, November/December, 2017, pp72 – 82; Sung Chull Kim and Michael D. Cohen Edited, North Korea and Nuclear Weapons: Entering the New Era of Deterrence, Georgeton University Press, 2017.

② John Delury, "Trump and North Korea: Reviving the Art of the Deal", Foreign Affairs, March/April 2017, pp46 – 51.

略前景不能排除。若如此，则国际社会目前面临的如何应对朝核武开发问题就会转化为如何应对朝鲜半岛的加速统一问题。

朝鲜之所以排除万难、不顾国际社会的重重压力、甚至甘冒美对朝搞"先发制人"打击的军事安全风险，坚持开发核武器，除了有安全需求以外，更有追求大国地位的战略诉求。在追求大国地位方面，朝韩都有悲情意识。朝公开把自己定位为"社会主义大国"，韩则向来认为韩国及朝鲜半岛是大鲸鱼之间的"小虾米"，这也是一种希望韩国成为大国的悲情意识的反映。"六方会谈"中、美、俄、日都是大国，朝韩则不是，这对朝韩是有影响的。不少韩国人都把朝鲜的核武器视为全体朝鲜人的核武器，认为一旦朝韩实现统一，朝鲜的核武器就自动成为韩国的核武器。韩国受美压制，一直未能实现开发核武器的梦想。换言之，有韩国人认为朝鲜完成了韩方未能完成的核开发大业。一旦朝韩统一，合起来有7000万人口，韩国经济已经进入发达国家行列，假以时日，半岛人口总和及经济总量会逐步与日本拉平甚至超过，再加上有了核武器，朝韩就能走出悲情意识、实现"大国梦"。

据此而论，在"大国悲情"意识的驱动下，以朝核开发取得成功为契机，朝韩为圆其"大国梦"，有可能积极推进半岛统一进程，2018年4月举行的朝韩"峰会"为世人提供了更明确的信息。如果朝韩统一进程突然加快，则美国、中国及国际社会在东北亚面对的战略性议题将由如何解决朝核问题演化为如何直面朝鲜半岛统一进程加快问题。

（本文主要内容发表于《东北亚学刊》2018年第2期，此次转载时作者对文章进行了重要修改，并补充了若干新材料。）

东北亚安全形势的发展与影响

孟晓旭[*]

[内容提要] 东北亚安全形势因朝核问题一度紧张。朝鲜核导能力迅速提升并通过威胁方式谋求"核地位",美国在朝鲜周边加大"极限施压",调整兵力并联合盟国在朝鲜周边频繁军演,美朝几度"口水仗",冲突几近爆发。日本借口朝核问题加速安保战略调整,并有将朝核问题激化的趋向。中俄韩侧重主张朝核问题和平解决,并为此不断努力。东北亚安全形势复杂演进下各股力量的进一步消长必然将影响到地区安全格局,值得我们关注。

[关键词] 东北亚 安全 朝核问题

2017年,东北亚安全形势因朝鲜的核导开发问题变得空前紧张。美朝在"打口水仗"的同时也剑拔弩张,冲突有一触即发之势。日本则加速强化安保战略,影响区域安全关系走向。中韩安全关系在经历"萨德"问题的紧张后逐渐改善。中俄主张朝核问题和平解决,致力缓和东北亚安全形势的紧张态势。总的来看,东北亚的各个安全力量正在消长,持续发展下去的话,东北亚安全格局有可能发生变化。

---

[*] 孟晓旭,国际关系学院国际政治系教授,主要研究领域为日本问题与中日关系、东北亚安全与治理等。

一、朝鲜核导开发加速，能力取得突破

朝核问题包括朝鲜核试验和导弹开发在内的一系列问题，是影响东北亚安全形势的最重要和最复杂的安全议题。2017年，朝鲜不顾国际社会普遍反对，继续加速进行核试验和导弹试射，并在能力上取得了较大突破。2017年9月3日，朝鲜进行了第六次核试验，朝鲜中央通讯社称"成功进行了洲际弹道火箭可携带的氢弹试验"[1]，该核试验为朝鲜历次核试验中规模最大的一次。根据韩国方面推测，这次核试验的爆炸威力是第四次核试验的11.8倍，是第五次核试验的5—6倍。而据美国国防情报局7月28日完成的一份评估报告，朝鲜已经实现了核武器的小型化。2017年8月，日本防卫省发布的《防卫白皮书》中也表示"有实现核武器小型化和弹头化的可能性"。[2]

朝鲜加速导弹试射，提升导弹能力。2017年2月12日，朝鲜试射"北极星-2"型中程导弹，导弹飞行距离超过500千米。3月6日，朝鲜向东部海域发射4枚导弹，其中3枚落入日本专属经济区。3月22日，朝鲜在东部元山附近进行了新的导弹试射，导弹的类型不清楚。4月5日，朝鲜从朝鲜半岛东海岸新浦市附近发射一枚导弹，只飞行了60多千米便坠入大海以失败告终。4月29日，朝鲜在平安南道北仓导弹发射场向东北方向发射一枚弹道导弹，但导弹升空数分钟后，在空中发生爆炸，发射以"失败"告终。5月14日，

---

[1] "洲际弹道火箭可携带的氢弹试验完全成功"，朝鲜中央通讯社，2017年9月3日，http://kcna.kp/kcna.user.article.retrieveNewsViewInfoList.kcmsf。

[2] 防卫省：「平成29年版防衛白書」、http://www.mod.go.jp/j/publication/wp/wp2017/pdf/H29_MDF_whitepaper.pdf。

朝鲜发射一枚"火星-12"导弹，飞行700千米后落在俄罗斯远东海岸外60千米。这次发射发生在美国总统特朗普表示愿意和朝鲜对话以及韩国新总统上任的几天后。5月21日在平安南道北仓一带，向朝鲜半岛东部海域试射1枚弹道导弹，飞行距离约为500千米，导弹最后落入半岛东部海域。5月29日，朝鲜当天清晨试射一枚"飞毛腿"导弹，飞行大约450千米，导弹命中精度较高，误差仅为7米。8月29日，朝鲜发射一枚弹道导弹，这枚导弹飞越日本北海道上空，落入太平洋水域，飞行距离2700千米，弹道最大高度550千米，导弹落点在日本北海道襟裳岬以东1180千米的海域，日本防相小野寺五典指出该导弹可能是射程可以达到5000千米左右的"火星-12"[①]。

特别是朝鲜还开发出发射洲际弹道导弹的能力。2017年7月4日，朝鲜首次试射洲际弹道导弹"火星-14"，这也是朝鲜2017年以来的第11次导弹试射。[②] 7月28日晚，朝鲜进行了第二次"火星-14"型洲际弹道导弹试射，因采用高于平常发射角度的"过高弹道"，飞行距离只有998千米。如果采用正常的弹道飞行，飞行距离被认为将达到约1万千米，美国本土不少城市进入其射程范围。11月29日，朝鲜宣布成功试射了新开发的"火星-15"型洲际弹道导弹。这是时隔两个多月之后，朝鲜再次发射弹道导弹。导弹沿预定飞行轨道飞行53分钟，最大飞行高度为4475千米，飞行距离950千米，准确命中朝鲜半岛东部海域公海上的预定目标水域。声明表示，"火星-15"型洲际弹道导弹可打击美国本土全境，可装载超大型重型核弹头，与今年7月试射的"火星-14"型相比，

[①]「中距離弾道ミサイル「火星12」の可能性　小野寺五典防衛相が言及」、『産経新聞』、2017年8月29日、http：//www.sankei.com/politics/news/170829/plt1708290024-n1.html。

[②]「緊迫　北朝鮮がミサイルを発射、日本上空を通過」、『読売新聞』、2017年8月29日、http：//www.yomiuri.co.jp/matome/20170416-OYT8T50000.html。

战术技术数据与技术特性更优越。朝鲜的弹道导弹呈现以下特征：（1）远射程化；（2）饱和攻击的准确性和运用能力的提升；（3）追求隐匿性（任何地点发射、移动车辆等平台发射、潜水艇发射等，提升奇袭攻击能力）；（4）发射形态多样化等特征。①

朝鲜想通过造成既成事实，让国际社会接受其"核国家"的地位，并旨在通过发展洲际导弹对美国构成威慑，以达到自己的目的。2017年12月25日，朝鲜就宣称："今年，朝鲜在金正恩同志英明的领导下，在完善国家核力量和实现火箭强国建设事业中取得了超乎想象的快速发展"，"趁现在，美国要整理思路，做出崭新地谱写朝美关系历史的决断"②。朝鲜试图在地区扮演更重要的角色，朝核问题的处理结果及朝鲜的发展走向，关系到地区的安全格局与地区地缘政治的发展走向，是影响东北亚安全形势的新近重要变量。

二、美朝安全关系紧张，随时可能发生战争

尽管美国也表示，不寻求对朝鲜的政权更迭，待朝鲜改变行为后美国再与朝鲜接触和对话。但对于朝核问题，美国特朗普政权一改奥巴马政权的"战略忍耐"态势，对朝鲜采取"极限施压"的政策，也就是"最大程度压力＋最大程度接触＋最大程度贡献"的政策，通过外交施压、军事威慑、经济制裁等综合手段给朝鲜最大限度地施压，迫使朝鲜弃核停导。特朗普强调"美国压倒性的实力优势""要靠实力捍卫和平"，称"所有选项都摆在桌上"，引发外界

---

① 防衛省：「平成29年版防衛白書」、http：//www.mod.go.jp/j/publication/wp/wp2017/pdf/H29_MDF_whitepaper.pdf。
② "世上没有力量能够征服强大的朝鲜"，朝鲜中央通讯社，2017年12月15日，http://kcna.kp/kcna.user.article.retrieveNewsViewInfoList.kcmsf。

对其是否会对朝动武的猜测。

第一，美朝之间的"口水战"使东北亚安全形势急速升温。特朗普经常通过频繁的公开表态和推特发声，向朝鲜施加压力。2017年8月，特朗普警告朝鲜"不要再威胁美国"，否则将招致前所未有的"炮火与怒火"；朝方随即发布了要以中远程弹道导弹对美国关岛周边进行包围射击的消息；美国国防部长马蒂斯则罕见声明说，朝鲜再挑衅美国将面临终结政权的危险。9月19号，特朗普在联合国大会一般性辩论上发言时，称如果美国被迫自卫或保护盟国，那么将别无选择地彻底摧毁朝鲜。9月26号，特朗普再次表示，美国早已做好武力摧毁朝鲜的准备。金正恩随则回应称，考虑采取最强硬的反击措施。10月7号，特朗普在推特上称："多届美国总统和政府与朝鲜进行了25年的谈判，花费了大量金钱，也达成了一些协议，但这些协议没发挥任何作用，很多协议甚至'墨迹未干'就遭到破坏，这感觉像是在拿美国谈判人员当猴耍。很遗憾，对付朝鲜只有一件事管用"，这其中暗示的意思不言而喻。而白宫预算管理办公室主任米克·马尔瓦尼10月8日接受美国全国广播公司（NBC）采访时解释说，特朗普传达的信息是明确的，那就是朝鲜问题可以考虑通过军事途径解决。

第二，美国还在朝鲜周边组织大规模的联合军事演习，包括"关键决断""秃鹫""鹞鹰"和"乙支自由卫士"等，并一度引起朝鲜的紧张。而朝鲜也一再声称正是美国的军演导致局势升温。对于9月份美韩举行的"乙支自由卫士"联合军演，朝鲜《劳动新闻》称若敌人胆敢先开火，就给侵略者以歼灭性打击。2017年10月中旬，美韩两国军队在朝鲜半岛东西部海域进行了为期5天的代号为"海上联合反特种作战演习"的大规模联合军演。美国派出了包括核动力航母"罗纳德·里根"号在内的各种军事力量，模拟阻击朝鲜军队突袭夺岛的作战演习。10月17日，朝鲜代表在俄罗斯圣彼得堡举行的各国议会联盟大会上要求美韩停止在朝鲜半岛的一切军事演习，强调称军演只会加剧紧张局势。朝鲜常驻联合国副代表金仁龙也因此表示核战争"随时可能爆发"。11月11日至14日，美国一次性派出包括"罗纳德·里根"号、"西奥多·罗斯福"号和"尼米兹"号在内的三艘核动力航母及11艘宙斯盾驱逐舰等庞大军力，在朝鲜半岛东部海域进行联合军事演习，这也是自2007年美军在关岛近海进行演习以来时隔十年再次同时派出三艘航母参与军演。日本也派遣了自卫队参加了相关军事演习。12月4日，美韩空军又举行了代号为"警戒王牌"的联合空中演习，这次军演被认为史上最大规模，涉及了8个美韩军事基地，参加士兵约1.6万、参加战机约230架，其中美军最先进的隐形战机F-22与F-35成批上阵。对于美国的"先发制人"动向及联合军事演习，朝中社评论毫不示弱地指出："先发制人打击权利可不是美国独享。美国应冷静看待朝鲜对挑衅者的核攻击能力和意志绝非虚构。"①

朝核问题的本质是美朝矛盾下的安全困境。朝鲜强调："朝鲜半岛核问题是美国穷凶极恶的对朝敌视政策和核威胁的产物"，"世界任何国家都没有像朝鲜那样严重地长期受到美国的核威胁，也没有在自己眼皮子底下亲眼目睹最毒辣而野蛮的核战争演习"。② 美朝安全关系不缓和朝核问题就很难从根本上解决。美朝在朝核问题上的安全危机还将进一步持续。2017年12月29日，朝中社公报称："只要美国及其追随势力的核威胁和恐吓持续不断，不中止在朝鲜眼前打着年例的幌子进行战争演习，朝鲜将不断加强以核武力为中坚的自卫国防力量和先发制人的攻击能力""任何人都不可否认的新的战

---

① "朝中社评论：应冷静看待现实"，朝鲜中央通讯社，2017年12月18日，http://kcna.kp/kcna.user.article.retrieveNewsViewInfoList.kcmsf#this。
② "朝鲜代表：朝鲜拥有核与洲际弹道火箭是针对美国核威胁做出的正当的自卫选择"，朝鲜中央通讯社，2017年10月18日，http://kcna.kp/kcna.user.article.retrieveNewsViewInfoList.kcmsf#this。

略国家、主体的核强国"。① 金正恩在2018年新年的致辞中强调"去年取得的突出成果是成就了完善国家核力量的历史大业"②，这与要求朝鲜弃核并以此为前提开展谈判的美国很难走到一起。另一方面，美国的相关外交举措也不利于朝核问题缓和。2018年1月16日，在美国的主导下，在加拿大的温哥华联合举办了所谓"朝鲜半岛安全稳定外长会议"，参加国包括当年参加朝鲜战争对朝作战或援助"联合国军"的相关国家，会议主张对朝加大施压和制裁，是明显超出联合国安理会决议范畴之外的举措。俄罗斯外交部在评论中说："此次会议没有邀请俄罗斯和中国代表与会，却在会议声明中称俄中'有特殊责任就朝核问题拿出长效解决方案'，无视俄中两国外长早在2017年7月就发表的关于朝鲜半岛问题的联合声明，提出'双暂停'共同倡议，并呼吁国际社会支持这一倡议。"③

三、日本强化安保战略，加剧地区"安全困境"

日本对朝核问题的处理侧重强调"行动对行动"的以压力为主的那一面。日本强化美日同盟，安倍对特朗普"将所有的选项都摆在桌面上"的态度予以了高度评价，④ 鼓励美国采取强硬的军事姿态。2017年7月31日，安倍与特朗普电话会谈，强调在日美同盟下

---

① "朝中社公报：世上任何人都不能阻挡自主和正义的力量"，朝鲜中央通讯社，2017年12月30日，http://kcna.kp/kcna.user.article.retrieveNewsViewInfoList.kcmsf#this。
② "金正恩发表新年贺词"，朝鲜中央通讯社，2018年1月1日，http://kcna.kp/kcna.user.special.getArticlePage.kcmsf。
③ "俄外交部：温哥华多国外长会加剧朝鲜半岛紧张局势"，新华网，2018年1月18日，http://www.xinhuanet.com/world/2018-01/18/c_1122277749.htm。
④ 首相官邸：「トランプ米国大統領との電話会談についての会見」、2017年4月24日、http://www.kantei.go.jp/jp/97_abe/actions/201704/24kaiken.html。

采取具体的行动提升防卫态势与防卫能力。① 日美召开"2+2"会议应对朝核问题,确认了两国在防空和导弹防御等领域内的职责分工。② 8月31日,防相小野寺五典与美国国防部长马蒂斯通电话,呼吁对朝鲜8月29日的导弹发射"给予看得见的压力"。③ 对于朝鲜的第六次核试验,日美两国首脑会谈内容包括:"确认两国间牢不可破的相互防卫承诺","特朗普总统再次承诺使用所有的外交、常规武器、包括核武器保护美国的本土、领土、同盟国"。④ 在2018年防卫预算中,日本在对外有偿军事援助(FMS)协议框架下的对美军事采购额高达4102亿日元。⑤

日本与美国等国家加强联合军演,增强对朝遏制力。2017年4月23日,"卡尔·文森"号航母打击群与海上自卫队的联合训练开始,安倍宣称"继续与美国紧密合作,保持高度的警戒监视体制"。⑥ 7月28日,朝鲜发射洲际弹道导弹(ICBM)的第二天(2017年7月30日)航空自卫队的F-2战斗机和美国B-1战略轰炸机于九州西部至朝鲜半岛近海的空域实施了联合训练。此举意在彰显日美同盟的团结并制约朝鲜。据航空自卫队介绍,美军轰炸机在与航空自卫队实施联合训练后,还与韩国空军一起进行了训练。

---

① 首相官邸:「平成29年7月31日トランプ米国大統領との電話会談についての会見(北朝鮮による弾道ミサイル発射事案)」、2017年7月31日、http://www.kantei.go.jp/jp/97_abe/actions/201707/31kaiken.html。

② 外務省:「日米安全保障協議委員会共同発表」、2017年8月17日、http://www.mofa.go.jp/mofaj/na/st/page4_003204.html。

③ 『「目に見える圧力を」 対北朝鮮で日米防衛相が電話協議』、『産経新聞』、2017年8月31日、http://www.asahi.com/articles/ASK8032B0K80UTFK003.html。

④ Readout of President Donald J. Trump's Call with Prime Minister Shinzo Abe of Japan, September 03, 2017, https://www.whitehouse.gov/the-press-office/2017/09/03/readout-president-donald-j-trumps-call-prime-minister-shinzo-abe-japan。

⑤ 「18年度予算案 防衛費増、際立つ4年連続、過去最大」、『毎日新聞』、2017年12月23日、https://mainichi.jp/articles/20171223/ddm/002/010/152000c。

⑥ 首相官邸:「トランプ米国大統領との電話会談についての会見」、2017年4月24日、http://www.kantei.go.jp/jp/97_abe/actions/201704/24kaiken.html。

此次训练被定位为日美韩合作的一环。外相兼防相的岸田文雄说，训练的目的是"提升日美共同应对的能力及部队的战术技能"。[①]

日本借朝核问题积极谋求"先发制人"能力，并加紧落实。2017年12月初，日本政府补增了部分防卫预算，其中就引进远程巡航导弹一事进行了讨论，着眼增加反舰导弹的对地攻击能力。12月8日，日本防卫省要求在2018年度政府预算案中追加约22亿日元，作为引进航空自卫队战斗机搭载的3种远程巡航导弹的相关费用。引进导弹相关费用的详细内容是：挪威开发的"联合攻击导弹"（JSM，射程约500千米，费用是21.6亿日元）、美国开发的"贾斯姆"——增程型导弹（JASSM-ER，射程约900千米）和"远程反舰导弹"（LRASM，射程约900千米）的相关调查费约3000万日元。航空自卫队引进的42架最尖端隐形战斗机F-35将全部搭载JSM型导弹。此外，日本计划对现役机型F-15进行改装后搭载JASSM-ER和LRASM。目前日本航空自卫队的F-2战斗机可通过空投精确制导炸弹来实施对地攻击，射程20千米—30千米。而这三种远程巡航导弹可从公海上发动攻击，日本自卫队的攻击范围和攻击能力大幅提升。日本此举有可能进一步动摇战后的"专守防卫"政策。

日本还借朝核问题引入"陆基宙斯盾系统"。日本政府在2018年的预算案中加入了引入SM6反导拦截弹的21亿日元的费用，计划2019年正式导入。[②] 目前日本防空体系是以应对弹道导弹BMD构想为基础的，依靠陆上PAC3和配备SM3的宙斯盾为基础迎击弹道导弹。[③] 而"'陆基宙斯盾'是美国实现IMAD构想的要素之一"，

[①] 「日米共同訓練を実施、発射2日後で牽制　防衛相自ら異例の公表」，『産経新聞』，2017年7月30日，http://www.sankei.com/politics/news/170730/plt1707300029-n1.html。

[②] 「北朝鮮名目の防空網強化、真の狙いは中国　経費は膨大に」，『朝日新聞』，2017年12月17日，http://www.asahi.com/articles/ASKDF65PLKDFULZU00Z.html。

[③] ミサイル防衛構想、対象拡大を検討　巡航ミサイルも迎撃，『朝日新聞』，2017年12月17日，http://www.asahi.com/articles/ASKDF5RHZKDFULZU00S.html。

IMAD 又称综合防空导弹防卫，是奥巴马政权 2013 年提出的以应对巡航导弹和无人机等为对象的一体化防空反导体系。IMAD 中的核心是次期迎击导弹 SM6，目前"宙斯盾"配备的是只能应对弹道导弹的 SM3，引入 SM6 配备陆基宙斯盾，可以在更大的范围内应对巡航导弹、低空有复杂飞行路线的巡航导弹。

日本在"反导"系统上的强化引发地区不安。2017 年 12 月 11 日，俄罗斯联邦武装力量总参谋长瓦列里·格拉西莫夫访问日本时说，日本计划部署陆基"宙斯盾"作战系统，令俄方担忧。为反制日美导弹防御合作，俄罗斯最快 2018 年将在千岛群岛增加部署地对舰导弹。在与日本防相小野寺五典会面时，格拉西莫夫说，日本计划部署的陆基宙斯盾"是美军在管理，对这一点我感到很担忧"。而在日俄外交部长 11 月会面时，俄外长谢尔盖·拉夫罗夫还告诉日本外相河野太郎，部署陆基宙斯盾"将改变东亚安全形势"。

此外，日本安全继续紧盯中国，不利于中日安全关系的发展。和 2016 年的相比，日本 2017 版《防卫白皮书》涉华部分篇幅有增无减，长达 34 页。其中对中国的常规军事活动和正当国防建设继续妄评，主要还是侧重渲染"中国威胁"，对中国海军例行训练、海警船正常巡航钓鱼岛海域及中国在南沙群岛正常建设等正当行为仍大加歪曲，宣称中国海军的活动呈"扩大化倾向"、对包括日本在内的地区乃至国际社会安全保障环境造成影响，"令人强烈担忧"。在 2018 年的防卫预算中，日本还投入约 552 亿日元，筹划在九州和冲绳部署"西南警备部队"基地，斥资订购 F-35 战机以强化面向中国东海的军事部署。日本安保战略强化及其国家对外安全战略选择值得关注，是影响东北亚安全的重要因素。

四、中俄韩侧重对话，主张和平解决朝核问题

中韩关系因"萨德"问题一度紧张不下。2017年4月，驻韩美军往星州高尔夫球场搬运"萨德"反导系统，全面展开部署工作。中国外交部多次表示，美韩部署"萨德"反导系统不仅将破坏地区战略平衡，而且还会进一步刺激半岛紧张局势，无助于实现半岛无核化目标和地区和平稳定，也与各方对话协商解决问题的努力背道而驰。[①] 经过中韩共同的努力，"萨德"系统影响下的两国安全关系最终逐渐缓和。10月下旬，韩国外长康京和在国会答辩提出"三不原则"，即韩国不参与美国的导弹防御体系、不追加部署"萨德"系统、不加入韩美日军事联盟，中韩安全关系有所恢复。2017年10月31日，中韩外交部门共同发表了沟通结果，同意推动各个领域交流合作早日回到正常发展轨道。此外，文在寅希望让韩国从"美日韩军事同盟"中适度抽身出来。面对当前朝鲜半岛的紧张态势，文在寅虽然承认加强韩日关系的重要性，但是他也明确表示，韩日之间的这种合作不会升级成军事同盟。这些都缓和了中韩安全关系。

朝鲜半岛局势本身就十分复杂敏感，需要相关各方谨言慎行，彼此轮番示强只会重走紧张局势不断升级的老路。一旦冲突，各方的居民都将面临巨大的人身伤亡，还会发生人道主义的、经济的、环境的灾难。中俄也都侧重强调对话，特别是中俄在缓和半岛形势上不断努力。在半岛问题上，文在寅政权也主张对话，提出重视对

[①] 中国外交部："外交部发言人耿爽主持例行记者会"，中国外交部网站，2017年4月26日，http://www.fmprc.gov.cn/web/wjdt_674879/fyrbt_674889/t1457020.shtml。

话的"柏林倡议",强调"采取一切手段防止战争爆发"。① 9月27日,文在寅与韩在野四党举行会晤并发表共同声明称,韩敦促朝走上无核化道路,决不允许半岛发生战争,坚持以和平方式解决半岛核问题。同日,韩总统统一外交安全特别助理文正仁表示,制裁和施压并非灵丹妙药。要化解当前半岛危机,需消除美朝间战略猜疑。眼下最重要的是朝美对话,如朝美对话进展不畅,韩亦可成为桥梁,展现韩国在半岛问题上的积极态度。

中俄两国强调和平解决朝核问题。2017年3月8日,中国外交部长王毅在两会记者会上表示:"为应对半岛危机,中方的建议是,作为第一步,朝鲜暂停核导活动、美韩也暂停大规模军演。通过'双暂停',摆脱目前的'安全困境',使各方重新回到谈判桌前来。之后,按照双轨并进思路,将实现半岛无核化和建立半岛和平机制结合起来,同步对等地解决各方关切,最终找到半岛长治久安的根本之策。"② 在朝核问题上,中俄还联合发布共同声明,呼吁有关国家保持克制,避免挑衅行动和好战言论,体现无条件对话意愿,共同为缓和紧张局势作出积极努力。中俄强调"军事手段不应成为解决朝鲜半岛问题的选项"。③

特朗普一度称中国若不合作,美国将会采取措施单独解决朝核问题。中国主张在联合国安理会相关决议的框架下处理朝核问题,敦促朝方遵守安理会相关决议,停止采取加剧半岛紧张的行动。中国也一再向美国表示朝核问题和平解决的必要性与重要性。美国在朝核问题上也有重视中国的想法。2017年4月18日,美国副总统彭

---

① Seoul promises to prevent war on Korean peninsula 'by all means'、https://www.cnbc.com/2017/08/14/south-korean-president-president-moon-jae-in-promises-to-prevent-war.html。
② 中国外交部:"王毅谈如何应对半岛危机:'双暂停'和双轨并进思路",中国外交部网站,2017年3月8日,http://www.fmprc.gov.cn/web/zyxw/t1443990.shtml。
③ "中俄发表关于朝鲜半岛问题的联合声明",新华网,2017年7月5日,http://news.xinhuanet.com/world/2017-07/05/c_1121263916.htm。

斯访问日本期间表示特朗普决心与日本、韩国及中国合作实现和平解决和朝鲜半岛的无核化，并强调中国的作用不可或缺。中美在朝核问题上有合作空间。中国多次就地区和半岛问题与美国深入沟通，强调两国在通过对话谈判最终解决朝鲜半岛核问题上拥有共同目标。中美两国领导人就半岛问题达成三个"致力于"，即致力于维护国际核不扩散体系；致力于实现朝鲜半岛无核化目标；致力于维护半岛和平稳定。在朝核问题的处理及关系半岛的安全问题上，中美的合作与共识非常重要。

结　论

朝核问题的核心和本质是安全问题。作为半岛问题的主要当事方，美方的主要诉求是朝方放弃一切核武器及现有核计划，朝方的主要关切是美方不以核武器或常规武器攻击或入侵朝鲜，双方都是为了"安全"。为了"安全"，双方又采取了使对方都认为不安全的方式，这种螺旋上升的困境是美朝在朝核问题上的"安全困境"，也把地区国家带入了被塑造的"困境"中。但不管怎样，东北亚的安全环境需要国际社会的共同维护，核不扩散体系一旦遭到破坏是对当前国际秩序的挑战，必须要坚决解决。而以和平方式实现朝鲜半岛无核化、维护半岛和平稳定符合各方的利益。朝核问题的最终解决也必须通过和平与对话。目前，朝核问题也显示出一些微弱的和缓迹象，文在寅提议推迟2018年2月平昌冬奥会期间举行的美韩联合军演，以期缓和紧张。① 特朗普政府也正在克制，对有关与日韩联

---

① 「文在寅大統領が合同演習の延期を米国に提案　北への刺激避け」、『産経新聞』、2017年12月20日、http://www.sankei.com/sports/news/171220/spo1712200003-n1.html。

合军事演习的信息加以限制，意在缓和与朝鲜的紧张，以促进外交。①"和平的希望仍未泯灭，谈判的前景依然存在"。② 相关各国应早日促使朝核问题重回协商对话的道路，为地区和平发挥建设性作用。

---

① 「北がミサイル発射準備か 米報道 米軍は軍事演習の情報公開を制限する方針」、『産経新聞』、2017 年 12 月 28 日、http：//www.sankei.com/world/news/171228/worl712280012 - n1. html。

② 中国外交部："王毅：在 2017 年国际形势与中国外交研讨会开幕式上的演讲"，中国外交部网站，2017 年 12 月 9 日，http：//www. fmprc. gov. cn/web/wjbz _ 673089/zyjh _ 673099/t1518042. shtml。

简析日本的印太体系安全治理及对中国的影响

葛建华[*]

[内容提要] 日本的"印太战略"是在美国"印太战略"框架下，以日美同盟为主导，积极构建"印太"海上安全新秩序，配合美国及其主导的"印太秩序"。一方面，拉拢印度东进对中国崛起形成长期战略牵制；另一方面，通过强化与印度、澳大利亚等"印太"支点国家的政治、军事关系，以小多边海上安全合作形式，在"印太"两洋区域，建立多个以"自由、规则、法治"为基础，拥有共同意识形态的"小联盟"和伙伴关系网，使日本成为"印太地区"中美之外"中等强国和摇摆国家"的领导力量，谋求战略自主，维护和拓展日本在该地区的国家利益，从而把"印度洋太平洋"这一传统地缘政治概念，发展为"印太战略"。

[关键词] 日本　印太体系　安全治理　中国的影响

日本提出"自由开放的印度洋太平洋战略"，有了很大的进展。美国政府文件已经将"亚太"换成了"印太"。日本提出的"自由开放的印太概念"已经获得美国的认可，成为美国的新亚洲政策。

---

[*] 葛建华，天津社会科学院东北亚所副研究员，主要研究领域为东北亚国际关系、日本的外交政策。

一、日本的"印太战略"

日本的"印太战略"是在美国"印太战略"框架下，以日美同盟为主导，积极构建"印太"海上安全新秩序，配合美国及其主导的"印太秩序"。一方面，拉拢印度东进对中国崛起形成长期战略牵制；另一方面，通过强化与印度、澳大利亚等"印太"支点国家的政治、军事关系，以小多边海上安全合作形式，在"印太"两洋区域，建立多个以"自由、规则、法治"为基础，拥有共同意识形态的"小联盟"和伙伴关系网，使日本成为"印太地区"中美之外"中等强国和摇摆国家"的领导力量，谋求战略自主，维护和拓展日本在该地区的国家利益，从而把"印度洋太平洋"这一传统地缘政治概念，发展为"印太战略"。

安倍晋三第一次执政时期（2006.9.26—2007.9.12），日本将国家战略目标从亚太扩大至印度洋领域，希望通过联系该区域内的所谓民主国家牵制中国。2007 年安倍访问印度，在国会讲演中使用"大亚洲"（broader Asia）概念，希望把"印度洋太平洋"作为一个整体地域，推动这一区域外交安保机制形成。[①] 随后安倍匆忙下台，这一提法并未得到日本外交安保专家和媒体的共鸣。

安倍第二次上台之后就提出过"菱形钻石联盟"战略，希望澳大利亚、印度、日本和夏威夷（美国的）共同组成所谓"民主安全菱形"，近几年来，安倍也一直发展与印度的关系妄图在中国的西部进一步构筑对华包围圈。2016 年 8 月，安倍在内罗毕举行的第六届

[①] 外務省『インド国会における安倍総理大臣演説「二つの海の交わり」』（Confluence of the Two Seas）』、http://www.mofa.go.jp/mofaj/press/enzetsu/19/eabe_0822.html［2007 年 8 月 22 日］。

东京非洲发展国际会议（TICAD）上正式提出"自由、开放的印度洋太平洋战略"。主要原因：一是海洋安全保障问题日益受到关注；二是印度崛起以及外交关系的变化；三是亚洲经济圈范围的扩大（包括缅甸、孟加拉、印度）；四是中国采取的积极海洋战略。

二、日本在印太体系安全治理的主要内容

安倍政府于2016年下半年正式提出"印太战略"。虽然该战略尚在形成过程中，但主体内容已基本成型。总体来说，"印太战略"来源于日本联盟外交思想和实践，是对日本过去一个时期以来联盟外交政策的汇总和发展，日本外交战略思想的积累是"印太战略"的源泉，从形成、发展的脉络来看，先有零散的联盟实践、后有"印太战略"，通过若干联盟构想来运作、推动、完善和实现。

主要包括三方面内容：

1. 以三边合作为主要模式构建"民主安全菱形"。安倍在2007年首次提出日、美、澳、印四国合作倡议，"通过日本与印度的联合，将美澳也拉入其中，逐渐成长为覆盖太平洋、印度洋全域的合作框架"，即"以自由、民主、基本法律和市场经济的价值观为基础建立起来"的"价值观外交"。这一倡议在安倍第二次执政时就顺势发展成为"民主钻石菱形同盟"的理念。所谓亚洲民主安全保障钻石联盟（本文简称"钻石联盟"），是以日美同盟为核心，美日澳印组成的菱形民主国家安保圈，将与英法合作的可能性也纳入到此范围内。

在"钻石联盟"中，双边层面上，美日、美澳、日印、日澳军事合作不断加强。除处于核心地位的日美同盟关系之外，日澳、日印之间的关系也形成一种"准同盟"的关系，每年定期召开外长、

防长"2+2"会议，密集开展双边军事演习。在三边层面上，美日澳、美日印、日澳印关系均形固定的高层对话机制，相关军演也在展开。三边合作是介于双边同盟和地区多边安全机制的一种合作形式。既弥补双边同盟和多边机制的不足，又不会取代现有机制。

日本热衷于构建三边关系。笔者将对四国之间的三边关系，即美日澳、美日印和日澳印三边关系加以重点分析，剖析日本以双边同盟为基础、以发展三边关系为抓手，稳步推进"钻石联盟"的战略构建。2017年11月26日日本提出四国进行首脑会谈，希望能在东南亚、南亚、中亚，甚至远到中东和非洲等地区的范畴内，促进自由贸易和防务合作，同时横跨亚非大陆去推进高质量的基础设施建设。

美、日、澳三边关系示范标杆，是构建"钻石联盟"的基轴，建立在安保基础上的美、日、澳三国关系相比另外两个三边关系，起步早、机制化程度高、关系更为成熟稳定。美、日、印三边关系突飞猛进，是构建"钻石联盟"的主翼。在美、日、印三边关系中，日美是同盟关系，日印关系已成为"准同盟关系"。在美日印三边关系中，日本通过更加主动地议题设计，游说美印的认可，以此形成合力，推动日本"印太战略"的落实。日、澳、印三边关系小步快走，是构建"钻石联盟"的辅翼。尽管与美日澳、美日印相比起步晚，层级较低、机制化程度不高，但却是小步快走，弥补了"钻石联盟"的短板。日本通过这种合作加强在"印太"地区自身地位和能力的提升。安倍于2016年提出"自由开放的印度洋太平洋战略"，河野提出的四国首脑战略对话是对该战略的推进。

2. 基于民主价值观推动"志同道合海洋国家联盟"，民主海洋国家在安全保障和经济领域内进行合作，日本认为自己作为亚洲海洋国家的代表，建立"印太"海洋国家在共同利益基础上构建海洋安全机制。

3. 制定"亚非发展战略走廊",争取"印太"中等强国和摇摆国家。日本认为,印太地区存在着一些尽管与大国的实力不在一个量级但对"印太"秩序发展有一定影响力的国家和国家群。这些国家被统称为中等强国和摇摆国家。他们的发展方向很有可能会给今后"印太"秩序的构建带来影响,发展与这些国家的关系是实现日本"印太战略"的重要途径。同时,日本还与印度联合提出"亚非发展战略走廊"(2016年印度总理莫迪访日时发表的联合声明中提出建立)。

"钻石联盟"稳步推进,目前即将进入一个新的阶段。"志同道合海洋国家安全联盟"顺势而为;"亚非发展战略走廊"由空转实。

三、日本的印太战略对中国的影响

日本的"印太战略"实施起来并不顺利,目前尽管有所进展,但前景还有待观察。我们仍要充分防范日本以"印太战略"对中国"一带一路"沿线国家进行渗透。日本如若一意孤行,按照"印太战略"既定方向运行,将给"一带一路"倡议和中国的顺利崛起制造一定麻烦。

首先,日本"印太战略"的出现会给印太地区国家带来第三种选择,多边下注获取最高利益是中等摇摆国家的生存之道,虽然日本难以占据主导,但这将提高我国同相关国家的交往成本,增加我推行"一带一路"的难度。

其次,日本借推行"印太战略"为自卫队和日本武器设备提供借船出海的机会,加强日本同东南亚、南亚等国的军事合作,提升相关国家军事装备水平,将使我周边安全面临新的不确定因素。

第三,日本更加积极参与国际安全事务,将助长日本国内右翼实力的气焰，使得日本在右倾的道路上越走越远，日本突破和平宪法的风险在逐步提高。

第四，日本自身虽然难成气候，但日本的"印太战略"符合美国以日本制衡和稀释中国地区影响力的战略目标，日本的"印太战略"与美国的"印太战略"相互叠加、补充，将进一步提高美日同盟在该地区的紧密程度和在印太地区的影响力，对中国构成战略制衡。对此我们也不能掉以轻心，要认清日本"印太战略"的实质和内涵，警惕右翼势力在日本政坛的抬头，以及其野心不断外化为实质性的外交战略和举措，必要时采取一定的反制措施，防患于未然。

四、中国的应对方案

一是顺势而为对日本的"联盟"进行分化。重视日本推进"印太战略"的动向，继续研究各国对此的反应和应对措施。政治上与主要国家建立战略协调关系，在日本推进"印太战略"的过程中，若四国中的任何一国发生了变动，如薄弱环节印度和澳大利亚，我们则可由主动变被动；或者是稳住美国、分化其他各国。

二是拉住中间地带国家，推动建立多边安全机制。在印太地区尽管美国还是一国独大，但这一地区的主要大国之间尚能针对某些问题相互协调，在某种程度上为我们进行安全上的协调、推动多边机制的形成提供了较好的外部环境。

三是加强"一带一路"沿线国家的经济合作，同时加强政治上的合作和安全上的合作，打造"一带一路"沿线国家命运共同体。制定相关政策推进印度太平洋地区的经济制度化，特别是促进东盟各国的经济整合与安定，促进与印度洋地区各国的经济关系发展。

四是做好日本谨慎转向自力更生的准备。在日本的牵头下，签署 TPP 的 11 个国家达成新的 TPP 协议，由日本牵头、没有美国参与的亚太 11 国自由贸易圈接近成型。安倍还对中国的"一带一路"倡议改变立场称"可大力合作"，要在"开放自由的印太地区规则"下实施，在太平洋到印度洋的区域内，对"一带一路"构想提供协助。为此，今后还要密切关注日本的这种"自力更生"动向。实际上，如何应对中国的崛起，是日本国家战略的主要议题。日本对华外交政策一直具有实用性和两面性。目前日本本身的态度已经有所松动，正通过媒体发声，希望在推动"印太战略"过程中，也考虑中国"一带一路"方案。以此打造不只是依赖美国的安全网，而是利用各种机会与英国、澳大利亚等民主、法治、支持现行国际秩序的"准同盟国"合作，打造完备的国家安全网。为此我们在利用日本提出"印太战略"非对抗措施之际，应稳住日本、争取时间，以包容和谨慎的心态对待日本的"转向"，稳步推进"一带一路"。

五是在"印太"地区加强与各国的人文和社会领域的交流，争取形成合作共赢的共识，增进各国对中国理解。同时，在"印太"地区的具体项目中、基层中逐渐建立互信，创造性地形成一些促进相互理解的机制。

南亚地区安全治理的困境与出路

钱 峰[*]

[内容提要] 南亚地区最突出的安全治理困境有四：一是印巴对抗僵局；二是多国间存在领土争端，如中印争端等；三是恐怖活动剧烈，并有加强之势；四是走私贩毒、非法移民、跨国犯罪等非传统安全问题积重难返。要摆脱这些安全治理困境，需要相关国家采取协商、对话、合作，尤其需要相关大国特别是中印等大国积极合作、协商对话，承担主要责任；还需要采取多边主义，包括支持联合国发挥积极作用等。此外，要解决南亚安全治理困境，发展经济、促进地区繁荣是关键。没有一个健康、稳定、繁荣与发展的经济，南亚很难走出安全治理困境。而在这个方面，中国所倡导的"一带一路"倡议有望能发挥巨大的推动作用。

[关键词] 南亚 地区安全治理 困境 出路

南亚是汇集大国、周边、发展中国家"三位一体"的战略利益重叠区，同时也是当今世界传统与非传统安全问题最为复杂交织、涉我总体安全利益聚合程度最高的地区之一。在这一全球公认的安全治理难题上，贡献中国智慧、提供中国方案、发出中国声音、发

---

[*] 钱峰，中国南亚学会常务理事、清华大学国家战略院研究员。

挥中国影响，既是践行人类命运共同体理念的重要环节，也是更好维护中国新时代总体安全利益的必须之举。

一、南亚地区面临的突出安全问题

南亚最主要的安全问题有四：

一是印巴对抗僵局难破，冲突风险高位运行。作为南亚形势的"晴雨表"和"风向标"，印巴关系长期跌宕起伏，"紧"多"缓"少、缓而难和。两国外交上的相互敌视兼与世界大国之间的合纵连横；安全上的相互敌对交织着两国此起彼伏且相互指责的恐袭事件；军事上核背景下的重兵对垒穿插着边境地区日益频密的流血交火，使两国关系深陷安全困境，爆发高强度武装冲突的风险始终在高位运行。

二是多国领土争端难决，冲击地区安全稳定。印巴克什米尔问题一直是困扰两国关系、影响地区形势发展的痼疾，迄今难见和平解决的曙光。中印12.5万平方千米的领土争端悬而难决，不时冲击两国关系发展大局。特别是印度近年来在继续顽固坚持"争西稳中保东"政策的同时，采取冒险挑衅行径，试图抓住我"将强未强"的机遇窗口，强化争夺控制。2017年6月印军非法进入洞朗地区，引发两国长达72天的军事对峙，将中印关系推高至近40年来的风险高点。巴基斯坦、阿富汗两国就边境"杜兰线"划分问题分歧较大，常年不睦、摩擦不断，近年来因巴修建隔离墙并埋设地雷、在有争议的城镇进行人口普查，引发阿方的强烈反弹，多次爆发武装冲突，为两国关系发展增添了更多不稳定因素。

三是暴恐势力交织共生，恐怖主义肆虐外溢。南亚宗教人口众多、宗教民族矛盾复杂、多国政府管控能力偏弱，一直是全球暴恐活动的高发区和策源地，也是全球和地区暴恐组织的聚集地。"9·11"事件至今，以阿富汗塔利班、巴基斯坦塔利班为代表的本地暴恐组织、以"基地""伊斯兰国"为代表的国际暴恐组织、以"虔诚军""哈卡尼网络"为代表的跨界恐怖组织以及"东伊运"等涉我恐怖组织交织共生，或沆瀣一气联手作案，或相互火并争抢地盘，集中肆虐于阿、巴、印、孟等国，其暴恐活动频繁、袭击手法多样、危害程度巨大，对地区和周边国家的安全稳定构成了严峻的威胁。

四是非传统安全问题突出，增大了安全治理难度。当前，困扰人类社会的生态环境安全、信息安全、资源安全、武器扩散、重大疾病、跨国犯罪、走私贩毒、非法移民、洗钱等非传统安全领域的各种问题，在南亚地区都有不同程度的存在，有些在南亚地区表现尤其突出，如毒品生产、加工、贩运等。据相关统计显示，作为全球主要毒源地"金新月"的中心地区和鸦片生产第一大国，阿富汗2016年的鸦片产量较2015年翻了一番，罂粟种植区增加了63%。此外，中国社科院—国家气象局气候变化经济学模拟联合实验室今年联合发布的《应对气候变化报告（2017）》指出，南亚气候风险水平偏高，类型复杂多样，水资源分布不均；在全球变暖背景下自然灾害类型多样，高温热浪、干旱等天气和气候有关的灾害频繁，特别是未来极端降水量可能增加，暴雨洪涝和沿岸洪水灾害的影响将更为严重。这不但会使南亚非传统安全问题更加突出，也会威胁地区经济发展和社会稳定，干扰受灾国的发展进程。

二、南亚地区安全治理的困境

由南亚四大最突出的安全问题可以折射出南亚安全治理的四大困境。其一，印巴结构性矛盾突出，对抗性思维浓厚。印巴分治至今，新恨旧怨交织，两国长期处于战略敌对和武装对峙的非正常状态，双边关系长期在"缓和—恶化"怪圈中曲折反复，其固有的领土、资源、宗教、民族等结构性矛盾以及恐怖袭击、大国介入操纵等问题一直是干扰两国关系正常化、强化印巴对抗性思维的根源。近些年来，为维护各自现实和长远利益，印巴两国多届政府虽均有大幅缓和双边关系之愿，也采取了一系列和解措施，但受"非国家行为体"的破坏和惯性敌对思维的干扰，最终未能如愿。印巴关系"逆水行舟"，总是"退易进难"。

其二，印度对中国战略疑虑加重，敌性认识加深。印度对华战略思维没有走出1962年的战败阴影，长期在安全问题上把中国当作"主要敌手"，在国家发展上也把中国当作"主要对手"。特别因闯关核供应国集团受挫、中巴经济走廊途经克什米尔地区等问题，印对中国战略疑虑加深，认为中国在内心深处视印为"二等国家"和"遏制对象"，正借"一带一路"布局南亚，陆上通过中巴经济走廊和"拉拢"南亚小国进行包围、海上培育支点国家收紧"珍珠链包围圈"，全面遏制印度的崛起势头，日益将我由竞合交织的"发展伙伴"定位为阻印崛起的"最大障碍"。印度对中国的"敌性"认知进一步加深，导致中印关系因洞朗对峙事件严重受损，为南亚安全形势走向增添了更多复杂变数。

其三，社会发展水平总体落后，安全治理"有心无力"。南亚是全球人口最多最稠密的地域，总人口约18亿，占全球1/5。其中，印、巴、孟分别为全球第二、第六、第七人口大国。近年来，南亚经济增速虽仅次于东亚，但由于基础差、起点低，仍是继非洲撒哈拉地区后全球最贫穷的地区之一。联合国于2015年7月发布的《千年发展目标报告》显示，南亚极端贫困人口占地区人口的比例为17%、达2.86亿人；占全球贫困人口的34%。众多贫困人口特别是在印巴等主要国家占人口比例近40%的青壮人口，与常年高居不下的失业率所引发的社会矛盾，加之基础设施落后、社会治安不靖、官员腐败盛行、骚乱冲突频发、卫生医疗水平低下等因素拖累，各国对安全治理的重视和投入即便"有心"、终究"无力"。

其四，传统矛盾与现实问题蓄积，安全治理面临多元挑战。第一，南亚素有"宗教、民族、语言和种族博物馆"之称，不仅是印度教、佛教、锡克教、耆那教的发源地，还有占全球穆斯林人口的1/3、近6亿的穆斯林以及数量众多的基督徒，全球教派、派系之间的矛盾在南亚都有全面深刻的体现。第二，由于历史上长期遭外族入侵，南亚裔族群历经千百年融合，最终形成2000多个不同的种族，既包括小至数十人的部落，又有高达数亿人的庞大族裔，各族群甚至种姓之间的相互矛盾错综复杂，跨界民族众多进一步增加了国家之间和社会内部冲突的风险。第三，南亚各国现行的政党政治和选举体制，推崇选票至上、选举至上，这为煽动宗教对立、族群仇恨、鼓吹民粹主义的政客和政党提供了丰厚的土壤。地区安全问题的联动性、跨国性、多样性更加突出，安全治理面临多元化挑战。

最后，域外国家的介入干预，进一步增添了安全治理的复杂性。南亚连接东南亚、西亚、中亚和东亚，扼守印度洋战略要冲，地缘位置特殊重要。长期以来，俄罗斯、美国、日本等域外国家竞相加大角逐力度，或公开武装干预内政、扶植傀儡政权、抢夺战略立足点；或常年重兵反恐、嫁接西式政体、谋求长期存在、玩弄印巴平衡之术（时而抬印亚巴，时而重巴轻印）；或怂恿推动"四国联盟""民主联盟"，联手牵制中国崛起，不断人为制造地区和国家之间的矛盾，进一步增添了地区安全治理的复杂性。

三、出路与思路

南亚安全治理对中国国际战略全局至关重要。其中，既有涉及领土争端的边界问题，也有涉及中国民族团结和边疆稳定的"藏独""东突"及恐怖势力外溢引发的政治安全和反恐问题；既有着眼于维护中国领土安全和主权完整的对印军事斗争问题，也有应对美日投棋布子、实施战略围堵的外交问题；既有涉及印度洋战略通道的布局问题，也有挖掘南亚市场空间、推进"一带一路"的经济问题。对此，中国应发挥毗邻南亚的地缘优势、对地区部分国家的特殊影响力和感召力，努力推动地区安全治理情况的不断好转。

第一，对话协商是解决安全问题的最佳途径。面对南亚安全治理的艰巨性、复杂性和长期性，宜旗帜鲜明地鼓励、提倡以对话增信释疑、以协商解决纷争、以沟通积累互信，当事方均应致力于通过政治和外交手段管控分歧、降低安全风险，这不仅适用于解决印巴对峙、巴阿矛盾等传统安全问题，也适用于针对复杂的中印边界问题。

第二，大国合作是管控危机的有效渠道。从国际社会斡旋化解2002年、2008年印巴两次大规模军事对峙的经验看，大国在处理南亚安全事务中的作用举足轻重，对缓解矛盾、管控危机发挥着重要的影响。只有首先建立以相互尊重、合作共赢为核心特征的新型大国关系，通过大国间的协商合作，走大国协作和共同安全的道路，才是完善南亚安全治理的有效渠道。

第三，多边主义是维护南亚安全的基本原则。应坚定支持联合国发挥核心和主渠道作用，维护《联合国宪章》宗旨和原则，恪守国际关系基本准则，反对在处理矛盾和争端时动辄使用武力。推动区域安全合作，完善包括上合组织、中俄印、中巴阿等多层次、小多边安全治理机制，不断充实金砖国家组织的安全治理职能，逐步建立中美印、中印日安全对话机制。建立地区反恐情报共享机制，加强地区司法协作，集中力量应对恐怖主义、分裂主义和极端主义"三股势力"。

此外，繁荣发展是南亚安全治理的根本手段。宜继续高举繁荣与发展的旗帜，推动构建开放型地区经济，形成创新、联动、包容和可持续发展。以"一带一路"倡议下中巴经济走廊、孟中印缅经济走廊、中缅经济走廊建设为抓手，重视和照顾地区有关国家的合理关切，稳步推动南亚互联互通和区域一体化，形成规模效益，更好帮助解决南亚各国的发展问题，缩小贫富差距，帮助关键国家由乱到治，真正实现共赢共享共存。

阿富汗安全困局与安全治理

申 林* 张 昕* 李炯燊*

[内容提要] 近年来，阿富汗安全形势不断恶化，塔利班越来越频繁地制造恐怖袭击，"伊斯兰国"组织也加入到阿富汗恐怖袭击的行列。阿富汗安全困局的国内根本原因在于阿富汗的前现代国家结构，国家认同缺乏、国家能力薄弱、政治世俗化未能完成。阿富汗安全困局的国际原因在于其地缘环境。解决阿富汗安全困局：一要加大对塔利班、"伊斯兰国"等极端组织的打击；二要进行政治和解；三要加强与相关国家的合作；四要构建现代国家体系。

[关键词] 阿富汗 安全形势 安全困局 安全治理

自1919年独立后，阿富汗走上经济现代化道路，国家政治稳定、经济繁荣、社会自由，但自从20世纪70年代苏联在阿富汗接连政变特别是军事入侵后，阿富汗的美好前途逆转了。苏联侵阿战争不但毁坏了阿富汗的现代化进程，更摧毁了阿富汗的社会政治秩序，内乱取代了统一、混乱代替了有序，几十年过去了，阿富汗依然没有建立一个权威性的权力机构与和平的社会秩序，叛乱势力、恐怖势力、割据势力严重破坏阿富汗的主权、扰乱阿富汗的秩序、

---

* 申林，国际关系学院国政系副教授；张昕，国际关系学院国政系学生；李炯燊，国际关系学院国政系学生。

毁坏阿富汗的安全。

苏联撤兵阿富汗后，阿富汗随之陷入军阀混战。1996年塔利班政权暂时统一阿富汗，但实行的却是专制、落后、恐怖的统治，因而并没有带来国家的进步，反而使国家大幅度倒退。2001年美国出兵阿富汗，推翻了塔利班的统治，在阿富汗进行重建，组建新的中央政府，恢复阿富汗经济；但由于塔利班残余依然存在而且不断发展，因而自2005年以来阿富汗安全形势不断恶化。特别是2015年以来，塔利班势力卷土重来，"伊斯兰国"在中东受挫大量人员转移到阿富汗，阿富汗的安全形势大幅度恶化。

一、阿富汗安全形势不断恶化

阿富汗安全形势不断恶化首先表现在恐怖袭击造成的平民和安全部队的伤亡人数越来越多。2015年，塔利班势力在阿富汗制造各类安全和恐怖袭击案件9996起，造成了3500多名平民丧生、近7500人受伤，死伤人数比2014年上升了4%。[①] 2015年，阿富汗安全部队阵亡人数达5000多人，另有1.5万人受伤。[②]

2016年，阿富汗境内的恐怖活动更加频繁。据联阿援助团记录，2016年阿富汗共有11418名平民伤亡（3498人死亡、7920人受伤），其中75%平民伤亡是塔利班等恐怖分子造成。平民伤亡人数比2015年增加了3%；阿富汗安全部队阵亡人数6800多人。[③]

[①] "阿富汗平民死伤人数2015年创新高"，http://world.people.com.cn/n1/2016/0215/c1002-28123251.html，上网时间：2018年2月8日。

[②] "阿富汗将提升女兵比例至一成"，http://www.xinhuanet.com/world/2017-01/29/c_129462570.htm，上网时间：2018年2月8日。

[③] "阿富汗人道主义危机加剧战乱频仍 平民伤亡不断"，http://www.chinanews.com/gj/2017/02-07/8142502.shtml，上网时间：2018年2月8日。

2017年，阿富汗安全局势进一步恶化。全年阿富汗共发生2050起各种袭击，有14600人死亡、10277人受伤，44.5万名平民因此而流离失所。①

2017年1月10日，喀布尔发生连环爆炸案，共造成130多人伤亡。2月7日，喀布尔最高法院附近发生自杀式爆炸袭击，造成21人死亡、数十人受伤。2月8日，"伊斯兰国"武装分子绑架了8名红十字国际委员会工作人员，枪杀了其中6名成员。3月1日，塔利班在喀布尔市区连续遭遇两起爆炸袭击，造成至少22人死亡，另有119人受伤。3月8日，"伊斯兰国"武装分子袭击阿富汗部队军医院，造成30多人丧生、50多人受伤。3月17日至23日，一周的时间内，阿富汗东部军事基地、南部军事基地和北部检查站相继被袭击，共有14人死亡。前三个月，各类武装冲突共造成2181名阿富汗平民伤亡，包括715人死亡和1466人受伤。②

4月21日，塔利班通过自杀炸弹袭击了阿富汗北部的政府军的军区基地，导致150名军人丧生、80多名军人受伤。5月3日，喀布尔发生针对外国军队的汽车炸弹袭击，造成8人死亡、25人受伤。5月27日，阿富汗东部霍斯特省首府霍斯特发生自杀式汽车炸弹袭击，造成13人死亡。5月31日，喀布尔发生的爆炸袭击，造成90人死亡、450人受伤。6月3日，喀布尔一处葬礼上发生三起爆炸，造成十余人丧生。上半年，阿富汗共有1662名平民死亡、3581名受伤。③

7月24日，喀布尔发生的汽车炸弹袭击，共造成24人死亡、42

---

① "2017年阿富汗安全形势解读"，http://www.globalview.cn/html/global/info_22485.html，上网时间：2018年2月8日。
② "今年前3月阿富汗武装冲突致2000多平民伤亡"，http://world.people.com.cn/n1/2017/0427/c1002-29241647.html，上网时间：2018年2月9日。
③ "联合国报告称阿富汗平民半年死亡人数达到新高"，http://world.people.com.cn/n1/2017/0718/c1002-29411532.html，上网时间：2018年2月9日。

人受伤。7月25日，坎大哈省一军事基地遭塔利班袭击，40多名军人伤亡。8月1日，阿富汗西部城市赫拉特一座什叶派清真寺遭自杀炸弹和枪手攻击，造成29人丧生和60多人受伤。8月29日，美国驻阿使馆附近发生自杀式爆炸袭击，造成4人死亡和数人受伤。9月27日，南部坎大哈省发生爆炸，造成16人死伤。9月30日，喀布尔一座什叶派清真寺附近发生爆炸袭击，共造成6人死亡、20人受伤。前9个月，阿境内冲突和各种恐袭事件已造成8019名阿平民死亡。①

10月17日，加德兹发生一起针对警察培训中心的袭击，造成15人死亡、40人受伤。10月20日，阿富汗西部古尔省和首都喀布尔两座清真寺当天分别遭武装分子袭击，共造成49人死亡、49人受伤。10月21日，阿富汗喀布尔军事学院发生自杀爆炸事件，导致15名学员死亡。10月31日，喀布尔市区发生爆炸袭击，造成15人伤亡。11月7日，阿富汗沙姆沙德电视台遭武装分子袭击，造成20多人伤亡。12月2—3日，阿富汗东部楠格哈尔省首府贾拉拉巴德连续两天发生爆炸袭击案，共造成20多人伤亡。12月17日，阿富汗一名官员称，阿富汗赫尔曼德省南部一检查站点遭到塔利班武装分子袭击，导致11名阿富汗警察丧生。12月28日，"伊斯兰国"在喀布尔发生自杀式炸弹袭击袭击，造成41人死亡，另有84人受伤。

进入2018年以来，阿富汗安全形势更加不妙，第一个月就发生了多起恐怖袭击。1月4日，喀布尔发生自杀爆炸袭击，造成11人死亡、25人受伤。1月7日，阿富汗东部库纳尔省多个检查站遭"伊斯兰国"武装分子袭击，双方交火持续至8日，至少已有18人死亡。1月20日，喀布尔的洲际酒店遇袭，造成包括14名外国人在

---

① "恐袭频发，阿富汗安全局势再亮红灯"，http：//www.chinatw.tw/doc/1049/5/3/1/104953161.html? coluid =7&kindid =0&docid =104953161，上网时间：2018年2月9日。

内的至少 22 人死亡。阿富汗塔利班宣布对此事负责。1 月 27 日，喀布尔市中心，一辆满载炸药、被涂装成救护车样式的车辆被塔利班武装分子引爆，造成至少 103 人死亡、235 人受伤。阿富汗塔利班宣布对此事负责。1 月 29 日，喀布尔一所军校遭遇"伊斯兰国"武装分子袭击，造成至少 11 名士兵死亡。

阿富汗安全形势的恶化还体现在极端组织控制的地盘越来越大。2014 年，美军开始从阿富汗撤军，使塔利班和"伊斯兰国"等极端组织有机可乘。塔利班以往盘踞在阿富汗南部地区，近年来明显向东部、西部和北部扩张势力范围。截至到 2017 年底，阿富汗 4% 的地盘处于塔利班完全控制之下，66% 的地盘属于塔利班非常活跃区域，两者合计为 70%。从人口上看，阿富汗大约 1500 万人生活在塔利班完全控制或非常活跃的区域，占全国人口总数的一半。① "伊斯兰国"组织则控制了阿富汗北部和东部的部分地区，它在朱兹詹省达尔扎布地区建有训练营，还出现在阿东部省份的楠格哈尔、库纳尔和朱兹詹。② 2018 年年初，阿富汗总统阿什拉夫·加尼声称，阿富汗"危机四伏"，境内有 21 个国际恐怖组织伺机而动，还有数十个自杀式袭击者被派往阿富汗，喀布尔正被围困。③

二、阿富汗安全困局的原因

自美军推翻塔利班政权以来，驻阿美军和阿富汗安全部队消灭

---

① "阿富汗安全局势堪忧 塔利班已威胁到七成国土"，http://www.xinhuanet.com/mil/2018-02/01/c_129803473.htm，上网时间：2018 年 2 月 10 日。
② "中亚地区安全形势面临压力"，http://www.xinhuanet.com/world/2017-12/17/c_129768028.htm，上网时间：2018 年 2 月 10 日。
③ "恐袭频发，阿富汗安全局势再亮红灯"，http://www.xinhuanet.com/mil/2018-01/22/c_129796267.htm，上网时间：2018 年 2 月 9 日。

了大量塔利班分子，但塔利班是"野火烧不尽，春风吹又生"，在较短的时间又聚集了大量人马，并发起越来越频繁的袭击，令美军和阿富汗政府非常头疼。本文认为，从国内方面讲，阿富汗安全困局的根本原因在于阿富汗的前现代国家结构；从国际方面讲，阿富汗安全困局同其地缘环境密切相关。

阿富汗安全困局最主要、最根本的还是其国内原因，即没有完成现代国家的构建，国家认同缺乏、国家能力薄弱、政治世俗化未能完成。

首先，阿富汗缺乏国家认同。传统社会向现代国家转变中面临的首要问题就是国家认同问题。"当对传统的准国家单位的忠诚同对国家的忠诚和国家的目标发生冲突时，政治共同体的问题就成为首要的问题，并造成重大的政治危机"。[①]阿富汗虽然1919年就已独立建国，并在经济现代化上取得不小的成就，但并没有实现民众对国家的充分认同，现代意义的民族国家并没有真正建立。由于历史上阿富汗处于四战之地，被诸多帝国统治过，且民族迁移非常频繁，所以阿富汗地区成为诸多民族的栖息地。阿富汗人口最多的民族普什图族其人口还不到阿富汗人口的半数，占人口大多数的民族对于普什图主导的阿富汗国家缺乏认同。另外，在各民族内部又有很多部族，相当多的部族成员仅仅忠诚于本部族或者虽然也有忠于本民族和阿富汗国家的倾向，但首要忠诚的还是本部族。如此一来，当本部族利益与整个民族利益和国家利益发生矛盾时，他们往往站在部族一边。塔利班分子之所以能够发展壮大，一个重要的原因在于得到一些部族首领的支持。"它是一种部落酋长统治，一个个区域都有自己的领袖。部落酋长既是宗教领袖，又是当地豪绅。不同族群、

---

① [美]阿尔蒙德、鲍威尔著：《比较政治学——体系、过程和政策》，曹沛霖等译，北京：东方出版社，2007年版，第35页。

地区之间的矛盾比较复杂"。① 这些部族首领首要考虑的不是国家的利益,而是本部族的利益,只要对自己或本部族有利可图,哪怕阿富汗战火连天、内战不断,他们也在所不惜。阿富汗政治分析人士哈容·米尔说:"因为阿富汗各民族间存在分裂,政治精英们之间达成共识是至关重要的。现在我们看到的却是分裂,危机很严重。"②普通民众也是如此,他们不能自觉地站在维护国家主权和安全的立场上去反对塔利班,甚至参加塔利班,"在阿富汗南部一些村庄,白天村民下地种田,晚上拿起枪就是塔利班;同一个家庭里,哥哥是警察,弟弟可能就是塔利班"。③正因为如此,所以阿富汗一盘散沙,无法实现对塔利班分子的全民战争。而且,这样还造成一种民匪混淆难以区分的局面,难以对混匿于民众之中或者亦民亦匪的塔利班分子进行精准打击;而民匪不论、一概消灭的办法为现代社会所不容,而且会带来更严重的后果。从直接层面上讲,这是难以消除塔利班的主要原因。

其次,阿富汗国家能力薄弱。国家能力实际上就是政府的能力尤其是中央政府的能力。与传统国家相比,现代国家的突出特征就是国家能力的强化。只有在现代国家,中央政府才能实现垄断全部暴力的合法使用和全部税收的合理征收,才能实现对社会有效的控制。阿富汗远没有达到现代国家的程度,除了中央政府的武装部队,地方武装广泛存在。安抚和控制地方武装一直就是阿富汗政府面临的一项挑战。阿富汗首任总统卡尔扎伊甚至被西方媒体戏称为"喀

---

① "阿战缠斗十年塔利班不灭 美国疲惫伺机撤军",http：//news.eastday.com/w/20110904/u1a6088188.html,上网时间：2018年2月11日。
② "阿富汗战争16周年：贫富差距变大 安全局势并未好转",http：//news.163.com/17/1007/08/D04OHKCG0001899N.html,上网时间：2018年2月11日。
③ "16年战争,阿富汗改变了多少?",http：//www.xinhuanet.com/world/2017-09/04/c_129695361.htm,上网时间：2018年2月11日。

布尔市长"。① 这既是苏军从阿富汗撤军后阿富汗陷入内战的原因，也是美军推翻塔利班之后塔利班复兴的重要原因。这些广泛存在的地方武装，成为塔利班势力发展的潜在力量。"塔利班和一些部族武装结合得很紧密"。② 同样，阿富汗中央政府也不能有效地征税。地方武装虽然口头上效忠中央政府，但他们控制着各地的经济财政大权，有的甚至自行发行货币，拒绝向政府交纳税收。③ 此外，阿富汗中央政府没有建立一套高效廉洁的官僚体系，行政严重不力。阿富汗军队和警察表现平平，很多人甚至吸食毒品；阿富汗边境漏洞百出，中央政府孱弱、腐败、管理不善。联合国毒品和犯罪办公室的报告称，阿富汗最令人担忧的是腐败，而不是安全问题。④ 政府部门的腐败低效既严重影响了对塔利班分子的打击，又妨碍了经济发展；经济落后导致民众生活困苦、不能提供更多的教育和就业机会，因而就有不少青年为塔利班所引诱而加入塔利班，源源不断地为塔利班提供后备军。⑤

最后，阿富汗政治世俗化未能完成。现代国家的构建还要求政治生活的世俗化。在宗教盛行的国家中，政治生活的世俗化尤其体现在政治权威由宗教权威转为世俗权威，政治文化由宗教文化转为世俗文化。西方国家在现代化过程中较好地实现了政治生活的世俗化，宗教归于私人领域。但一些宗教气氛浓厚的发展中国家在现代化过程中没有顺利实现政治生活的世俗化，或者把宗教宝典作为国

---

① "阿富汗在割据中重建 地方军阀中央政权分庭抗礼"，http://news.sohu.com/27/22/news209892227.shtml，上网时间：2018年2月12日。
② "阿战缠斗十年塔利班不灭 美国疲惫伺机撤军"，http://news.eastday.com/w/20110904/u1a6088188.html，上网时间：2018年2月12日。
③ "阿富汗在割据中重建 地方军阀中央政权分庭抗礼"，http://news.sohu.com/27/22/news209892227.shtml，上网时间：2018年2月12日。
④ "十年阿战，没有胜者的战争？"，http://news.sina.com.cn/w/2011-06-30/055722730674.shtml，上网时间：2018年2月12日。
⑤ "阿富汗少年因没有收入被迫加入塔利班获得酬金"，https://www.587766.com/news4/20061.html，上网时间：2018年2月13日。

家根本大法（如沙特阿拉伯）；或者宗教人物凌驾于政治人物之上（如伊朗）；或者虽非前两者之情形，但宗教在政治文化中占据支配性地位。阿富汗虽然颁布了世俗宪法并且实现了政治权力机构的世俗化，但是宗教文化在其政治文化中依然起到支配性的作用。很多民众都把宗教教义视为最高的律法，这样就为塔利班组织利用宗教蛊惑人心提供了便利。塔利班把宗教教义中的某些部分绝对化、夸大化甚至歪曲化，对民众进行蛊惑宣传。由于阿富汗是宗教土壤浓厚的国家，所以不少民众被蛊惑。青少年由于涉世不深、容易冲动，更容易被极端宗教思想蛊惑。塔利班在阿富汗建立了多处青少年洗脑中心，进行极端思想洗脑，使他们成为炮灰和人肉炸弹。[1] 阿富汗政府建立感化院对误入塔利班泥淖的青少年进行感化，但遭到不少青少年的抵制。一名叫阿萨的阿富汗少年说："他们把我们带到这里，希望能改变我们。但是我们有属于自己的道路，我们不可能改变。"[2] 塔利班最恐怖之处不是其军事力量，而是防不胜防的恐怖袭击；但如无极端宗教思想的狂热，普遍的恐怖袭击就难以支撑。

　　国际方面，阿富汗安全困局的主要原因在于其地缘环境。相关邻国对塔利班的支持，"伊斯兰国"的就近渗透也是阿富汗安全形势不断恶化的原因。

　　首先，阿富汗与巴基斯坦的矛盾成为阿富汗打击塔利班的不利因素。阿富汗与巴基斯坦有太多的历史纠葛。1893年后，英国划分了阿巴边界"杜兰德"线，将原本属于阿富汗的一些地区划归巴基斯坦，将普什图人分割成两个不同的国家。生活在巴基斯坦的普什图人居然比生活在阿富汗的普什图人还要多。巴基斯坦独立后，其

---

[1] "大量'儿童人弹'遭塔利班洗脑"，http://news.ifeng.com/gundong/detail_2011_05/19/6491992_0.shtml，上网时间：2018年2月12日。

[2] "阿富汗青少年塔利班'中毒'太深 思想改造困难"，http://news.163.com/11/0916/13/7E30I5QJ00014JB6.html，2018年2月13日。

境内的普什图人想要归属阿富汗，阿富汗也提出了这方面的要求；但巴基斯坦坚持以"杜兰德"线划分阿巴边境，镇压了境内普什图人的反抗。边界纠纷成了影响阿巴关系的最大障碍。两国都有意煽动和支持对方的地方反叛，破坏对方稳定。2018年1月1日，美国总统特朗普声称："在过去的15年里，美国愚蠢地向巴基斯坦提供了超过330亿美元的援助，而他们给我们的只有谎言和欺骗，把我们的领导人视为蠢货。他们为我们在阿富汗追击的恐怖分子提供安全避风港。（他们）没有提供多少帮助。"[1] 同时，在本国普什图人的抗争和阿富汗的压力下，巴基斯坦的普什图人享有较高的自治权，可在边境两侧自由进出，这就增加了地区治理的难度。

其次，"伊斯兰国"组织渗透到阿富汗也导致了阿富汗安全局势不断恶化。"伊斯兰国"组织的主要活动地区是在距离阿富汗不远的伊拉克和叙利亚地区，相同的宗教信仰又为"伊斯兰国"组织的渗透提供了便利。2015年，"伊斯兰国"组织就开始向阿富汗渗透。这年1月，"伊斯兰国"组织宣称在阿富汗建立"呼罗珊"省分支机构，并占据了阿富汗东部楠格哈尔省贾拉拉巴德市南部四个区，控制了从喀布尔到白沙瓦公路的重要交通枢纽。[2] "2015年12月初，英国《泰晤士报》报道，在阿富汗大约有1600名'伊斯兰国'武装人员。而据俄罗斯总参谋部的评估，在阿富汗大约有1万名'伊斯兰国'的支持者，其中3500人是'伊斯兰国'组织的武装人员，其余的是同情'伊斯兰国'的圣战者"。[3] 大量"伊斯兰国"武装人员的渗入，使阿富汗安全形势雪上加霜。

---

[1] "特朗普：美'愚蠢'援助巴基斯坦15年 仅收获'欺骗'"，http://mini.eastday.com/mobile/180102090404731.html，上网时间：2018年2月12日。

[2] "'伊斯兰国'转战埃及路线图"，http://www.360doc.com/content/17/0420/23/5719126_647233608.shtml，上网时间：2018年2月12日。

[3] 廖成梅、王彩霞："'伊斯兰国'在阿富汗的渗透：现状、原因及影响"，《东南亚南亚研究》，2016年第2期。

三、阿富汗安全困局治理之策

因为不想陷于阿富汗泥潭，奥巴马时期美军大规模撤离。特朗普上台后，决定保留并扩大在阿富汗的军事存在。2017年8月，特朗普发布新阿富汗战略，决定增兵数千人到阿富汗。对于特朗普政府的这一决定，阿富汗总统阿什拉夫·贾尼表示欢迎，"如果没有美国的支持，我们的军队不可能支撑超过6个月，政府也会随之垮台"。但美国国家安全委员会前主任道格拉斯·奥利文特则表示怀疑，美国在阿富汗驻军10万时都没有办法稳定局势，现在只有1万多兵力就能稳住形势？[①] 贾尼和奥利文说的都是实情，如果美国撤军，阿富汗安全局势将会更加恶化；但仅凭美军是无法消灭塔利班的。因为塔利班与美军和阿富汗政府军打的是非对称战争，他们藏匿在民众中，随时发起袭击，而且许多阿富汗人亦民亦匪，所以很难对塔利班进行精准打击。

基于单纯军事行动无法消灭塔利班，便有主张与塔利班进行政治和解一说。阿富汗历届政府一直呼吁塔利班就国内和平与和解展开对话，于2010年10月专门设立高级和平委员会；但塔利班方面一直态度强硬，强调和谈的先决条件是外国军队全部撤出阿富汗。2012年1月塔利班同意在多哈设立办事处后，舆论一度认为阿富汗和谈出现转机，但随后不久，塔利班宣布中止和谈。经过阿富汗政府的努力，2015年，阿富汗政府与塔利班进行首次公开对话，但此后对话不利，塔利班的恐怖袭击更加频繁，阿富汗的安全局势更加恶化。而且，自奥马尔、曼苏尔死后，塔利班四分五裂。要想对话

[①] "安全局势动荡 阿富汗和平前景更加黯淡"，《中国青年报》，2018年01月31日05版。

成功，就需要和多个派别都能达成一致，此间难度非常之大。① 所以，和谈之路将会非常漫长。当然，这不失为一个办法。故中国政府积极促进阿富汗的政治和解。②

对付塔利班，除了武力剿灭与政治和解之外，阿富汗还要积极发展与相关邻国的关系。因此，中国政府积极促进阿富汗与巴基斯坦合作。2017年12月26日，中国、阿富汗和巴基斯坦三方外长对话在北京举行，三方达成支持阿富汗和平重建与和解进程、帮助阿巴改善和发展关系的共识。③ 以上表明，中国在阿富汗安全治理中发挥越来越大的作用。中国作为阿富汗的最大最强的邻国，将对阿富汗的安全治理发挥更大的作用。所以，阿富汗政府应使中国的作用得到更大的发挥。

然而，仅仅采取上述措施是不够的。正如前文所言，阿富汗安全困局的根本原因是阿富汗没能完成现代国家的构建，这种前现代的政治结构不足以应对塔利班等极端组织的挑战，所以，阿富汗应尽快完成向现代国家的转变。

首先，阿富汗政府应当大力培养国民对国家共同体的认同，逐渐减少对民族、部族和宗教团体的认同，以一个崭新的阿富汗民族取代境内大大小小的民族、部族和宗教团体，以爱国主义作为打造现代阿富汗共同体的核心。教育和宣传是关键环节，要求所有阿富汗儿童都必须接受中小学义务教育，在中小学教育中大力灌输爱国主义，打击小民族主义、部族主义和教派主义。同时，在国内进行长期爱国主义宣传，打击民族部族分裂割据主义和宗

---

① "美媒：中国面临'阿富汗—巴基斯坦困局'"，http://column.cankaoxiaoxi.com/2015/1209/1021478.shtml，上网时间：2018年2月13日。

② "阿富汗政府与塔利班将在中国展开和谈"，http://world.huanqiu.com/hot/2015-07/7102834.html，上网时间：2018年2月13日。

③ "王毅谈首次中阿巴三方外长对话达成的八大共识"，http://www.mfa.gov.cn/web/wjbzhd/t1522178.shtml，上网时间：2018年2月13日。

教极端思想。为对付宗教极端主义，有必要对于宗教宝典作出新的权威解释，使其温和化，并使民众意识到宗教极端主义与爱国主义是背道而驰的，同时使民众树立国家律法高于宗教律令的观念。要进行上述教育和宣传需要大量的资金投入，因而阿富汗要积极争取国际资金援助。一旦国家观念和爱国主义成为阿富汗人的至上观念，狭隘的小民族主义、部族主义和极端的宗教主义对民众的影响将会越来越小，民众将会在政府与塔利班的较量中旗帜鲜明地站在政府一边，塔利班将失去其存在发展的土壤、会逐渐地衰败直至最后的灭亡。

其次，要强化阿富汗政府尤其是中央政府的能力。打击塔利班、"伊斯兰国"等极端组织需要一个强有力的政府，但现在的阿富汗政府行政能力较低，不能很好地履行职责。现在的阿富汗中央政府软弱无力，致使其缺乏主权决断的能力。因而，阿富汗有必要强化中央政府的能力，这样既能在汲取资源时减少不必要的障碍，又能在打击极端组织的行动时迅速果断。在阿富汗，强化中央政府能力需要扩大中央政府权力，这在另一方面可能会损害公民的某些自由；但在基本的安全都没有保障的情况下，自由不过是一种奢侈品。正如亨廷顿所言："首要的问题不是自由，而是建立一个合法的公共秩序。人当然可以有秩序而无自由，但不能有自由而无秩序。必须先存在权威，而后才谈得上限制权威。"[1]所以，无需过多地顾虑扩大中央政府的权力可能带来的对公民自由的侵犯。

综上所述，阿富汗要摆脱安全局势不断恶化的现状，除了现有的加大对塔利班、"伊斯兰国"等极端组织的打击外；除了进行政治

---

[1] [美]亨廷顿：《变革社会中的政治秩序》，王冠华等译，上海：上海人民出版社，2008年版，第6页。

和解外；除了强化与相关国家的关系外，构建现代国家体系是必不可少的一环。在现有的情况下，民族主义、世俗化加威权统治是阿富汗构建现代国家的第一步。

南太地缘政治与中国的南太安全战略

刘 丹[*]

[内容提要] 南太平洋地区海洋资源丰富，尤其占据连接太平洋与印度洋的枢纽位置，正当环太平洋与环印度洋的两洋中央，具有极重要的地缘战略价值，对于正在走向深海、正在成长为世界一流海洋大国、强国以及正在贯彻"一带一路"倡议的中国，尤其有重要地缘战略价值。目前中国虽然在南太地区的战略经营已经有了一定的基础，但与成长为世界第一流海洋大国、强国的要求相比、与"一带一路"需求相比还有很大差距。中国应依据21世纪中国的安全战略需求与国际安全治理需求以及"一带一路"倡议的总需求，进一步完善南太地缘战略和安全战略，把南太纳入中国周边安全治理的视野，使南太地区成为中国经营大周边及周边安全治理的重要环节。

[关键词] 南太平洋　地缘政治　周边安全治理　安全战略

南太平洋地区正当连接环太平洋及环印度洋地区数十个国家的十字路口，是沟通太平洋与印度洋的枢纽，其地域、海域广阔，资源丰富，有极其重要的地缘战略价值，是各相关国家、尤其是美印

---

[*] 刘丹，清华大学继续教育学院讲师，主要研究领域为非传统安全、非政府组织及国际安全合作等问题。

日澳等相关大国在 21 世纪的必争之地，以及未来国际地缘政治竞争的焦点与前沿。中国应进一步认清南太地区的地缘战略价值及其在中国参与国际安全治理、尤其是参与周边安全治理中的作用，完善南太安全战略与地缘战略，把南太进一步纳入国际安全治理的视野。

一、南太平洋地区的地缘战略重要性

南太平洋地区有 20 多个国家和地区。广义的南太地区应包括澳大利亚、新西兰两个通常被认定为所谓"西方国家"队列的南太大国，其陆地总面积达 850 万平方千米、总人口超过 3600 万。[①] 狭义的南太地区，即不包括澳大利亚和新西兰两个已经"西方化"的南太最大经济体的南太 21 个小岛国家，其陆地总面积约接近 60 万平方千米、总人口约合 1000 万人。[②] 其中陆地面积最大的是巴布亚新几内亚，其陆地面积达 46 万平方千米，甚至超过新西兰，其人口约 700 万。即是说，除澳大利亚、新西兰、巴布亚新几内亚三国以外，南太地区其余 20 个小国，其总人口约 300 万人、陆地总面积仅有 10 多万平方千米。其中面积最小的岛国是托克劳，仅 10 平方千米；人口最少的岛国是纽埃和托克劳，皆不到 1 万人。总计有 14 个南太平洋岛国的陆地面积不到 1000 平方千米，[③] 有 10 个南太岛国的人口不

---

① 2010 年统计数据。
② 这 21 个南太小岛国家分别是：美属萨摩亚、库克群岛、法属波利尼西亚、关岛、斐济、基里巴斯、马绍尔群岛、密克罗尼西亚、新喀里多尼亚、埃纽、瑙鲁、北马里亚纳群岛、巴布亚新几内亚、帕劳、所罗门群岛、托克劳、汤加、图瓦卢、瓦努阿图、瓦利斯与富图纳群岛、萨摩亚。
③ 这 14 个面积不到 1000 平方千米的岛国分别是：美属萨摩亚、库克群岛、关岛、基里巴斯、马绍尔群岛、密克罗尼西亚、埃纽、瑙鲁、北马里亚纳群岛、帕劳、托克劳、汤加、图瓦卢、瓦利斯与富图纳群岛。

到 10 万人。①

南太平洋这些小岛国尽管陆地总面积不大、总计不到 60 万平方千米；除去巴布亚新几内亚外，其陆地面积则总计甚至仅 10 余万平方千米，其总人口仅约 300 万人，但其散布在南太广大海域，纵横各约数千海里，所控制的海域则达数千万平方千米。有些小岛国虽然国土面积不大、人口很少，但其占据的地理位置却极其重要。例如，北马里亚纳群岛虽然陆地面积只有 471 平方千米、总人口不到 10 万，是南太地区陆地面积小与人口少的所谓"双料小岛国"，但其所在的塞班岛、提尼安岛在海洋地理中占据极其重要的位置。二战时期，日美陆海军曾在此激烈争夺。又如所罗门群岛，陆地面积不算大、人口也不算多，但其所临近的珊瑚海、所罗门海都是闻名二战史的战略性海域，日美两国航母舰队在此多次展开舰队决战。所罗门群岛最大的瓜达尔卡纳尔岛则是日美陆海军展开过决战的一处主战场，瓜达卡纳尔岛之战甚至是太平洋战争出现战略转折的重要标志，美军在太平洋战争中由战略防御转入战略反攻就以反攻瓜达卡纳尔岛为标志。② 由所罗门群岛往北的巴布亚新几内亚更是日本陆军的"坟场"，在太平洋战争中极有名的莫尔兹比港、拉包尔、布干维尔岛等战略要地都发生过激烈、残酷的争夺战，日本陆海军在这些要地遭遇过惨败，日本联合舰队司令山本五十六就葬身于布干维尔岛。③ 自 1942 年 7 月入侵巴布亚新几内亚东部的日军第 18 军，总兵力曾高达 14 万人，但到 1945 年 8 月日本投降时，仅余 1.3 万残

---

① 这 10 个总人口不到 10 万的南太岛国分别是：美属萨摩亚、库克群岛、马绍尔群岛、埃纽、瑙鲁、北马里亚纳群岛、帕劳、托克劳、图瓦卢、瓦利斯与富图纳群岛。
② ［日］服部卓四朗著，张玉祥等译：《大东亚战争全史》（上卷），北京：世界知识出版社，2016 年 1 月第 1 版，509—521 页。
③ 参见［日］服部卓四朗著，张玉祥等译：《大东亚战争全史》（中卷），北京：世界知识出版社，2016 年 1 月第 1 版。

兵败将，其中将司令官也以自杀"谢罪"。①

在 21 世纪，南太平洋岛国的地缘战略价值可从交通、经济与资源、海洋战略等方面重新加以认识。其一是海上交通枢纽价值。南太平洋岛国位于连接太平洋与印度洋世界大洋"绝对中央"位置，是沟通南北美与西太平洋沿岸各国及与印度洋沿岸各国海上交通线与航空交通线要津。二战时期，日本发动太平洋战争，企图全面占领西南太平洋及中太平洋各岛屿、即如今的太平洋诸岛国，其战略目的之一就是切断美澳交通线及由美国西海岸通往印度洋、波斯湾的海上交通线，阻止美国向包括中国、苏联等反法西斯前线国家运送军援物资。其二是经济与资源价值。南太平洋岛国虽然除澳大利亚及新西兰外，大多经济不发达、且小国寡民、市场有限，但其蕴藏大量资源，不少资源是陆地国家所缺乏的。巴布亚新几内亚的铜与森林、澳大利亚的煤铁资源及铬矿、铀矿等，都极其丰富。这些小岛国大都面积不大，但拥有漫长的海岸线和广阔的专属经济区，且大多处于待开发状态，具有发展海洋经济的极大潜力。其三是战略价值。除前述海空交通枢纽所产生的直接军事价值外，南太平洋岛国靠近赤道、海域辽阔，在深空深海开发日益成为国际科技和战略竞争前沿的 21 世纪，就成为大国搞航天、深空开发的重要观测站点和基地选址，也成为各大国远洋海军进行远航训练、驻屯的重要场所。

正因为南太平洋地区具有极大的地缘政治价值、经济与资源价值以及军事战略价值，美日印澳等相关大国均有争夺太平洋岛的地缘战略计划，并制订了相应的南太地缘战略。美国多次召开与南太平洋岛国联络会议，曾任奥巴马政府国务卿、并在 2016 年竞选过美

---

① ［日］服部卓四朗著，张玉祥等译：《大东亚战争全史》（下卷），北京：世界知识出版社，2016 年 1 月第 1 版，第 1352 页。

国总统的希拉里就对美国控制南太岛国情有独钟，在其设计的美国"重返亚太"地缘战略规划中，南太就占有突出位置。日本企图以建立"海洋国家民主同盟"及"美印日澳"同盟的方式控制南太岛国，实现其二战时期未能完成的"南太梦"，并向南太不少岛国进行了大量战略投入，包括向一些南太岛国提供大量经济援助和投资，开发其市场与资源。印度近年也加紧渗入南太地区，澳大利亚更是把南太地区视为自己的独占"势力范围"和战略后院，一定程度上是在南太搞澳式地区霸权。

二、中国在南太的安全利益分析

认识中国在南太平洋诸岛国的地缘战略利益，需要结合21世纪实现中华民族复兴的崛起目标与"中国梦"、结合"一带一路"倡议以及结合中国倡导的"人类命运共同体"构想等战略目标与理念、理想以及结合分析由中国的特殊国情所决定的强项与短板等，进行综合思考。所此而论之，中国在南太平洋地区的地缘战略利益可归纳为五项。

首先，南太平洋诸岛国对中国联通世界的海空交通线有重要地缘战略价值。中国是世界上第一大贸易体，每年货物贸易总量超过4万亿美元，其中绝大部分依靠海运，而经太平洋和印度洋往来于中国的海上运输尤其具有举足轻重的意义。南太地区是太平洋与印度洋的结合部，是环太平洋与环印度洋各国往来交通线的"十字路口"，是其中不少国家与中国实现海上"互联互通"的交叉点，中国海外贸易的不少运输线路都要走南太航线。

其次，南太平洋诸岛国对于中国实现长期增长目标具有重要的资源与市场价值。中国是世界上头号制造业大国，也是世界上最大的原材料进口国。正是巨大的海外原材料进口，包括石油、煤炭、铁矿石、木材、粮食、各类有色金属矿产品的进口等，支撑着中国的制造业发展，进而支撑中国的头号出口大国地位以及支撑中国长期的快速经济增长。南太地区资源丰富，是中国进口原材料的重要来源地。澳大利亚的煤与铁矿石、铀与铬以及粮食，巴布亚新几内亚的铜及木材等，新西兰的奶制品牛羊肉以及一些南太岛国的海产品，近年都是中国同类产品的主要进口来源，对支持中国长期经济增长尤其有重要意义。

再次，南太平洋诸岛国可以成为中国以合作方式开展海洋经济开发的潜在增长基地。中国开发海洋经济、如海洋养殖等，在技术、资金、人力等方面有一定优势，中国对海产品的消费需求也在快速增长；中国有13亿人，海岸线及可养殖海域面积有限，而南太人均海岸线及人均海域面积均大大高于中国，且其还各自拥有巨大的海洋经济区；这些国家相对而言，"海广人稀"、经济不发达、技术落后、资金不足，这些巨大的海域和海上经济区都处于待开发状态，中国如能与南太岛国开展海洋经济开发合作，将中国的人力、技术和资金及巨大的市场需求与这些南太岛国极为广阔和待开发的海洋资源相结合，无论以租让、投资或合营方式从事海洋经济开发、尤其是开展海洋养殖业等，中国将得到巨量海产品满足需求，而这些国家的经济也将实现起飞。

第四，南太诸岛国是中国新的投资场所，也是中国新的出口市场以及旅游目的地和海外移民的目的地。在投资方面，这些国家普遍经济发展落后，缺乏投资和经营积极性，而中国有巨大的外汇储备待找出路，大量的民间资金也在找出路。在出口市场方面，这些国家工业发展落后，国内市场狭小使其独立的产业难以发展起来，主要工业品大都依赖进口，而中国是世界上最大的工业品生产国。在旅游与移民方面，近年中国每年出境游的公民数已超过1亿，其中不少人都愿意去风境秀丽、空气清新的海岛国家，马尔代夫成为中国公民出境游的热点就是证明。近年中国公民前往南太岛国，如斐济、汤加、巴布亚新几内亚、澳大利亚等地旅游的呈快速上升趋势。中国公民向南太岛国移民的趋势也在上升。

第五，南太平洋岛国对中国发展远洋海军及提高海外投送能力以及深海、深空开发有重要战略价值。历史上中国一直重视陆上强国，海上军力发展长期得不到重视。进入21世纪以来，中国开始重视远洋海军的发展、建设，中国第一艘航空母舰已经服役，第二艘、第三艘正在建设过程中。远洋海军不能只在近海活动，须在远洋进行训练、航行以及有海外基地。南太地区提供了中国海军进行远洋航行、训练和活动空间，也是中国建立海外基地的潜在地域。此外，中国进行深空开发，也需要在南太地区寻找合作伙伴。

第六，南太是中国大陆与台湾进行"海外空间拉锯战"的重要场所。台湾目前20个左右的邦交国，在南太也有分布。南太一些岛国由于国家小、人口少，容易被台民进党当局用金钱"搞定"，今后仍将是两岸进行"海外空间拉锯战"的场所。

最后，中国倡导的"一带一路"倡议、尤其是"21世纪海上丝绸之路"需要向南太平洋地区延伸。实际上，"一带一路"以及"21世纪海上丝绸之路"从来就是开放式的、不限地域。既然南太平洋地区能向中国供给如此多的地缘战略利益，则中国没有理由不把"一带一路"与"21世纪海上丝绸之路"向南太拓展。而南太平洋不少国家，包括澳大利亚和新西兰等都对加入"一带一路"和"21世纪海上丝绸之路"持积极姿态。

三、如何推进中国在南太的安全利益？

要实现中国在南太地区的地缘战略利益，进而满足中国 21 世纪实现中华民族复兴的崛起目标、实现"中国梦"、实现"一带一路"倡议以及实现中国倡导的"人类命运共同体"等战略目标与理念，如下措施是必要的：

首先，要求我们明确中国在南太地区的地缘战略目标和安全利益，这些目标包括使南太国家坚持"一个中国"政策，坚持对中国普遍友好，对来自中国的投资、进出口贸易、海洋开发合作、移民与旅游以及中国军事力量在南太地区的进出等持欢迎态度，以确保中国在南太的海上交通线安全保障利益、资源与市场利益、投资利益、海洋经济开发利益、旅游与移民利益和军事战略利益等。

其次，要有全盘规划。南太岛国大都是"蕞尔小国"，任何一国在南太某一个单一小岛国的利益需求都很有限，因而很容易忽视，很多国家都不愿意在这些岛国"深耕"，一些大的公司也是如此，因为形不成规模效益。这是缺点，也是机会。对中国而言，在南太平洋诸岛国要有"江河不弃细流"的大战略思维。由于南太平洋诸岛国都是"蕞尔小国"，以我国之大，很多具体的经营，如投资、旅游、"耕海"等，很难由国家层面、甚至也难以由国营大公司主导，更可能是由私商出面。这更要求"政府搭台、私商唱戏"，因而要求政府从"南太一盘棋、一个岛国也不落下"的大思路，制定推进南太地缘战略、实现南太地缘战略利益的整体规划。

再次，积极开展大量有亲和力的外交活动，包括公共外交等。在这方面，要借助我国在南太地区华侨华人的存在影响力，也可借助我国在南太地区游客的影响力。同时，必要的官方援助和定期、不定期地与南太诸岛国举行以中国为一方、以南太岛国为一方的高级别对话会也是一个好办法。

第四，要将突出重点与"一个岛国也不落下"相结合，这要求有综合性的地缘战略思想做指导。在南太诸岛国中，巴布亚新几内亚占有突出位置。巴布亚新几内亚是南太第二大国家，其陆地面积及总人口均超过新西兰，也超过南太其余小岛国领土与人口之和，有丰富的森林资源和矿产资源。其地理位置也极其重要，扼印度洋通往太平洋及南海的要冲，珊瑚海、俾斯麦海、所罗门海等战略性海域均在其近侧。但其发展滞后，有极大的发展空间，其领导人也有发展雄心。中国在对南太岛国的外交及经济政治活动全面开花的同时，要着重发展与巴布亚新几内亚的全面关系，使之成为中国发展与南太岛国关系的样板与基地。

最后，认清中国的短板及中国在南太的地缘政治竞争对手与竞争压力，对症下药。中国近年才把南太平洋岛国作为一个整体纳入中国的和平发展战略与安全战略思考之中，在南太地区不可免会遇到一些老牌地缘政治竞争对手，尤其是美日澳印以及英法等。一些南太岛国曾分别是美英法等国殖民地，与这些国家渊源很深。日本在南太长期经营，也有根基。澳大利亚更把南太视为其"后花园"，并不乐见中国在南太地区扩大影响。因此，中国要实现在南在地区的地缘政治目标，既要准备与这些国家竞争，也可以与其开展合作，具体如何操作则要因时因势而论。

欧洲安全治理与人类命运共同体建设

张 健[*]

[内容提要] 世界不确定性和不安全性前所未有，如何把国家治理和地区安全治理以及国际安全治理相结合，是各国、各地区及国际社会面临的一个重大问题。欧洲是全球一支独特的重要力量，是全球安全治理的重要一环。近年来，欧洲安全形势发生了较大变化，变得更不安全，不管是传统还是非传统安全问题都在恶化发展。与此同时，欧洲面临治理困境，一方面威胁在加大；另一方面，过去的治理模式出现问题，新的治理模式还未形成，对国际合作特别是与中国的合作需要增大。中国提出的人类命运共同体建设符合欧洲利益，将从根本上改善国际安全治理。中欧是世界上两大力量，双方携手将极大促进国际安全治理及人类命运共同体建设。

[关键词] 欧洲 安全治理 人类命运共同体

当今世界风云诡谲、复杂多变，不确定性和不安全性前所未有，不论小国、大国、穷国、富国、弱国、强国，不安全感都在增加。每个国家从不同角度、从自己的国家利益出发寻求自己的安全建设，想要确保自身安全，但是一些国家的做法很大程度上又是和地区其

---

[*] 张健，中国现代国际关系研究院欧洲所所长、研究员，主要研究领域为欧洲一体化、中欧关系及欧盟对外关系等。

他国家或者全球秩序相冲突的。在这种情况下,国际安全治理的必要性和重要性更为突出,如何把国家治理和地区安全治理以及国际安全治理相结合,是各国、各地区及国际社会面临的一个重大问题。中国提出推动构建人类命运共同体,指明了国际安全治理的目的和方向,是国际安全治理的终极追求。

一

欧洲是全球一支独特的重要力量,是全球安全治理的重要一环。欧洲在国际安全治理领域的重要性表现在两个方面。

作为一个地区,欧洲地区安全治理形成了一套体系、规则和制度,比如欧洲一体化的根本出发点就是解决欧洲的安全与和平问题。欧洲的国家安全及地区安全治理理念和经验教训对世界上其他国家和地区有一定的参考和借鉴意义。作为一支重要力量,欧洲对国际安全治理较为关注,希望能在推动国际安全治理建设方面发挥自身力量。所以,尽管近年来欧洲受多重危机困扰,实力和影响力下降,但对于国际安全治理而言还是一个不容忽视的重要因素。

我们推进人类命运共同体建设,需要世界各国和地区的积极参与,单靠中国可能不行。中国需要合作者、需要一些同路人,欧洲在这方面可以发挥它的作用。欧洲有深厚的历史积淀,有总体开放合作的理念,在应对气候变化及防扩散等非传统领域是积极的参与和贡献者,中欧合力推进人类命运共同建设,将对改善和加强国际安全治理发挥重要作用。所以从这个角度观察欧洲安全形势及其安全治理挑战,将有助于中欧合作及人类命运共同体建设。

二

近年来，欧洲安全形势发生了较大变化：

一是传统安全问题再次浮现，这对欧洲来说是一大冲击。冷战结束后，欧洲认为传统军事威胁基本消除，各国纷纷缩减国防开支，裁撤坦克、飞机等重型作战武器。但自2014年乌克兰危机以来，欧俄关系恶化、北约与俄罗斯对抗性增强，双方在中东欧地区排兵布阵，刺激与反刺激轮番上演。尽管欧洲大多数国家并不认为会遭到俄罗斯的军事入侵，但如何重新构建与俄罗斯关系，找到新的地区安全治理架构已刻不容缓。

二是恐怖主义。欧洲以前是个安全岛，现在也不安全了，近年来频繁发生恐怖袭击事件，造成重大伤亡。欧洲恐怖主义问题与难民问题、非法移民问题以及国内穆斯林的融合问题、极右翼民粹主义的兴起等问题相互交织、复杂难解，给欧洲造成的困扰越来越大。

三是世界信息化和新媒体发展带来的冲击。欧洲人特别担心俄罗斯的所谓混合战，欧洲认为俄罗斯通过信息宣传、新媒体散播假消息，影响欧洲国家选举、制造欧洲国家内部分裂、支持极右翼民粹主义。欧洲还担心宗教特别是伊斯兰极端主义的渗透，现在欧洲要反混合战、反极端化，这也是一个很重要的问题。

四是周边乱局及全球发展的不确定性。中东北非动荡依旧，环境问题、气候变化问题、核扩散等问题，都直接或间接冲击欧洲，欧洲国家难以独善其身。

总而言之，欧洲安全形势已经发生了很大变化，变得很不安全；不管是传统的还是非传统方面的，都在恶化发展。

三

  与此同时，欧洲面临治理困境。一方面威胁在加大；另一方面，过去的治理模式出现问题，新的治理模式还未形成，欧洲并无应对新安全挑战的好办法。对欧洲而言，未来的安全治理赤字是多方面的。第一个冲击就是美国的收缩。跨大西洋联盟发展这么多年，是欧洲的安全支柱之一，但现在看起来正处于解构的进程之中，至少双方是在日渐疏离。特朗普对北约的态度、对欧洲的态度，比如一度拒不支持北约第五条、声称英国脱欧是好事等，可能有特朗普本人的特殊之处。但实际上，即使是在奥巴马时期，欧美关系也是不冷不热，已处于疏离状态，相互不信任的种子已经播下，现在正在生根发芽。在美国收缩退出以后，如何处理跟俄罗斯的关系问题、如何在中东承担更大的责任、如何构建一个新的秩序或者国际安全治理体系，对欧洲来说都是不得不面临的重大挑战。

  第二就是欧洲国家间的安全治理模式出现问题。二战以来，欧洲走上一体化之路，保障了欧洲的和平与安全，可以说，对地区安全治理而言，欧洲的一体化模式是最成功的。二战后70余年来，尽管出现南联盟解体等重大事件，西欧大陆特别是德法两大世仇之间保持了和平发展态势。但近年来，随着民粹主义、民族主义的再次兴起，一体化出现了一个倒退的趋势，特别是2016年英国公投脱欧，对欧盟和欧洲一体化来说更是沉重一击。欧盟至少在可预见的将来还不至于解体，但未来是什么形态并不确定，可能更为松散，也可能继续扩大，还可能有成员国退出欧盟或欧元区。但有一点可以确定，就是不大可能出现一个欧洲合众国。所以说，未来一体化能不能保证欧洲大陆的和平，并不是一个能百分百肯定答复的问题。

第三是解决安全问题的能力下降。近年来，欧洲经受债务危机、乌克兰危机、难民危机、恐怖主义、英国脱欧等多重危机的打击，实力和国际影响力下滑，推动解决地区及国际安全问题力不从心，甚至解决民粹主义、民族主义、恐怖主义等内部问题都困难重重、一筹莫展。

如何加强地区及国际安全治理，欧洲的思路一是自强自立，战后这么多年依靠美国提供的安全保护伞，甘做小兄弟、小伙伴，现在欧洲觉得美国老大可能靠不住了，必须要自己独立。最近几年欧洲在防卫联盟建设方面投入了一些力量：2017年11月13日，欧盟23个成员国（爱尔兰、葡萄牙和马耳他、丹麦和英国除外）的外长和防长在欧盟外长理事会期间签署一项协议，启动防务领域的"永久结构性合作"，强制性要求参与国增加军费，充分利用初始金额55亿欧元的欧洲防卫基金，加强联合研发、共同采购等；12月初，爱尔兰和葡萄牙也决定加入；12月11日，上述25国提交了一份将在"永久结构性合作"机制下初步开展的项目清单，涵盖军事培训、网络安全、后勤支持、救灾和战略指挥等方面，预计这些项目将在2018年初开始实施。二是要尽可能拉住美国。跨大西洋联盟根基尚在，欧洲国家在安全上对美国仍然深度依赖，所以尽管欧洲国家不满美国所作所为，但仍极力保持与美良好关系。三是解决发展问题，主要是解决欧盟周边地区的发展问题，现在欧洲很多困扰都是来自周边，如中东、非洲等等，欧洲要解决非法移民问题、恐怖主义问题等，就需要从根本上解决周边地区的发展问题。四就是国际合作。欧洲认识到，西方已经远不能主导世界，更不用说美国现在从欧洲可以信赖、依赖的盟友变成了一个破坏性因素，所以加强国际合作比以往更为重要。至少是在非传统安全方面，欧洲开始把眼光更多地投向中国。以上是欧洲当前的安全治理思路。

四

构建人类命运共同体符合欧洲的安全治理思路，中欧可以合作推进与改善国际安全治理，进而推进人类命运共同体建设：

其一，中欧在人类命运共同体理念上有相通之处。人类命运共同体，中国自古以来就有这个意识，比如天下大同的说法。欧洲战后搞欧洲共同体建设，所以它的共同体意识很强，虽然欧洲的共同体建设跟人类命运共同体建设不一样，但是欧洲国家让渡主权、相互依赖，形成一种密切的关系，欧洲对此有深刻的理解。尽管现在欧洲还有一些疑虑，比如人类命运共同体的可行性以及如何建设等等，或者不太理解中国的意图，但是从根本上讲欧洲有很强的共同体意识，也认为人类命运共同体建设符合欧洲利益。

其二，在非传统安全领域，无论是在气候变化、发展问题还是难民问题等方面，中欧对话与合作都在增多。特别是气候变化，特朗普退出巴黎气候协定后，欧洲对中国更为看重。

其三，在传统安全领域，中欧合作受到一些不应有的限制。长期以来，由于意识形态原因以及美国干预，中欧在传统军事领域合作一直是浅层次，很难深入。在亚丁湾联合打击海盗方面，中欧方面合作良好，中国与一些国家也举行过联合演习，在非洲维和等领域也有很好的合作。未来随着形势发展以及中欧对彼此认知的更为深入，中欧在传统安全领域的合作还会加强。欧洲也有较强的和平意识，特别是德国等国；欧洲国家也普遍认识到，单靠军事手段解决不了世界安全问题。所以在反对战争以及促进和平方面，中欧未来会有更大的对话空间。

中欧是世界上两大力量，在安全治理领域，欧洲需要中国，中国也需要欧洲，两大力量携手合作，无疑将极大促进国际安全治理及人类命运共同体建设。

当代西欧民族分离主义问题治理的国内因素影响

李 渤[*] 庞嘉元[*]

[内容提要] 长期以来，西欧各国的分离主义问题并未得到根本解决，尤其是 21 世纪以来发生的苏格兰独立公投和加泰罗尼亚独立公投等均受到了全世界的关注。除了既有的历史因由外，现阶段其所在国家经济动荡应是主要原因，而国家的治理能力、国家认同及政权的合法性等因素对民族分离主义治理有很强的制约作用。

[关键词] 西欧民族分离主义　国家能力　国家认同　政权合法性

当代西欧具有明显民族分离主义的国家主要有英国、西班牙、法国和比利时，其中英国的苏格兰、西班牙的加泰罗尼亚和巴斯克、法国的科西嘉以及比利时的弗拉芒等地民族分离主义活动较为活跃，尤其是 21 世纪以来发生的苏格兰独立公投和加泰罗尼亚非正式独立公投等均受到了全世界的关注。本文将从国家的经济状况与能力、国家认同与政权合法性等方面因素，分析其对西欧国家的民族分离主义治理的影响。

---

[*] 李渤，国际关系学院国际政治系教授、博士，主要研究领域为地缘政治及南亚问题与中印关系；庞嘉元，国际关系学院国际政治系硕士研究生。

一、国家经济状况与治理能力

国家能力是国家实现其目标所应该具备的能力,[①] 而国家能力更多的是一种国家对社会单方面的"强干预"。[②] 体现在制度上,对诸如民族分离主义等社会公共问题的管治通常被称为"国家治理能力"。[③] 这一能力更突出体现在从主体到治理资源的多元联动,对一国国家治理能力的评判也是从多个方面进行评价,再综合判断。尤其是,当该国陷入经济危机或因其他原因出现经济动荡,反而会加剧民族分离主义。民族分离主义活动会影响、阻碍或破坏、延缓国家的经济发展,国家对其治理也需要投入相当的经济力量。因此,国家的经济发展水平、财政状况对国家应对民族分离主义的能力与危机处置方式与效能有着较大的制约作用。国家经济发展水平较高并比较稳定,政府相关治理能力的发挥会更为顺畅,即在为实现这一目的产生必要的财政支出时便不会给国家财政运转带来过大的负担,也不会因为民族分离主义势力的罢工游行或其他影响国家经济收入的行为导致国家资源紧缺,可为政府相关治理方式或应急措施提供有力支持。反之,国家的经济发生危机或经济发展出现剧烈波动,则会使其国内民族分离主义鼓动民众,为实施进一步的分离方案或行动提供有利条件或机遇。

如苏格兰分离主义活动增强的主要原因:一是经济利益。苏格

[①] 王仲伟:《国家能力体系的理论建构》,《国家行政学院学报》2014年第1期,第20页
[②] 薛澜:《国家治理体系与治理能力研究:回顾与前瞻》,《公共管理学报》,2015年第3期,第3—4页。
[③] 现在全球较为权威的衡量国家治理能力的数据为世界银行公布的全球治理指数(或称世界治理指数,WGI),该指数从政府效能(Government Effectiveness)、政治稳定性和没有暴力/恐怖主义(Political Stability and Absence of Violence/Terrorism)、法治(Rule of Law)、腐败控制(Control of Corruption)、话语权和责任(Voice and Accountability)以及监管质量(Regulatory Quality)六个方面进行测评。

兰认为，作为一个独立国家，将会因北海的石油、渔业资源而暴富，从而不再需要英格兰的援助；二是为了争得更多的自治权；三是苏格兰也将推行像爱尔兰那样能带来经济繁荣的政策。从1998年议会恢复以来一直执政的工党因无力改变逐步下滑的经济，让苏格兰人失去了耐心，而民族党的主张正好迎合了这种呼声。

图1是1991—2015年比利时、法国、西班牙、英国的人均GDP增长。

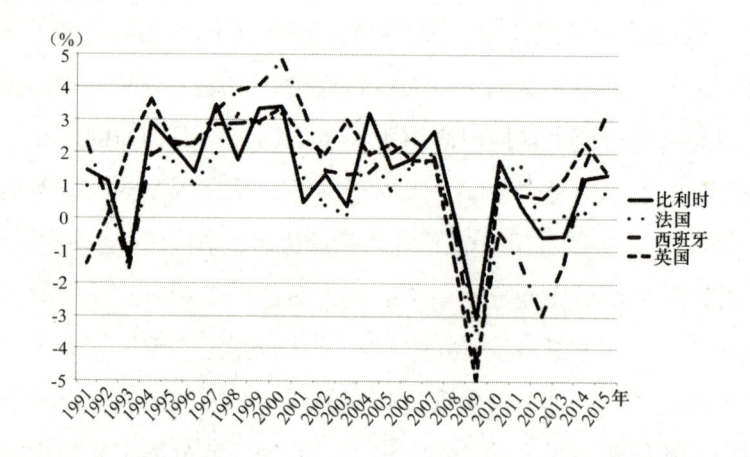

图1 人均国内生产总值（GDP）年增长率（1991—2015年）

数据来源：世界银行公开数据。

2009年欧洲发生债务危机，以比利时、西班牙等为首的欧元区国家都受到了冲击，而英国由于其对欧洲市场的依赖也未能将自己置身事外。与此同时，埃塔制造了一系列暴力事件，如加泰罗尼亚12家报社发表联合社论《加泰罗尼亚的尊严》，加深加泰罗尼亚地方与其母国的裂痕，而且一半加泰罗尼亚城镇加入非官方独立公投，[①] 但2017年10月加泰罗尼亚独立公投结果又未能如愿；苏格兰

---

① 林达：《加泰罗尼亚：旧日积怨如何消解？》，http://www.thepaper.cn/newsDetail_forward_1264368，2014-09-03。

地方政府在 2012 年与英国政府签署了《爱丁堡协议》；比利时更是因 2010 年"新弗拉芒联盟"赢得大选，但未能与其他政党共同组阁而遭遇 500 多日的"无政府状态"。原因之一即是各国经济虽然受到金融危机的重创，但主张分离的地区经济状况并不比其母国的整体经济状况好多少，如加泰罗尼亚近两年多来增长率高过西班牙整体，但其经济复苏情况依然不乐观，其失业率一直在 20% 左右徘徊，尽管好过西班牙整体的 24.5%，但也是一个非常高的数字，这意味着整个加泰罗尼亚地区，只有一半的人口在工作。[①] 苏格兰的经济也是极度依赖英联邦政府的补贴，其所在地区民众担心分离后，会造成其经济生活水平的下降；比如一旦独立，会导致大批企业都向外转移，对当地经济打击很大，所以各地区依旧未能实现与其母国的分离。

二、国家认同与权力合法性

现代民族国家大多是由两个以上民族共同体组成的多民族国家。这些民族或种族在文化、宗教、价值观等方面存在明显差异，民族国家构建起来后，即运用其合法的权力对其所控疆域内可能具有不同民族、历史文化、宗教社会成员进行整合，塑造一种共同的归属感或所谓国民身份的认同感，把国家作为民族认同和价值体现的政治终结点。[②] 简言之，民族国家建构的核心任务就是对居住其疆域内各族群予以整合，塑造统一的国家认同。

西欧是近代民族国家最早形成之地，各国公民在其长期的社会

---

① 张栩通：《加泰罗尼亚为什么要独立？》，https://www.zhihu.com/question/20517144。
② 黄岩：《促进国家认同，构建和谐多民族国家》，载于《思想政治教育研究论丛》2011 年第一辑。

化过程中，不断地接触并接受众多的关于国家的信息资源，深受本国文化影响，大多已经具有对国家的认同感，其公民已经培养起了以"国家利益为重"意识。自近代以来的政治波动、惨烈的战争，民众都希望自己所归属的国家安定团结和稳定发展。如近年来英、法等国对外来族裔的排斥，即是本土民族与外来民族移民间的冲突，意在阻止外来移民国家认同的变更，本土民族认为外来移民已经对其所拥有的国族地位产生威胁，不愿接受外来移民获取本国国民身份，这些国家的政治合法性不需要外来移民加入授予、支持，也就不愿接受他们的政治认同。[1]而出现民族分离倾向的族裔中的一些成员对未来拟建立的"独立国家"的认同极其模糊或持疑惧心态。因此，西欧国家中出现民族分离主义的族裔成员心理支持分散，如大多苏格兰人仍认同英联邦；比利时瓦隆人、弗拉芒人都强调自己的自治政治体系，并不"计较"国家形式；大部分加泰罗尼亚人也没有参加公投。戴维·伊斯顿认为在国家出现的各种合法性危机中，国家认同危机是一种最深层次的合法性危机，[2]而这样的危机在当代西欧国家中还没有发生。

政治是一个在变化中建立有秩序和永久性公众领域的持续斗争，也是对内外部安排的承认，这一安排给予它合法性，因此也就给予由它所构成的政治行动所需要的稳定性。[3]任何性质的国家政权都必须拥有一定的合法性基础，这是其进行国家统治与治理、保障政权

---

[1] 严庆:《从民族、国家结构类型看民族问题与民族治理的差异性》，载于《黑龙江民族丛刊》2009年第3期。

[2] [美]戴维·伊斯顿:《政治生活的系统分析》，北京：华夏出版社，1989年版，第199页。

[3] [英]巴瑞·布赞、[丹麦]奥利·维夫、迪·怀尔德:《新安全论》，杭州：浙江人民出版社，2003年版，第195页。

稳定的重要条件。①

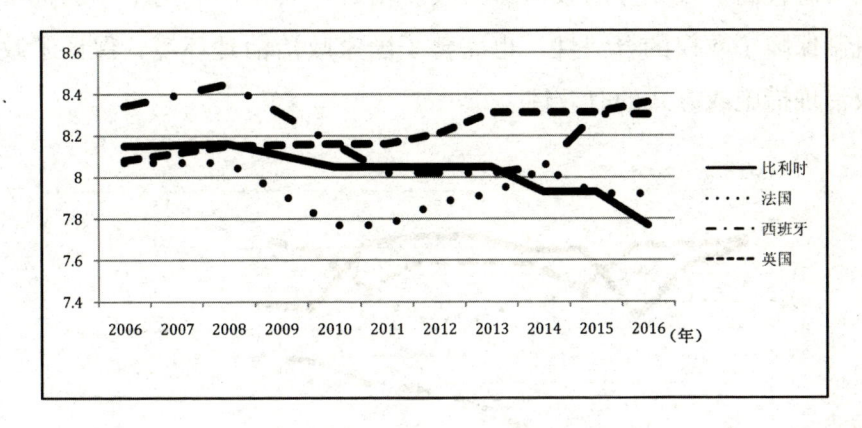

图 2　2006—2016 年国家民主指数

数据来源：《经济学人》情报组 The EIU。

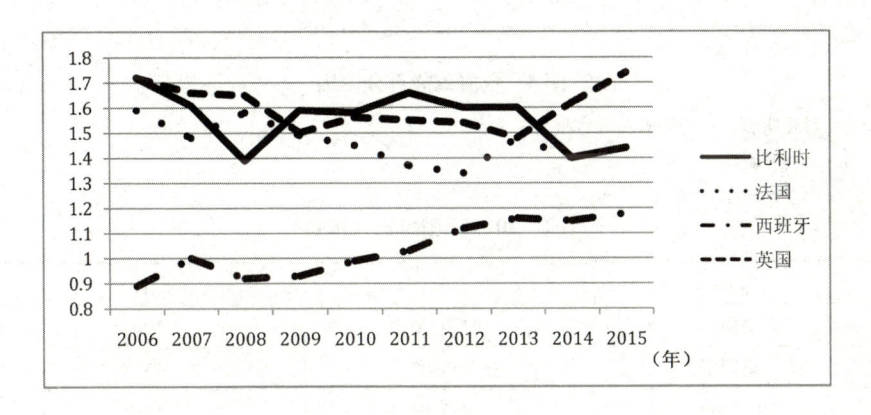

图 3　政府效能指数

数据来源：世界银行公开数据。

一个国家政权的"权威"即来自它的合法性，是制约政府政治

---

①　郝宇青：《发展中国家合法性问题探析》，载于《重庆师范大学学报》（哲学社会科学版）2004 年第 1 期；[英] 巴瑞·布赞、[丹麦] 奥利·维夫、迪·怀尔德：《新安全论》，杭州：浙江人民出版社，2003 年版，第 197 页。

治理效能的重要因素。当代西欧国家都拥有成熟的民主制度，其公民具有较高、较充分的政治参与权。相对"自由""民主"的选举机制保障了政权的合法性，也完善了国家政治治理环境，保证了政权治理措施或方式的有效性。

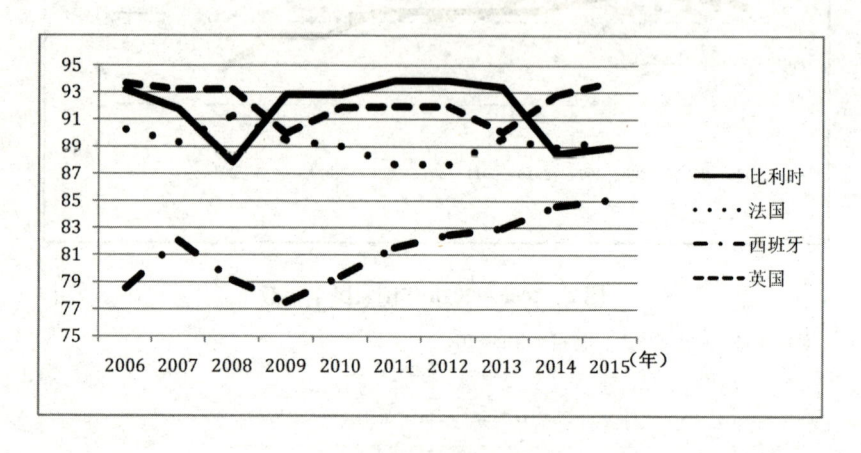

图 4　政府效能百分等级

数据来源：世界银行公开数据。

表 1　2015 年国家治理指数

国家	总分	排名
法国	15336.76	10
英国	15065.08	13
比利时	14983.08	15
西班牙	13866.95	37

数据来源：《2015 年国家治理指数年度报告》。

从国家政府效能的数据看，[①] 虽然西班牙与其他三国有一定差

---

① 政府效能是对公共服务质量的看法，公务员素质和独立于政治压力的程度，政策制定和实施的质量以及政府对这些政策承诺的信誉的反映。全球治理指数每部分的评估值由弱到强介于 −2.5—2.5 之间；百分等级表示该国在所有被评估国中的排位。

距,但四国在世界范围内仍旧处于较前的水准。结合民主指数,可以发现 2008 年比利时、法国、西班牙三国的民主指数均开始下滑;与此同时,三国的政府效能评估也处于下降阶段。而当民主指数回升或保持较高水平时,比、法、西三国的政府效能也大体处于较好状态。

因此,面对国内的民族分离主义,各国发挥出了更高的治理能力,尽管有时这种能力的行使会一定程度上影响到国内的民主制度(主要体现在西班牙),但并不触及根本。比利时的同步下滑也主要来自于国内经济状况,但即便下滑,其民主程度和治理指数也保持在较高水平。国家治理能力在本质上是国家拥有的治理资源及对其进行合理配置和有效使用的能力。[①] 在这些成熟民主国家,出于民族分离主义的暴力行为已越来越不被该族群人民所认可,暴力手段在逐渐减少,有分离倾向的地区更多的是通过和平手段实现自己的诉求,而这需要足够高程度的民主让公民进行参与表达。

结　论

当代主权民族国家内部各个民族、宗教组织在权利分配上的潜在矛盾逐步爆发出来,大多数民族国家面临着民族、教派冲突乃至内战的威胁。各种分离运动对国际体系中民族国家的整合来说是最致命的,因为它们的存在意味着它们身在其中的政治单位的解体。[②] 而主权国家既是民族分离主义发展的受害者,也是治理民族分离主

[①] 薛澜:《国家治理体系与治理能力研究:回顾与前瞻》,《公共管理学报》,2015 年第 3 期,第 4 页。
[②] 贺金瑞、燕继荣:《论从民族认同到国家认同》,载于《中央民族大学学报》(哲学社会科学版) 2008 年第 3 期;郭艳:《全球化语境下的国家认同》,中共中央党校博士学位论文 2005 年 5 月,国家图书馆博士论文库。

义的主体。在当今的国际社会中,人们依然有着国籍之别,主权国家仍是民众利益的创造者和捍卫者,治理民族分裂主义以维护国内社会稳定发展是国家的本职责任。民族分离主义产生都有深刻的内生原因,国家还需要从其内部寻求实现对民族分离主义问题的有效治理。在努力增强经济、治理能力的同时,国家还要以法律建制为中心构建新时代的国家认同;推行政治文化建设,为国民提供较充分的民主、自由及政治保障,巩固其政治合法性,进而实现如哈贝马斯所说的那样,"在文化多元的现代社会既能保证共同体在政治层面的强有力整合,又能保证各个族群能够平等共存,并延续自身的独特认同"。①

---

① 马甄:《哈贝马斯集体认同理论的发展及其对中国的意义》,《学术探索》2007年第5期,第91—96页。

当前国际安全乱局与西方的"责任"

张 蓓[*]

[内容提要] 当前世界乱象纷呈，英俄之间因俄罗斯前"双料间谍"斯克里帕尔父女中毒事件形成外交对抗，导致20多个西方国家拉帮结派、共同以驱逐俄外交官为武器对俄施压，似乎是冷战时代美俄间谍战、外交战的重演；而在中东，美英法于4月以叙利亚出现有关化武袭击的报道为由随意发动了一场对叙利亚的导弹战，不但引发中东新一轮动荡，而且大有冷战及"代理人战争"回潮之势。美国特朗普政府在作势要对其伙伴国日、韩、欧、加、墨等国产品加征高关税的同时，又对中国竖起了贸易壁垒，大有与中国打一场"关税战"之势，并直接威胁到刚走上复苏轨道的世界经济；朝鲜核问题和半岛局势更是戏中有戏。世界乱象纷呈的根源在于东西方力量对比出现转折性变化、相关方尤其是美国及西方对所谓"后西方世界"来临产生了战略性焦虑情绪、未能作好应对准备。从长期来看，未来国际力量对比仍将沿不利于美国及西方的方向演进，美国及西方的战略性焦虑不会消失，国际乱局仍将持续一个相当长的历史时段。

[关键词] 国际安全乱象 后西方世界 后美国时代

---

* 张蓓，中国国际问题研究院助理研究员、中国现代国际关系研究院博士研究生，主要研究领域为欧盟和英国及国际安全等问题。

当前世界乱象纷呈，国际学界、战略界对当前世界乱象产生的根源莫衷一是，对世界未来发展前景更是迷迷茫茫。即使一些惯于预测未来的西方未来学家，也不像冷战后初期那样对未来世界局势纷纷发表信心满满的高论。尽管如此，借助于固有的经济、政治及地缘政治分析工具等，我们仍然有可能根据迄今掌握的相关信息，对当前世界乱象产生的根源进行独立认知，对未来国际大势及国际安全治理的必要性与路径有一个总体把握。

一、西方对其相对衰落的"不适应症"是引发国际安全乱象的根源

与冷战后初期的国际乱象、亦即布热津斯基所定义的所谓"大混乱与大失控"相比较，当前的国际乱象有不少新特点。其中最突出的新特点是当前不仅非西方国家依然乱象丛生，而且在此基础上又添加了西方国家之乱，世界由此更显乱上加乱。

冷战后初期，美欧等西方国家曾自诩为世界"稳定岛"，他们谈及世界乱象，往往是谈非西方之乱、中东之乱、非洲之乱、从东北亚到东南亚再到印度洋的所谓"不稳定弧"之乱。曾几何时，桑田沧海，如今一向被称为世界"稳定岛"的美欧等西方国家也开始乱象丛生，成为国际动荡之岛。如今的美欧，民粹主义及疑欧主义盛行，反全球化、反贸易自由化及反移民主张大行其道，恐怖袭击泛滥成灾、一些"纯种"白人成为发动恐袭的干将、美国更以校园枪击血案频发而震惊世界。仅芝加哥一地，2015年就发生了4000起枪击案。整个美国，更是几乎无日不响枪、无日不因枪击案而死人。

更有甚者，美欧等西方国家不仅已成为国际动荡之岛，而且其

本身也成为导致国际乱象丛生的新祸源、肇事方。英国在未弄清真相前，就违背其一向引以为豪的"无罪推定"法理原则、按"有罪推定"逻辑，断定俄罗斯前"双料间谍"斯克里帕尔父女中毒事件是俄罗斯特工所为，并与美国一道匆匆动员23个西方国家及其盟友，组成反俄"共同阵线"，宣布驱逐总计达100多名俄罗斯外交官出境，导致俄罗斯采取反措施，酿成一场冷战后20多年来不再上演的东西方"对等驱逐外交官大战"。就此而论，俄方指责英方"贼喊捉贼"、是为摆脱其"脱欧"困境而设局是有一定道理的。

几乎与此同时，美国特朗普政府先是做张做智、作势要对其伙伴国日本、韩国、加拿大、墨西哥及欧盟等国的部分产品，主要包括钢材及铝合金板等加征高关税。而后，美国又对中国搞"232调查"和"301调查"，以所谓"国家安全"和"保护知识产权"等为由，宣布要对中国价值达500亿美元的产品加征高达25%的高关税，并以"通牒"式口吻要求中国减少1000亿美元对美贸易顺差。在中国作出同等强度的对等举措后，美国又扬言要再对中国的1000亿美元产品加征高关税，从而对中国竖起了贸易壁垒，大有与中国打一场关税战之势。

2018年4月14日，美英法又以一段极不靠谱的"视频"为由，断定叙利亚政府搞化武袭击，按"有罪推定"原则出动大批战舰飞机，对叙利亚发动军事打击，使叙利亚及中东乱局更加复杂化，国际形势出现新的紧张。

在此之前，特朗普政府还以"美国优先"为由玩单边主义，对已经形成、得到世界大多数国家认同的不少多边机制、甚至是由美国参与创制的国际制度采取否定立场，如退出有关气候问题的《巴黎协定》、作势要否定伊朗核协议、退出有关多边贸易的TPP、以双边贸易谈判替代多边机制、以及扬言要退出北美自由贸易协议等，引起了一系列国际经济、政治动荡、混乱，以致国际秩序再度出现

"重新洗牌"态势。

美英两国,一个是目前的世界超级大国、自认为是国际秩序的所谓"守护神"和国际社会的主导国、国际领袖、西方国家的"领头羊";一个是曾经的世界超级大国、曾经的国际秩序"保护神"和国际领袖。如今二者皆成为国际稳定的破坏者、成为引发国际动荡的始作俑者。英国以全民公决为由而"脱欧"是一种国际"违约",其本身就使动荡不止及经济陷入困境的欧洲更加动荡、更加困难;英国以"有罪推定"原则指责俄罗斯用神经毒剂刺杀前特工,并策动一场"群殴"俄罗斯的外交战,再次走上了策划"新冷战"的前台,与当年丘吉尔发表"富尔顿演说"、搅动一池秋水、直接挑起美苏冷战如出一辙;而特朗普政府的一系列行动、尤其是试图挑起中美之间的"贸易战",更使美国成为当前国际秩序不稳定、全球经贸、金融动荡和国际安全动荡的始作俑者。凡此种种,尤其发人深思!

二、"后西方世界"来临与当前国际安全动荡

为什么在全球化高歌猛进、中国及广大非西方国家紧跟全球化步伐,不断取得经济、政治、社会进步,东西方发展差距明显缩小的情形下,世界却更加乱像丛生、更加动荡?为什么冷战后一向被认为是世界"稳定岛"的美欧等西方国家也成为动荡之所、甚至成为引发国际动荡与国际乱象的祸乱之源?要弄清这些问题,有必要先弄清当前的时代特点。

对当前时代特点的判断,国际上有各种各样的评论。有人说,当前世界已经进入"后西方时代"或者说"后美国时代""无极时代""扁平化时代",属于"后西方世界"等等,这是有道理的。用

这样的时代观分析当前国际社会动荡不止、国际乱象丛生的根源以及西方国家也成为国际动荡的根源，我们就有了一个认识当前国际乱象本质及其根源的新视角，也有了认识当前特朗普政府对华政策的新视角。

所谓"西方世界""西方时代"以及20世纪以来的所谓"美国世纪"和冷战后的所谓"单极时刻"，缘起于500年前新航路的开辟。自那时以后，美欧等西方国家在经济、政治、军事、文化、科技等方面突然发力，迅速走到了世界前列，抢占了"领导"世界的霸主地位，并一直维持这一优越地位长达500年之久。到19世纪末，西方国家对非西方国家享有的权势达到其第一个历史巅峰，其突出标志是大部分非西方国家都变成了欧美列强的殖民地。那时的中国以及埃塞俄比亚、土耳其等国，虽一时未成为美欧殖民地，但也沦为西方国家可予取予求的半殖民地。

冷战结束时，美欧等西方国家对非西方国家享有的权势达到其第二个历史巅峰，其突出标志是西方国家当时占有世界GDP总量、贸易总量的80%以上，其军费开支也一度达到世界军费开支总额的80%以上。仅美国一国的军费开支，就曾一度达到紧靠其排名的前15个国家军费开支之和，这15个国家还包括属于西方阵营、与美国结盟的英、法、德、日、意、韩等西方国家。当时，不但美国的GDP总量是中国的10倍，就连日本的GDP总量也是中国的5倍。

为什么美欧等西方国家，能以不到世界人口总数1/5的人口，占有世界约4/5的财富和实力，其人均GDP在巅峰时甚至是非西方国家的数十倍甚至上百倍？虽然西方国家在垄断国际话语权时期列出了不少答案，如"白种人优越论"、西方"民主优越论"、基督教"文明优越论"、西方资本主义市场经济"优越论"等等，但都不是事实。真正的原因在于西方并非必然性地着近代科技革命之先鞭、抢占了科技革命的制高点、加以垄断，并在科技领先的优势驱动下，率先进行工业革命，在产业、商品贸易、经济发展和军备领域走进世界前列，且由此积累实力、向全球扩张、搞西式全球化和贸易自由化等，从而确立了美欧等西方国家在全世界的主导地位、也与非西方国家之间确立了历时达500年之久的"剥削与被剥削"关系，进而导致全球财富和实力向西方一极高度集中。

然而，冷战后全球化的新发展、以信息革命为核心的新一轮科技革命、以及中国等非西方国家的普遍发展、觉醒改变了这一切。这其中，以信息革命为核心的新一轮科技革命尤其具有决定性意义。信息革命以及交通运输革命和商品的全球流通，使世界真正实现了互联互通，也使全世界各国共享"专业性"、共享经验、共享科学技术更加容易，西方和非西方由此共处于同一全球价值链中，这就使得科学技术全球共享、向全球扩散，美国及西方要想像过去500年那样垄断科学技术、并凭借垄断新科技来统治全世界已经不可能。其结果是，财富也必然向世界扩散、向非西方国家倾斜，非西方由此也加快了在经济、政治、科技等领域"赶超"西方的步伐。在此过程中，非西方的中国尤其一马当先。

冷战后仅20余年间，因科技和财富出现大规模扩散态势，西方与非西方的实力对比就发生了转折性变化。根据2017年的最新统计，西方国家在世界经济总量中的占有率已经从冷战初期的大约4/5降至不到50%，非西方已经有能力与西方分庭抗礼。美国及西方在全球财富中的份额减少，加上其内部分配不均，造成其内部不少阶层、尤其是蓝领阶层以及部分中产阶级财富缩水、生活困窘、不再享有昔日那种对非西方的优越感。在美国，蓝领工人近40年未涨过工资，日本、欧洲的情形也大体如此。这种情况，正是美欧等西方国家，民粹主义及疑欧主义大行其道，反全球化、反贸易自由化及反移民浪潮日益高涨，恐怖袭击泛滥成灾以及"纯种"白人成为在西方搞恐怖袭击的骨干的深层次根源；也是英国公投"脱欧"，美国特朗普被有反全球化、反移民、反自由贸易和民粹主义倾向的蓝领们推上台,并奉行所谓"美国优先"政策,奉行反全球化、反自由贸易、反移民政策的深层次根源。而在非西方国家中一马当先的中国,尤其成为美国特朗普政府的攻击目标。

不仅如此,未来趋势更对美欧等西方国家不利。这是因为以信息革命为核心的新一轮科技革命使新科技扩散加快、进而导致技术和财富向全世界扩散,导致世界更加全球化。而且,由信息革命带动的新型共享经济,如"互联网+"、共享单车、支付宝等,玩的是规模,天生就是为后起的、人口众多的非西方国家准备的。正因为如此,共享单车、支付宝、"互联网+"以及高铁等,才得以在中国这样拥有14亿消费者的"巨型"国家迅速形成产业、出现爆炸式发展。一向以有创新精神自居的美欧日等西方国家之所以在这些方面落后于中国,其根源就在于其人口数量和国家规模"不达标",是所谓"非不为也,是不能也"。美国特朗普政府没有因此而向中国学、如学中国加强基础设施建设、多建高铁等,而是企图挥舞贸易保护主义大棒,阻止中国继续高歌猛进。

总之,全球化的新模式、西方不再能像过去500年那样保有对新科技进步的垄断,财富和技术加快向非西方转移、以信息革命为基础的共享经济及"互联网+"等更有利于人口众多的非西方"赶超"、以及国际经济力量对比发生不利于西方的变化及其长期趋势,预示着所谓"后西方世界""后西方时代""后美国时代"正在来临。面对这一所谓"500年未有之变局",美欧等西方国家一时很难接受、很难适应,不能不由此产生普遍的危机感和战略性焦虑。正是在这种普遍危机感和战略性焦虑的驱动下,美欧等西方国家内部,社会大众、尤其是处于社会底层的蓝领们,就转向民粹主义、疑欧主义,转向反全球化、反贸易自由化及反移民、反精英、甚至转上搞恐怖袭击、校园枪击等极端轨道;而其精英、上层以及决策者,如美国特朗普、英国特雷莎·梅等,不能不迎合其国内选民、大众呼声,迎合民粹主义,奉行反全球化、反自由贸易以及对中国挥舞保护主义大棒等国策。这些内外因素相结合,作用于国际社会使得世界乱上加乱、使得美欧等西方国家不但成为世界乱源,其本身也成为"动荡之岛",而中美关系也因此而更加复杂、面临新考验。

三、面对新的国际安全动荡,中国如何应对?

经过40年改革开放,中国已经成长为世界第一大贸易国、第一大外汇储备国、第一大制造业大国。更重要的是,按汇率计价,中国已经成为仅次于美国的世界第二大经济体;而按购买力平价计算,中国则超过美国,是世界第一大经济体。实际上,如按中国的发电量、能源消耗量、主要消费品使用量等指标看,中国也确实已经超过美国,是世界第一大经济体。中国在如此短的时间内、取得如此大的发展成就,一方面归功于良善政策及13亿人民的苦干巧干,同时也得益于中国积极融入全球化进程及全球经济、贸易,拥护多边机制及自由贸易制度,以及得益于中美关系总体稳定。如今的中国,真诚拥护全球化、拥护多边机制和自由贸易制度,而美欧等西方国家、尤其是美国特朗普政府,因其综合实力下滑、不再享有对中国等非西方国家的绝对科技和竞争优势,陷入战略焦虑和自信心不足,故而从全球化后退,开始大搞单边主义、搞贸易保护主义、反对自由贸易和全球共享。他们以中国为新一轮全球化中的首要竞争对手以及非西方国家的代表,将反全球化、反自由贸易的矛头直指中国,使中美关系及中国与西方关系复杂化。当前特朗普政府挑起带有贸易战特点的对华贸易摩擦,是这一趋向的具体反映。今后随着美西方经贸及综合实力的相对优势进一步下滑,其战略焦虑和危机感还会进一步加深，美国尤其还将继续与中国纠缠。中国对此要有准备、要有预案。

首先，全球化是必然大势、自由贸易和多边机制是世界经济及中国经济健康发展的国际制度保障，中国因而要继续高举全球化大旗、高举自由贸易大旗，与国际大趋势保持一致，把握国际道义制高点，并团结大多数，包括联合广大非西方国家、周边国家，以及联合赞成全球化进程、支持自由贸易和多边体制的一些西方国家，共同与反全球化、反自由贸易、以及与搞单边主义、贸易保护主义的势力作坚决斗争。中国眼下坚定地与搞对华贸易摩擦的特朗普政府针锋相对，不仅是为了维护中国的经贸利益，也是为了维护岌岌可危的自由贸易制度和多边机制。这也是近日中国外交部、商务部发言人相关谈话的国际政治内涵。

其次，尽可能认清美国及其战略意图、以及认清中美双方各自的长短优劣、处理好与美国的竞争与合作并存关系。当前的重要课题，则是如何处理好与美国特朗普政府的经贸、金融关系和战略关系。特朗普是一个"经济总统"而非"战略总统"、把美国经济搞上去、实现"美国优先"承诺，争取连任是其主要目标；他又是一个"商人总统"而非"君子总统"，这决定了其为求利而精于讨价还价；他还是一个"推特总统"而非"老官僚总统"、是"疯子总统"而非"理性总统"，这些决定了其不讲信誉，不守承诺，不在乎荣誉、风度和面子。特朗普目前对中国看似大打出手，包括搞"台湾旅行法"、搞印太战略、在南海缠斗、派航母访问越南、扬言会晤朝鲜领导人以及对华搞贸易摩擦等，真真假假、虚虚实实，其中不少是虚招、是为了漫天要价、扰乱中国，而其实招则是要在中美经贸与科技竞争中占上风，其要害则是在知识产权、市场准入及高科技研发与应用上迫中国让步，以利于美国继续保持对中国以及对全世界的科技优势、高端优势。对于特朗普的这些伎俩，武侠小说中可称之为"分身化影"。应对之策首先要分清什么是其"影"、什么是其"身";而后以虚对虚、以实对实,该针锋相对时绝不手软、可以谈判解决时则要保持灵活性、留一定的妥协空间,大可不必与这样一个"推特总统""疯子总统"事事纠缠。

第三,要继续苦练内功,继续"咬住发展不放松"。改革开放40年来,我们确实取得了空前伟大的成就,但继续发展的任务依然艰巨。也因为如此,中国的发展空间依然极大。例如,中国人均GDP只及美国的1/6;低中端产业中国有竞争优势,但高端产业与美国相比依然有很大差距;中国东部"北上广深"堪称发达,中西部却依然落后,不少地域甚至是极其落后。这些情况决定了今天的中国与1985年签订"广场协议"时的日本不同,今天的中美关系与1985年美日关系也不可简单类比。特朗普敢于发疯、敢于大搞中美贸易摩擦,是其认为我们有弱项。例如当年日本人均GDP已经超过美国,而中国目前的人均GDP只有美国的1/6,中国与美国的发展差距较之当年日本与美国的发展差距要大得多;又如,中国从美进口只有1000多亿美元,对美出口却达4000多亿美元,进出口之比几乎是一比四,对美贸易总额占中国外贸总额约1/6、对美出口总额占中国出口总额约1/5、对美出口顺差几乎占中国外贸顺差的100%。换言之,如无对美贸易顺差,中国外贸有可能出现逆差。这种经贸上对美依存度过高有历史原因,证明中国实力有缺陷,也是特朗普敢于冒险对中国玩贸易摩擦牌的重要原因。面对当前的复杂局势,中国一方面要对特朗普政府的经贸冒险和保护主义立场进行坚决斗争;但从长远看,则要通过继续发展经济、培育国内市场和其他国际市场、进一步增强与美竞争力、逐步弱化对美经贸的依存度,从目前的被动态势向主动方向转化。

最后,一定要下大力气进一步推进科技研发、自主向高端进军,"中国制造2025"尤其要落在实处。如前所述,美欧等西方国家之所以能称霸世界500年，能在经济、贸易、政治、军事等领域领先世界500年，是因为其着科技革命之先鞭，占领了科技制高点。此次特朗普对中国祭出贸易战大棒，其最后的实招也是为知识产权而战、为保住美国的科技和高端制造业优势而战。在21世纪，大国竞争将更加聚焦于高科技竞争，尤其将聚焦于人工智能、航空航天、电讯、生物、制药、太阳能、高端蓄电池技术等，中国在这些方面要有超前布局意识，下大力气抢占科技制高点，不让美国"卡脖子"。

中国篇

党和国家历代主要领导人的"国家安全观"析评

林利民*

[内容提要] 本文认为，中国国家安全观可从中国历代党和国家领导人在不同时期的论述中得到全面、集中的体现。中国的战略环境、中国的历史体验与战略文化，都决定了中国国家安全观与西方不同，体现了中国特色。在中国国家安全观中，政治安全、政权安全、执政党安全、人民安全以及文化与意识形态安全一直居于首要地位。同时，政治安全、执政党安全、人民安全、国家的领土与主权安全、意识形态安全以及经济文化科技安全等是一个综合整体。此外，国家安全观还要与时俱进，要根据国际国内形势以及时代的变化而不断调整。

[关键词] 中国 国家安全观 政治安全 政权安全

国家之安全，事关国家作为"生命体"生或死的问题，是一个国家存在与否的根本依据，因而是国家之最根本利益与需求。具体到中国，如果没有国家之安全，就不会有中国经济、文化、科技的繁荣发展，不会有中国人民的安居乐业，也不会有中华民族的兴旺

---

* 林利民，国际关系学院教授，主要研究领域为中国国际安全与外交、地缘政治、军事战略等问题。

发达、自立于世界民族之林。因此，建国以来，我国历代领导人都把维护国家安全视为头等大事和重中之重、视为立国之根本，并在维护我国国家安全的过程中确立了以马克思列宁主义为指导的、完整系统的、具有中国特色的社会主义国家安全观。

一、综合安全观一脉相承

国家安全是综合安全，一国必须、也只能在综合安全中求国家安全，这在 21 世纪已被世人所普遍接受。但是，在 21 世纪之前，尤其是 20 世纪，一旦提及国家安全，人们容易首先想到的是一国的军事安全、国防安全和领土与主权安全。自鸦片战争爆发到新中国建国的近代一百多年间，中国屡遭日美欧列强侵略，在两次鸦片战争、中法战争、中日甲午战争、八国联军战争等历次对外战争中，中国迭遭败绩，每败必割地赔款、丧权辱国，面临亡国灭种的威胁。因此之故，在新中国成立初期直至迄今为止，中国人更容易把国家安全与军事安全、国防安全、领土与主权安全等置于国家安全的首要位置、甚至使之等同于国家安全。

党和国家历代主要领导人虽然历来把中国的军事安全与国防安全、领土与主权安全置于我国国家安全的首要位置，但他们也始终是从综合安全理念出发，从综合安全的视角应对各种国家安全问题，包括从综合安全理念出发，应对我国的军事安全与国防安全、领土和主权安全等。可以认为，尽管综合安全概念和综合安全观的形成是在冷战后、尤其是 21 世纪以后的事情，但我国领导人却早在此之前就已经形成了综合安全观，并以综合安全观指导我国国家安全事业。

毛泽东同志 1956 年发表的《论十大关系》，其本质就是从综合安全理念出发，探讨实现我国综合国家安全的十对关系和主要矛盾，包括农轻重关系、经济安全与军事安全的关系、以及国际安全与国内安全的关系等。毛泽东同志特别强调"一定要努力把党内党外、国内国外的一切积极因素，直接的、间接的积极因素，全部调动起来，把我国建设成为一个强大的社会主义国家"。①《论十大关系》堪称党和国家第一代主要领导人有关综合安全观的经典之作。

以江泽民同志为代表的党和国家第三代领导人则从21世纪新安全观的视角出发，强调要"以稳定、安全、灵活、多元为思路"来筹划国家的综合安全问题。江泽民同志特别强调国家综合安全"就是要头脑清醒、居安思危，深刻认识新形势下维护国家政治安全、经济安全、国防安全的极端重要性和紧迫性，确保信息安全、金融安全和粮食、石油等重要战略物资的安全"。他还指出：所谓"稳定、安全、灵活、多元，既有战略上的考虑，也有策略上的运用，要全面理解、整体把握"。②习近平主席在党的十九大报告中，更是立足于综合安全观，提出"坚持总体国家安全观"的思想，明确宣布："统筹发展和安全，增强忧患意识，做到居安思危，是我们党治国理政的一个重大原则"。他总结说："必须坚持国家利益至上，以人民安全为宗旨，以政治安全为根本，统筹外部安全和内部安全、国土安全和国民安全、传统安全和非传统安全、自身安全和共同安全，完善国家安全制度体系，加强国家安全能力建设，坚决维护国家主权、安全和发展利益。"③显然，这是对建国以来党和国家领导人综合安全观的总结性表述。

总之，建国以来我国历代党和国家领导人都是从综合安全全局

---

① 毛泽东："论十大关系"，《毛泽东选集》，第五卷，人民出版社，1977年版，第288页。
② 江泽民："以稳定、安全、灵活、多元的思路筹划工作"，《江泽民文选》，第三卷，人民出版社，2006年版，第370页。
③ 习近平："决胜全面建成小康社会，夺取新时代中国特色社会主义伟大胜利——在中国共产党第十九次全国代表大会上的报告"，载《人民日报》，2017年10月28日。

的高度来分析、认识、筹划并解决我国面临的各种国家安全难题，包括政治安全与政权安全、执政党安全、文化意识形态安全、经济金融安全、科技安全、军事与国防安全以及各种非传统安全，等等。正是在综合安全观指导下，我国人民才能够从容应对各种复杂的安全挑战，包括从容应对朝鲜战争、越南战争、冷战；从容应对美国的长期封锁禁运、中苏关系破裂、1989年春夏之交发生的政治风波；从容应对三年自然灾害、各种发展难题和意识形态挑战，以及从容应对21世纪出现的各种国家安全新挑战，从而保证我国社会主义革命和社会主义建设事业不断闯关、不断从胜利走向胜利。

二、政治与政权安全、执政党安全是我国国家安全的生命线

国家安全不仅指军事安全与国防安全以及国家的领土和主权不容侵犯、不受威胁，也包括国家的政治安全、政权安全和执政党安全，这是中国特色社会主义国家安全观不同于世界上其他国家、尤其是不同于美欧日等西方国家的国家安全观的最主要标志之一。美欧日等西方国家当然也重视其国家的政治与政权安全，但其政治与政权安全的内涵与中国不同，其重视程度也不一样。

与美欧日等资本主义国家的建立、成长历程不同，社会主义国家是在资本主义制度、资本主义国家的汪洋大海中、以及在帝国主义国家的包围、压迫中，作为资本主义制度及其国家的对立物而发芽、生根、成长起来的。1917年"十月革命"后，世界上只有苏联一个社会主义国家；二次大战后虽然出现了一个社会主义阵营，但社会主义国家相对于资本主义阵营和资本主义国家仍然是少数，仍然处于劣势，尤其是资本主义阵营和帝国主义国家无时无刻不梦想

以各种方式、各种手段推翻、颠覆社会主义国家。而在社会主义国家内部，那些被打倒的剥削阶级也无时无刻不梦想勾结外部敌对势力，推翻红色政权，恢复其失去的"天堂"。因此，对社会主义国家而言，尤其是对于初创的社会主义国家而言，政治安全、政权安全和执政党安全在国家综合安全的各项指标体系中，就是关系到国家生死存亡的重中之重。

正是基于这样的理论认识，新中国成立伊始，党和国家领导人就格外重视政治安全、政权安全和执政党安全，并将其置于国家安全事业的最优先位置，而不限于只关注国家的国防与军事安全或领土与主权安全。早在1949年6月，毛泽东同志在新政治协商会议筹备会上发表的讲话中就明确指出："帝国主义者及其走狗中国反动派对于他们在中国这块土地上的失败，是不会甘心的。他们还会要互相勾结在一起，用各种可能的方法，反对中国人民。……我们决不可因为胜利，而放松对于帝国主义分子及其走狗们的疯狂的报复阴谋的警惕性，谁要是放松这一项警惕性，谁就将在政治上解除武装，而使自己处于被动的地位"。[①]

党和国家第一代领导人尤其重视西方对中国搞"和平演变"的危险性。针对美国等西方国家企图对中国搞"和平演变"，毛泽东同志1959年11月在杭州召开的一次有中央主要领导人参加的小型会议上，以会议文件"批注"的方式特别提出："美国不仅没有打算放弃实力政策，而且作为实力政策的补充，美国还企图利用渗透、颠覆的所谓'和平取胜战略'，摆脱美帝国主义'陷入无情包围'的前途，从而想达到：保存自己（保存资本主义）和逐渐消灭敌人

[①] 毛泽东："在新政治协商会议筹备会议上的讲话"，《毛泽东选集》，第四卷，人民出版社，1991年6月版，第1465页。

（消灭社会主义）的野心"。①

改革开放以来，党把战略重心转向经济发展方面，但也决不放松政治安全、政权安全和执政党安全的维护和教育，决不放松反"和平演变"斗争。1989年春夏之交发生的政治风波过后不久，邓小平同志针对西方对中国搞"和平演变"的贼心不死，尤其明确指出："西方国家正在打一场没有硝烟的第三次世界大战。所谓没有硝烟，就是要社会主义国家和平演变。东欧的事情对我们说来并不感到意外，迟早要出现的。东欧的问题首先出在内部。西方国家对中国也是一样，他们不喜欢中国坚持社会主义道路。"②

正是从维护政治安全、政权安全和执政党安全的需求出发，党和国家历代领导人在全党积极开展社会主义教育运动、"三反""五反"斗争、尤其是开展防腐反腐斗争、反官僚主义斗争、以及反"和平演变"运动等，并取得了巨大成效。

十八大以来的五年间，在我国已经成长为世界第二大经济体、第一大贸易国、实力大增、国际地位空前提升的新条件下，党开展反腐倡廉活动、加强对全党的"先进性"教育、"从严治党"、反"四风"，也是着眼于反"和平演变"，维护国家的政治安全、政权安全、执政党安全。③

---

① 薄一波著：《若干重大决策与事件的回顾》，下卷，中央党校出版社，1993年6月版，第1141页。

② 邓小平："坚持社会主义，防止和平演变"，载《邓小平文选》，第三卷，人民出版社，1993年10月版，第344页。

③ 习近平："切实把从严治党落到实处"，载中共中央文献研究室编：《习近平总书记重要讲话文章选编》，中央文献出版社、党建读物出版社，2016年4月版，第230页。

三、文化与意识形态安全是国家安全的灵魂

如果说特别重视政治安全、政权安全和执政党安全是中国特色社会主义国家综合安全观的主要标志之一的话，那么，特别重视文化与意识形态安全则是中国特色社会主义国家综合安全观的另一个重要标志。

列宁曾经指出，社会主义国家是从资本主义旧制度、旧社会中脱胎而来的，因而必然带有旧制度、旧社会的各种烙印。社会主义国家要生存、巩固、发展，就必须通过文化建设等措施，消除旧制度、旧社会的印记。中国的社会主义国家及其制度不仅是从资本主义汪洋大海中发芽、成长起来的，而且新中国建立前，中国还是半封建、半殖民地社会，有不少资本主义和前资本主义时期的旧制度、旧文化烙印。因此之故，新中国在文化意识形态领域与旧社会、旧制度的斗争就格外激烈、复杂，中国的社会主义制度与国家要成长壮大，文化建设、文化与意识形态安全就有了特殊重要性。正因为如此，我国历代党和国家领导人对文化与意识形态在国家综合安全中的重要地位尤其有更深刻、更独特的理解、认识，并不断从维护国家安全的高度，领导全党和全国人民在文化和意识形态领域与各种敌对势力斗争。

毛泽东同志早在建国初期就曾指出："我国社会主义和资本主义之间在意识形态方面的谁胜谁负的斗争，还需要一个相当长的时间才能解决。这是因为资产阶级和从旧社会来的知识分子的影响还要在我国长期存在，作为阶级的意识形态，还要在我国长期存在。如果对于这种形势认识不足，或者根本不认识，那就要犯重大的错误，

就会忽视必要的思想斗争"。①

改革开放后,我国社会主义革命和社会主义建设取得了巨大成就,但文化意识形态领域的斗争并没有终结,并以"精神污染"和"资产阶级自由化"的方式继续损害我国的改革开放事业和国家安全事业。针对这一新情况,邓小平同志特别从维护国家安全和长治久安的高度,反复强调反"精神污染"和反"资产阶级自由化"斗争的重要性和必要性。他指出:"要搞四个现代化,要实行开放政策,就不能搞资产阶级自由化。自由化的思想前几年有,现在也有,不仅社会上有,我们共产党内也有。自由化思潮一发展,我们的事业就会被冲乱"。②

针对改革开放以后"精神污染"和"资产阶级自由化"活动抬头,党领导全国人民积极开展反"精神污染"和反"资产阶级自由化"运动,并强调"两个文明"建设一起抓的重要性,终于遏制住的"精神污染"现象和"资产阶级自由化"思潮的泛滥,有力保障了我国的文化意识形态安全和改革开放事业继续向前发展。

十八大以来,习近平同志号召在全社会"培育和弘扬社会主义核心价值观教育",致力于提高国家"文化软实力",是新的历史条件下保障我国文化安全、意识形态安全的新举措。③ 在十九大报告中,习近平同志又进一步提出:要坚定文化自信,牢牢掌握意识形态工作领导权,培育和践行社会主义核心价值观,加强思想道德建设,为如何在新的历史条件下维护国家的文化意识形态安全指明了

---

① 毛泽东:"关于正确处理人民内部矛盾的问题",载《毛泽东选集》,第5卷,人民出版社,1977年版,第390页。
② 邓小平:"搞资产阶级自由化就是走资本主义道路",载《邓小平文选》,第三卷,人民出版社,1993年10月版,第124页。
③ 习近平:"培育和弘扬社会主义核心价值观",载《习近平谈治国理政》,外文出版社,2014年10月版,第163—165页。

方向。①

四、经济、金融及科技与发展安全是保障
国家安全的基石

从形式上看，在构成国家安全综合体的各要素中，领土与主权安全以及与之最直接相关的军事与国防安全是最重要的方面。而在传统上，各国也历来是把领土与主权安全、军事与国防安全置于确保国家安全的最优先位置、甚至置于压倒一切的重要位置，近代以来我国在保护国家安全的过程中尤其如此。

然而，两次世界大战的战争进程及其结局表明，保障一国国家安全的最根本力量最终源于一国的经济、金融与科技能力与实力，军事与国防能力最终要以经济、金融与科技实力为基础。二战时期中、苏、美、英等"联合国家"之所以先败后胜，而德、日、意等"轴心国"集团之所以先胜后败，其最终的决定性根源也基于此。

正因为如此，各国、尤其是各大国在二战后、尤其是冷战后和进入 21 世纪以来，无不把集中力量发展经济、金融及科技实力、搞所谓综合国力竞争视为保障国家安全的力量源泉和关键举措。其结果是，在国际上，国家安全竞争就演变为以发展经济、金融、科技实力为核心内容的综合国力竞争。

我国历代党和国家领导人一方面高度重视国家的主权与领土安全及军事与国防安全；另一方面，对经济、金融安全、科技安全在国家综合能力中的基石作用也有充分认识，对这两大方面之间的辩

---

① 习近平："决胜全面建成小康社会，夺取新时代中国特色社会主义伟大胜利——在中国共产党第十九次全国代表大会上的报告"，载《人民日报》，2017 年 10 月 28 日。

证关系尤其有明确认识。

早在 1957 年，毛泽东同志就指出："必须懂得，在我国建立一个现代化的工业基础和现代化的农业基础，从现在起，还要十年至十五年。只有经过十年至十五年的社会生产力的比较充分的发展，我们的社会主义的经济制度和政治制度，才算获得了自己的比较充分的物质基础（现在，这个物质基础还很不充分），我们的国家（上层建筑）才算充分巩固，社会主义社会才算从根本上建成了"。毛泽东同志还指出："如果不在今后几十年内，争取彻底改变我国经济和技术远远落后于帝国主义国家的状态，挨打是不可避免的"。[①]

刘少奇同志也提出："在我们的前面摆着一个最困难的任务，这就是要把一个在经济上和文化上都很落后的六亿人口的大国建设成为一个先进的社会主义工业强国。完成这个任务，就会使整个社会主义阵营极大地加强起来，就会使世界和平极大地巩固起来"。[②]

周恩来同志特别重视先进科技在国家安全中的关键作用。他指出："只有掌握了最先进的科学，我们才能有巩固的国防，才能有强大的先进的经济力量，才能有充分的条件同苏联和其他人民民主国家在一起，无论在和平的竞赛中或者在敌人所发动的侵略战争中，战胜帝国主义国家"。[③]

显然，我国第一代党和国家领导人在建国之初就认识到经济、科技高度发展是综合国力的基础，是保障我国国家安全，包括不"挨打"以及保障社会主义阵营安全和世界和平的强大物质基础。也是基于这样的认识，我国第一代党和国家领导人把实现四个现代化、

[①] 毛泽东："把我国建设成为社会主义的现代化强国"，载《毛泽东文集》，第 8 卷，人民出版社，1999 年 6 月版，第 340 页。

[②] 刘少奇："在全国先进生产工作者代表会议上的祝词"（1956 年 4 月 30 日），《刘少奇选集》（下），人民出版社，1985 年版，第 200 页。

[③] 周恩来："关于知识分子报告"（1956 年 1 月 14 日），《周恩来选集》（下），人民出版社，1980 年 12 月版，第 182 页。

以及经济科技上"超英赶美"作为政治任务和战略任务,全力施为。

改革开放以来,我国党和国家领导人对于经济、金融安全、科技安全以及综合国力竞争在国家综合安全中的地位与作用又有了新的深刻认识。邓小平同志明确提出:"经济工作是当前最大的政治,经济问题是压倒一切的政治问题。不只是当前,恐怕今后长期的工作重点都要放在经济工作上面。所谓政治,就是四个现代化"。他还分析说:"我们的农业、工业、国防和科学技术越是现代化,我们同破坏社会主义的势力作斗争就越加有力量,我们的社会主义制度就越加得到人民的拥护。把我们的国家建设成为社会主义的现代化强国,才能更有效地巩固社会主义制度,对付外国侵略者的侵略和颠覆,也才能比较有保证地逐步创造物质条件,向共产主义的伟大理想前进"。[①]

正是在改革开放的旗帜下,我国把国家战略重心转向发展轨道,使我国经济、金融实力和科技实力有了飞跃式发展。目前,我国已经成长为世界第二大经济体、第一大贸易国、第一大外汇储备国。随着我国经济金融实力及科技实力的快速成长,我国人民的生活水平大幅提高,国际影响力日增,维护国家安全的综合实力也得到全面提升,国家安全更有保障。

五、坚持"人民性"是中国国家安全的终极目标

我国历代党和国家领导人所倡导、坚持的国家安全观的中国特色以及社会主义特色,除表现为前述以政治安全、政权安全和执政

[①] 邓小平:"在全国科学大会开幕式上的讲话"(1978年3月18日),《邓小平文选》,第2卷,人民出版社,1994年10月版,第86页。

党安全为生命线,以及以文化、意识形态安全为灵魂等特点以外,还有一个更重要的特点就是突出"人民性",特别强调国家安全要以维护人的安全、维护人民群众的安全利益以及其他根本利益为根本目标。

1954年9月,周恩来同志发表《把我国建设成为强大的社会主义的现代化的工业国家》一文,明确指出:"我国伟大的人民革命的根本目的,是从帝国主义、封建主义和官僚资本主义的压迫下面,最后也从资本主义的束缚和小生产的限制下面,解放我国的生产力,使我国国民经济能够沿着社会主义的道路得到有计划的迅速的发展,以便提高人民的物质生活和文化生活的水平,并且巩固我们国家的独立和安全"。① 此后,他又在《过好"五关"》一文中要求说:"我们应该把整个身心放在共产主义事业上,以人民的疾苦为忧,以世界的前途为念"。②

继后的第二代党和国家领导人也处处以人民群众的利益与安全为维护国家安全事业的根本目标。1987年,邓小平同志针对当时社会上围绕"姓资""姓社"的疑虑,深刻分析说:"中国的主要目标是发展,是摆脱落后,使国家的力量增强起来,人民的生活逐步得到改善"。1992年,邓小平同志又发表"南方讲话",尖锐地指出:"不坚持社会主义,不改革开放,不发展经济,不改善人民生活,只能是死路一条。基本路线要管一百年,动摇不得。只有坚持这条路线,人民才会相信你,拥护你。谁要改变三中全会以来的路线、方针、政策,老百姓不答应,谁就会被打倒"。③

---

① 周恩来:"把我国建设成为强大的社会主义现代化的工业国家",载《周恩来选集》,(下),人民出版社,1980年12月版,第132页。

② 周恩来:"过好'五关'"(1963年5月29日),载《周恩来选集》,(下),人民出版社,1980年12月版,第427页。

③ 邓小平:"在武昌、深圳、珠海、上海等地的谈话要点",《邓小平文选》,第3卷,人民出版社,1994年10月版,第370—371页。

江泽民、胡锦涛等党和国家第三代领导人站在 21 世纪的高度上，进一步提出了维护国家安全要"以人为本"、以维护人民群众的安全和利益为国家安全之本的新理念、新思路。

针对 21 世纪以来国际国内安全形势日趋复杂、维护国家安全的斗争日趋严峻的新情况，江泽民同志提出："对国际敌对势力的渗透、破坏活动，对敌对分子颠覆中国共产党的领导和社会主义制度的政治图谋，对民族分裂主义势力的分裂活动，对暴力恐怖活动，对严重危害人民群众生命财产安全的严重刑事犯罪，对残害生命和危害国家政权的邪教，对严重危害国家和人民利益的腐败现象等，我们必须依法坚决予以防范和打击，用人民民主专政来维护人民政权，维护人民的根本利益。在这个问题上，要理直气壮"。他还说："我们社会主义政权的专政力量不但不能削弱，还要加强。在这个问题上，切不可书生气十足。"[①]

2006 年，胡锦涛同志访美期间，在美国耶鲁大学发表演讲，其中提及："我们坚持以人为本，就是要坚持发展为了人民、发展依靠人民、发展成果由人民共享，关注人的价值、权益和自由，关注人的生活质量、发展潜能和幸福指数，最终是为了实现人的全面发展。保障人民的生存权和发展权仍是中国的首要任务"。

2007 年 10 月，胡锦涛同志又在《高举中国特色社会主义伟大旗帜 为夺取全面建设小康社会新胜利而奋斗》一文中提出："我们要始终从维护我国发展的重要战略机遇期、维护国家安全、维护最广大人民根本利益的高度出发，全面把握我国社会稳定大局，有效应对影响社会稳定的各种问题和挑战，确保人民安居乐业、社会安

[①] 江泽民：《关于坚持四项基本原则》（2001 年 4 月 2 日），《江泽民文选》，第 3 卷，人民出版社，2006 年 8 月版，第 222—232 页。

定有序、国家长治久安"。①

十八大以来，鉴于中国已经成长为世界第二大经济体，国际影响日增，与世界的联系更加密切，"中国国家安全的内涵和外延比历史任何时候都要丰富，时空领域比历史上任何时候都要宽广，内外因素比历史上任何时候都要复杂"的新现实，习近平同志提出，中国必须"坚持总体国家安全观，以人民安全为宗旨，以政治安全为根本""坚持以民为本、以人为本，坚持国家安全一切为了人民，一切依靠人民，真正夯实国家安全的群众基础"。②

六、确保领土主权与国防安全是国家安全的最高表现形态

对任何国家而言，确保领土、主权安全以及确保军事与国防安全在国家安全诸要素的排位中都会处于首要位置，因为其他安全要素，如政治安全、政权安全、文化与意识形态安全、经济金融安全、科技安全以及人民安全，等等，都要以领土、主权安全和军事、国防安全为条件，没有领土、主权安全和军事与国防安全，其他方面的安全就无从实现，所谓"皮之不存，毛将焉附？"可以说明这二者之间的关系。

然而，对新中国而言，确保领土、主权安全及军事与国防安全又有更深一层的重要意义。近代以来，由于迭遭列强入侵，我国领土和主权安全不断受到侵犯；又因近代以来中国经济科技发展滞后

---

① 胡锦涛：《高举中国特色社会主义伟大旗帜　为夺取全面建设小康社会新胜利而奋斗》（2007年10月15日）。

② 习近平："在中央国家安全委员会第一次会议上的讲话"（2014年4月15日），《人民日报》2014年4月16日。

于西方列强，长期积贫积弱，军力、国防力落后，面对列强入侵，只能处于被动挨打局面。建国后相当长一段时间，我国所处的国际战略环境尤其复杂、严峻，如建国初美国入侵朝鲜、台海、印度支那，对我国构成了直接的军事安全压力；美国还对我国搞封锁、禁运和外交孤立政策，军事上则以其优势海空军压着中国海岸线飞行，并不时派间谍飞机入侵中国领海领空；自20世纪60年代以后，因中苏关系破裂，中国不但在海洋方向面临军事压力，在北方陆地方向也面临战略危险；珍宝岛事件后，中国更是在北部陆地方向面临苏联全面入侵的军事压力。因此，我国领导人从建国初开始，就把加强领土与主权安全、以及加强军事与国防安全视为国家安全中的重中之重。

早在新中国成立前，党和国家领导人就开始关注新中国成立后美国干涉中国革命和中国内战的危险性。如1949年人民解放军强渡长江前后，党中央就没有放松对美国出兵干涉可能性的警惕，毛泽东同志特别强调美国可能从上海、青岛、天津三处登陆援蒋、袭击人民解放军的战略后方，并进行了相应的反登陆军事准备。[1]

新中国成立后，党和国家领导人在努力加强政治、政权建设和执政党建设以及在经济、文化、科技等领域加强安全防范的同时，尤其关注国家的领土与主权安全以及军事与国防安全。1949年9月30日，毛泽东同志发表题为《中国人民大团结万岁》的演说，向世界郑重宣告："中华人民共和国现已宣告成立，中国人民业已有了自己的中央政府。这个政府……将保卫人民的利益，镇压一切反革命分子的阴谋活动。它将加强人民的陆海空军，巩固国防，保卫领土

---

[1] 毛泽东：《要把美国直接出兵干涉计算在作战计划之内》，载《毛泽东外交文选》，世界知识出版社、中央文献出版社，1994年12月版，第76页。

主权完整,反对任何帝国主义国家的侵略"①。朝鲜战争爆发后,毛泽东同志又更明确提出:"我们要随时准备对付美帝国主义来侵略。我们所进行的军事、政治、经济、文化等各方面的建设事业,都要考虑到敌人就在面前这个情况来讨论和决定。"

为了保障中国的领土主权与国防安全,党和国家领导人特别重视军队建设。毛泽东同志指出:"我们的国防将获得巩固,不允许任何帝国主义者再来侵略我们的国土。在英勇的经过了考验的人民解放军的基础上,我们的人民武装力量必须保存和发展起来。我们将不但有一个强大的陆军,而且有一个强大的空军和一个强大的海军。"刘少奇同志也提出:"为了保卫我们的祖国,我们还必须继续加强我们的国防,继续加强我们的国防军——光荣的中国人民解放军。人民解放军必须努力提高自己的战斗力,警惕地守卫我们的边境和海岸线,保卫我国领土的完整。"②

改革开放以来,党中央判断国际形势已经由"战争与革命"时代转入"和平与发展"时代,发生新的世界大战和大国战争的危险性大大降低;同时,我国已经有了"两弹一星",核潜艇已经具有战略威慑力,国防力大大加强。以此为背景,党中央决定把战略重心转向经济发展领域,加速推进四个现代化。邓小平同志要求"军队要服从整个国家建设大局",为此党中央做出了裁军100万的决定。

尽管如此,党和国家领导人依然不放松军队建设和国防建设。邓小平同志指出:"四个现代化,其中就有一个国防现代化。如果不搞国防现代化,那岂不是只有三个现代化了?"他还指出:"现在国际局势并不太平,我们必须巩固国防,中国人民解放军的全体指战

---

① 毛泽东:"中国人民大团结万岁"(1949年9月30日),《毛泽东文集》,第5卷,人民出版社,1996年版,第345页。
② 刘少奇:"在中国共产党第八次全国代表大会上的政治报告"(1956年9月15日),《刘少奇选集》(下),第255页。

员，务必时刻保持警惕，不断提高自己的军事政治素质，努力掌握应付现代战争的知识和能力。"同时要求"把我军建设成为一支强大的现代化、正规化的革命军队"，"一定要在国民经济不断发展的基础上，改善武器装备，加速国防现代化"。①

冷战结束后，尤其是进入新世纪以来，新军事革命对我国军事安全、国防安全提出了新的严峻挑战。党中央洞察国际大局，紧密追踪新军事革命，对我国军队建设、国防安全适时提出了新要求。在党的十六大报告中，江泽民同志明确要求大力推进我军现代化建设，要求"居安思危，增强忧患意识"。他特别要求"全军各级干部对军队现代化建设一定要有紧迫感和责任感，要只争朝夕，不懈奋斗"。② 胡锦涛同志也提出"巩固的国防和强大的军队，是国家主权、安全、领土完整的坚强后盾。我们必须统筹经济建设和国防建设，走中国特色军民融合式发展路子，在全面建设小康社会进程中实现富国和强军的统一。"③

在党的十九大报告中，习近平同志指出："国防和军队建设正站在新的历史起点上。面对国家安全环境的深刻变化，面对强国强军的时代要求，必须全面贯彻新时代党的强军思想，贯彻新形势下军事战略方针，建设强大的现代化陆军、海军、空军、火箭军和战略支援部队，打造坚强高效的战略联合作战指挥机构，构建中国特色现代作战体系，担当党和人民赋予的新时代使命任务。"他同时提出要"坚持走中国特色强军之路，推进国防和军队现代化"。④

---

① 邓小平："建设强大的现代化正规化的革命军队"（1981年9月19日），《邓小平文选》，第2卷，人民出版社，1994年版，第395页。
② 江泽民："加快改革开放和现代化建设步伐，夺取有中国特色社会主义事业的更大胜利"（1992年10月12日），《江泽民文选》第1卷，人民出版社，2006年版，第240—241页。
③ 胡锦涛：《胡锦涛在庆祝建党90周年大会重要讲话》（2011年7月1日）。
④ 习近平："决胜全面建成小康社会，夺取新时代中国特色社会主义伟大胜利——在中国共产党第十九次全国代表大会上的报告"，载《人民日报》，2017年10月28日。

七、国家安全观要与时俱进

党和国家历代领导人的国家安全观不但一脉相承,具有鲜明的中国特色和社会主义特色,而且在一脉相承中,根据中国与世界情势的不断变化以及根据中国国际国内安全环境的新变化,不断创新、不断发展,具有与时俱进的特点。

比如,在国家安全的阶段性重心方面,党和国家历代领导人就是从与时俱进的理念出发,根据新情况不断调整的。

新中国成立初期的头 20 多年,鉴于当时世界总的时代特征是"战争与革命",爆发大国战争甚至爆发世界大战的危险性严重存在,先是美国、而后是苏联,对我国战略安全构成严重且直接威胁,毛泽东同志为首的党和国家第一代领导人把当时国家安全的阶段性重心置于领土与主权安全以及军事和国防安全方面。当时军费开支在国家财政预算中占比很高,人民解放军兵员在最高峰时曾达到600万之巨。国民经济、尤其是工业布局也按"准备早打、大打、打核战争"的思路安排。

从十一届三中全会开始,鉴于世界已经从"战争与革命"时代进入"和平与发展"时代、发生世界大战和大国战争的危险性大幅降低、中国在战略上开始摆脱在美苏"两超"之间"选边站"的被动局面、与美苏"两超"的关系开始平衡发展、战略环境大大改善等新态势,以邓小平同志为首的党和国家第二代领导人认为"球籍"问题是我国国家安全的根本威胁,因而要求"以发展求安全",并及时调整我国国家安全的阶段性重心,把实现国家安全的重点转向致力于发展经济、科技以及大力提高人民的生活水平方面。为此,党中央下决心大幅降低国防开支在国家财政预算中的占比,搞百万大裁军并下决心把工业中心向沿海地区转移。事实证明，正是这一对国家安全阶段性重心的及时调整，保证我国抓住了难得的战略机遇期，实现了持续30年的跨越式大发展，大大提高了综合国力，使我国国家安全的保障能力有了飞跃式提升。

进入21世纪以来，国际战略形势、中国的综合实力以及所面临的国际国内安全环境有了新的变化，以江泽民同志为首的第三代党和国家领导人，在继续坚持维护国家领土和主权安全，政治安全、政权安全和执政党安全以及文化意识形态安全、军事与国防安全的同时，更加关注金融安全、科技安全以及非传统安全，包括环境安全、资源安全、海外利益安全、海洋运输线安全以及应对恐怖主义威胁，等等，并在此基础上形成了有中国特色的社会主义国家新安全观。

在国防战略和军队建设方面，党和国家历代领导人的国家安全观及其举措尤其体现了与时俱进这一鲜明特点。

建国初期，鉴于我国军力和综合国力较弱以及我国所面临的美苏两大战略对手都是超级大国的力量对比，以及鉴于在战争年代长期从事战略防御并取得胜利的历史经验，以毛泽东同志为首的党和国家第一代领导人为我国制订的国防战略、军事战略一直以"积极防御，诱敌深入"为指导。在此方针下，军队建设也以兵员庞大的陆军、陆战为主，并提出全民皆兵、大办民兵师。毛泽东同志还提出了反映陆战思想的"深挖洞，广积粮"[1] 主张，以及坚持"你打你的原子弹，我打我的手榴弹"的传统战法。[2]

从1980年开始，国际安全形势大大缓和、战争危险性降低，技

---

[1] 毛泽东："深挖洞、广积粮、不称霸"（1972年12月10日），《毛泽东军事文集》，第6卷，中央文献出版社、军事科学出版社，1993年版，第408页。

[2] 毛泽东："朝鲜战局和我们的方针"（1950年9月5日），《毛泽东文集》，第6卷，人民出版社，1999年版，第93页。

术水平提高,我国一方面有了核遏制力,同时也积累了不少"坛坛罐罐",再搞"诱敌深入"代价太大,也不必要。有鉴于此,以邓小平同志为首的第二代党和国家领导人及时调整军事战略,把"积极防御,诱敌深入"方针调整为"积极防御",不再提"诱敌深入"。[①] 在军队建设方面也及时调整,如搞科技强军、加强核力量建设以及加强海空军等技术兵种建设、裁减步兵,陆军也注重机械化、信息化建设。结果是,部队员额大幅裁减,但战斗力明显提升。

冷战结束以来,尤其是进入21世纪以来,国际军事竞争进入以高新技术装备部队时代。鉴于海湾战争中美国以高技术兵器以少胜多的战争新景观,以江泽民同志为首的第三代党和国家领导人及时追踪新军事革命及其战略影响,再次调整我国军事战略,不再提"积极防御",而是提出了"打赢高技术条件下局部战争"的战略思想。[②] 在此思想指导下,我国大大加强了技术建军的速度、力度,核力量、海空军建设及部队的机械化、信息化、数字化建设有了飞跃式发展。歼10、歼20、运20战机,052、054型战舰,东风-21、东风-26等先进兵器的推出,显示我国国防力有了大幅提升,我国国家安全也有了更加可靠的保障。

习近平同志在十九大报告中提出要"加强军队党的建设,开展'传承红色基因、担当强军重任'主题教育,推进军人荣誉体系建设,朝着有灵性、有本事、有血性、有品德的新时代革命军人,永葆人民军队性质、宗旨、本色",并提出"军队是要准备打仗的,一切工作都必须坚持战斗力标准,向能打仗、打胜仗聚焦"等,则是根据21世纪以来国际战略形势、军事安全形势的新变化,以及我军

---

① 邓小平:"我们的战略方针是积极防御"(1980年10月15日),《邓小平军事文集》,第3卷,军事科学出版社,中央文献出版社,2004年版,第177页。
② 江泽民:"国际形势和军事战略方针"(1993年1月13日),《江泽民文选》,第1卷,第287页。

自身的变化，对我国际安全、军事战略的新调整，为我军 21 世纪的建军方向及 21 世纪国防安全指明了方向。

综而论之，建国以来的 60 多年间，党和国家三代领导人呕心沥血，根据世界大势和我国国情变化，包括发展阶段的不同、综合国力的不断提升以及国际国内安全环境的复杂变化等，以与时俱进的观点，不断调整我国的国家安全观，不断创新、不断发展，并以之指导我国维护国家安全的实践，逐步形成了完整、系统、具有中国特色社会主义特点的国家安全观。这其中，把政治安全、政权安全、执政党安全视为维护国家安全的生命线，把文化、意识形态安全视为维护国家安全的灵魂，把"人民性"、即把维护人民群众的安全和发展利益等视为维护国家安全的根本任务和根本目标等，尤其体现了我国国家安全观的社会主义特色和中国特色，这在世界各国、尤其是各大国国家安全观中是独一无二的。在构成国家安全面的其他诸要素，如综合安全、非传统安全、维护领土与主权安全、军事与国防安全方面，我国领导人的国家安全观也具有独创性。正是在这种体现中国特色社会主义特点的国家安全观指导下，我国在建国以来的 60 多年间，虽然经历了种种复杂、严峻的国际国内安全挑战，却总能排除万难，确保我国国家安全不受根本侵害，也确保了我国社会主义革命和建设事业不断向前推进，从而也使得我国广大人民群众的福祉以及精神和物质需求和安全利益更有保障。

（本文发表于《中国军事科学》2018 年第 2 期，收进本丛书时作者进行过若干修改、更正——作者）

新时代中国特色大国外交析论

吴志成[*]

[内容提要] 伴随中国特色社会主义进入新时代，中国特色大国外交也开启了新的历史征程。中国特色大国外交深化了党对新型大国外交的规律性认识，内涵十分丰富，主要包括以中华民族伟大复兴"中国梦"为奋斗目标，以和平发展为外交政策宗旨，以"人类命运共同体"为全球治理指向，以共商共建共享为区域和跨区域合作理念，以亲诚惠容为周边外交工作方针，以合作共赢为新型国际关系准则，以"正确义利观"为国际交往原则，以总体安全观为国家安全指导思想。

[关键词] 中国特色大国外交　人类命运共同体　总体安全观　新型国际关系　全球治理

党的十八大以来，以习近平同志为核心的党中央高瞻远瞩、纵览全局，全面推进中国特色大国外交，形成了全方位、多层次、立体化的外交布局，为我国发展营造了良好外部条件，进一步提高了我国的国际影响力、感召力、塑造力，也为世界和平与发展作出了新的重大贡献。伴随着中国特色社会主义进入新时代，中国前所未

---

[*] 吴志成，南开大学周恩来政府管理学院教授、全球问题研究所所长，主要研究领域为全球治理及欧洲一体化与欧洲安全治理问题。

有地走近世界舞台中心，中国特色大国外交也开启了新的历史征程。在我国发展这一新的历史方位下，党的十九大科学把握当今国际形势新变化、着眼当代中国发展新要求、深刻思考人类发展前途命运，提出了一系列富有创造性和前瞻性的外交新思想新理论新战略，深化了党对新型大国外交的规律性认识，也擘画出新时代中国特色大国外交的宏伟蓝图。

一、是以中华民族伟大复兴"中国梦"为奋斗目标

任何国家的外交都要服从本国的整体战略和发展大局。中国是世界最大的发展中国家，仍处于并将长期处于社会主义初级阶段，外交工作更要服从、服务于国家的整体发展战略和根本利益。纵观历史，新中国外交自创立至今始终不渝地坚持服务于中国从"站起来""富起来"到"强起来"的历史发展。习近平在十九大报告中强调，实现中华民族伟大复兴是近代以来中华民族最伟大的梦想。今天，我们比历史上任何时期都更接近、更有信心和能力实现中华民族伟大复兴的目标。我国已经进入了实现中华民族伟大复兴的关键阶段，新时代的对外工作要为实现"两个一百年"奋斗目标和实现中华民族伟大复兴的中国梦提供有力保障。从本质上说，中国梦与世界梦同频共振，中国梦同世界各国人民的美好梦想也息息相通。"中国梦"的内容就是实现国家富强、民族振兴、人民幸福，目的是宣示中国发展的目标和和平属性，阐明中国的发展符合世界各国的和平预期，与其他国家的利益兼容，充分体现了内政和外交的高度统一。实现中国梦，离不开和平的国际环境和稳定的国际秩序。中国人民圆梦也必将给世界各国创造更多发展机遇，必将更好促进世界和平与发展，推动实现持久和平、共同繁荣的世界梦。习近平的

这些思想将中国自身发展同各国共同发展紧密结合，明确了中国外交为民族复兴尽责、为人类进步担当的重要使命，使新时代的中国外交站在了当今时代发展潮流的前列和国际社会精神道义的制高点。近年来，中国外交工作统筹国际国内两个大局，富有成效地为中国梦的实现和国内改革发展营造了有利环境。比如，"一带一路"建设既拉动了我国新一轮对外开放合作，又促进了国内东部、中部和西部的联动发展；北京、杭州、厦门等城市通过主办首届"一带一路"国际合作高峰论坛、二十国集团领导人峰会、金砖国家领导人会晤等大型外交活动，不仅促进了经济社会面貌的新变化，实现了城市管理水平的新发展，取得了政经联动、内外结合的综合效应，也发出了中国声音、阐述了中国方案，迈上了对外开放和国际影响力的新台阶。

二、以和平发展为外交政策宗旨

习近平在十九大报告中指出，世界正处于大发展大变革大调整时期，"和平与发展"仍然是时代主题，"和平与发展"大势不可逆转。中国将高举和平、发展、合作、共赢的旗帜，恪守维护世界和平、促进共同发展的外交政策宗旨，坚定不移地在和平共处五项原则基础上发展同各国的友好合作，始终做世界和平的建设者、全球发展的贡献者、国际秩序的维护者、国际合作的推动者。这是中国根据时代发展潮流和国家根本利益作出的战略选择。国家和平，则世界安宁；国家争斗，则世界混乱。从伯罗奔尼撒战争到两次世界大战，再到延续近半个世纪的冷战，世界历史上连绵不断的战争给国际社会留下了惨痛而深刻的教训。中华文明历来崇尚"以和邦国""以和为贵""和而不同"，和平融入了中华民族的血脉，刻进了中国人民的基因。数百年前，即使中国强盛到国内生产总值占世界30%，也从未对外侵略扩张。1840年鸦片战争后的100多年里，中国频遭外国列强侵略和蹂躏之害，饱受战祸和动乱之苦。如今，久经磨难的中华民族实现了从站起来、富起来到强起来的历史性飞跃，靠的不是对外军事扩张和殖民掠夺，而是人民勤劳、维护和平。正如习近平强调："中国人民对战争带来的苦难有着刻骨铭心的记忆，对和平有着孜孜不倦的追求"，中国提出和坚持了和平共处五项原则，确立和奉行了独立自主的和平外交政策，向世界作出了永远不称霸、永远不搞扩张的庄严承诺，中国将始终不渝走和平发展道路，始终做维护世界和平的坚定力量。十八大以来，中国积极倡导通过对话协商和平解决争端，坚持以协商化解分歧，走出了一条各国共建共享共赢的安全之路；积极致力于维护地区稳定与安全，通过亚信峰会、上海合作组织和东亚合作框架等机制，促进地区国家安全防务交流合作；积极参与联合国维和行动和国际反恐合作，致力于热点问题的和平解决，以负责任的大国形象促进国际和区域的共同安全、合作安全、综合安全和可持续安全。同时，在钓鱼岛问题上，中国充分展示了捍卫国家领土主权的决心和意志；在南海问题上，中国以"废纸一张"的鲜明态度，粉碎了所谓"南海仲裁结果"，并推动各当事方重新回到了对话谈判解决争议的正确轨道上来；在洞朗对峙过程中，中国政府始终秉持有理有力有节的理念，开创了和平解决争端的新思路。随着综合国力不断提升，中国将更加积极参与国际和地区事务，更有力量完善维护世界和平的机制和手段，更好化解纷争和矛盾、消弭战乱和冲突，为真正实现世界和平发展、实现中华民族伟大复兴的中国梦提供有力保障。

三、以"人类命运共同体"为全球治理指向

习近平在十九大报告中倡导构建人类命运共同体，促进全球治理体系变革。他指出，我们生活的世界充满希望，也充满挑战。没有哪个国家能够独自应对人类面临的各种挑战，也没有哪个国家能够退回到自我封闭的孤岛。中国人民愿同各国人民一道，推动人类命运共同体建设，共同创造人类的美好未来。全球化的深入发展使人类整体性和人类利益的共同性日益凸显，国家之间的相互依存与相互影响加深。同时，面对全球性问题的日益突出，任何国家都无法独善其身或单独应对。为实现人类真正的可持续发展，国际社会支持人类命运共同体的意识更加强烈，对公正、合理、有效的全球协商共治的需求更加旺盛。习近平指出，人类正处在大发展大变革大调整时期，也正处在一个挑战层出不穷、风险日益增多的时代。人类只有一个地球，各国共处一个世界，各国相互联系、相互依存的程度空前加深，人类生活在同一个地球村里，生活在历史和现实交汇的同一个时空里，越来越成为你中有我、我中有你的命运共同体；世界命运应该由各国共同掌握，国际规则应该由各国共同书写，全球事务应该由各国共同治理，发展成果应该由各国共同分享。因此，各国应该牢固树立命运共同体意识，顺应时代潮流，把握正确方向，坚持同舟共济，权责共担，增进人类共同利益。在第七十届联合国大会一般性辩论中，习近平提出了打造人类命运共同体"五位一体"的总路径和总布局，即倡导建立平等相待、互商互谅的伙伴关系；营造公道正义、共建共享的安全格局；谋求开放创新、包容互惠的发展前景；促进和而不同、兼收并蓄的文明交流；构筑尊崇自然、绿色发展的生态体系。在 2017 年 1 月 18 日的"共商共筑

人类命运共同体"高级别会议上，习近平进一步系统阐述了人类命运共同体理念，主张共同推进构建人类命运共同体伟大进程，强调国际社会要从伙伴关系、安全格局、经济发展、文明交流、生态建设等方面做出努力，坚持对话协商、共建共享、合作共赢、交流互鉴、绿色低碳，建设一个持久和平、普遍安全、共同繁荣、开放包容、清洁美丽的世界。可以说，人类命运共同体是我党紧密结合新的时代条件和实践要求，以全新的视野对共产党执政规律、社会主义建设规律和人类社会发展规律认识的历史性升华，是在艰辛理论探索后取得的重大理论创新成果，是新世纪中国为全球治理提供的重要公共产品，也是一份前瞻性思考人类社会发展未来的"中国方略"。

四、以共商共建共享为区域和跨区域合作理念

2013年秋习近平提出的"一带一路"倡议是在顺应时代要求的基础上对古丝绸之路精神的传承和提升，是在新的全球化时代条件下中国践行区域和跨区域合作共赢、协商共治的重要国际合作平台。4年来，"一带一路"建设已经取得一系列惠及世界的阶段性成果，实现了从理论构想到创新实践的重大跨越，为促进周边区域的互联互通与互利合作，为连接亚太经济圈和欧洲经济圈提供了一个相关国家共商、共建、共享的包容性发展平台，赢得了国际社会的高度认同和广泛支持。2017年5月14日，"一带一路"国际合作高峰论坛在北京举行，参加这一论坛的各国领导和嘉宾共商合作大计、共建合作平台、共享合作成果，谱写了"一带一路"共商共建共享的新篇章。习近平指出，"一带一路"建设植根于丝绸之路的历史土壤，重点面向亚欧非大陆，同时向所有朋友开放。它"不是中国一

家的独奏，而是沿线国家的合唱"。不论来自亚洲、欧洲，还是非洲、美洲，都是"一带一路"建设国际合作的伙伴。"一带一路"建设的重点是坚持共商、共建、共享，实现沿线各国的政策沟通、设施联通、贸易畅通、资金融通、民心相通。共商就是要相互尊重、集思广益，兼顾各方利益和关切，体现各方智慧和创意，在求同存异基础上走出一条互利共赢之路。共建就是激发和调动每个参与者的主动性，各施所长、各尽所能，聚沙成塔、积水成渊，持之以恒共同推进。共享就是倡议由中国提出，收益则由世界各国分享，要让成果更多更公平惠及各国人民，助力打造利益共同体、命运共同体和责任共同体。共商、共建、共享作为各方推动"一带一路"的重要共识，也写入了联合国决议、亚太经合组织领导人宣言等重要文件。这一理念蕴含着国际合作协商沟通的内在要求，也是对国际合作扩大共识、协同发展、互利共赢过程的高度凝练，它向世界宣示了中国进一步扩大开放的国家意志，也传递了中国合作共赢的立场主张。可以说，凝聚合作共识、夯实合作基础、抓牢合作主线、维系合作友谊、共享合作成果，不仅展示了"一带一路"倡议携手沿线各国互联互通、互利共赢的合作逻辑，更向世界各国贡献了探索人类和平发展合作的中国智慧。"一带一路"建设作为中国倡导和推动的事业，已经成为中国引导周边和亚欧区域各国互利合作，带动整个世界联动发展，共同开辟和平之路、繁荣之路、开放之路、创新之路和文明之路的共同行动。

五、以亲诚惠容为周边外交工作方针

习近平在十九大报告中强调，按照亲诚惠容理念和与邻为善、以邻为伴周边外交方针深化同周边国家关系。中国是世界上海陆邻国最多、边界历史最复杂、面临周边现实挑战最多的大国之一，无论从地理方位、自然环境还是相互关系看，周边都具有极为重要的战略意义。周邻稳定，则国家安全，经略周边在国家发展大局和外交全局中的作用也至关重要，因而积极发展与周边邻国的睦邻友好合作关系一直是中国外交的"首要"考量。2013年10月中央周边外交工作座谈会提出了"亲、诚、惠、容"的周边外交工作方针，体现了中国对周边外交工作的新思路。习近平强调，我国周边外交的基本方针，就是坚持与邻为善、以邻为伴，坚持睦邻、安邻、富邻，突出体现亲、诚、惠、容的理念。要坚持睦邻友好、守望相助；讲平等、重感情；常见面、多走动；多做得人心、暖人心的事，使周边国家对我们更友善、更亲近、更认同、更支持，增强亲和力、感召力、影响力。要诚心诚意对待周边国家，争取更多朋友和伙伴。要本着互惠互利的原则同周边国家开展合作，编织更加紧密的共同利益网络，把双方利益融合提升到更高水平，让周边国家得益于我国发展，使我国也从周边国家共同发展中获得裨益和助力。要倡导包容的思想，强调亚太之大容得下大家共同发展，以更加开放的胸襟和更加积极的态度促进地区合作。遵循这些理念，就要全面发展同周边国家的关系，努力使周边同我国政治关系更加友好、经济纽带更加牢固、安全合作更加深化、人文联系更加紧密，共同建设紧密的周边命运共同体。

六、以合作共赢为新型国际关系准则

当前国际体系正处于调整和变动之中，新兴大国崛起、国际权力格局变动、全球性问题凸显、全球治理亟需深化，各国面临的挑战越来越共性，而分歧的解决越来越要求合作。因此，如何处理与其他国家关系尤其是大国关系,是中国在新世纪新时期所面临的重要战略议题。习近平在十九大报告中强调,中国特色大国外交要推动建设相互尊重、公平正义、合作共赢的新型国际关系,倡导国际关系民主化,坚持国家不分大小、强弱、贫富一律平等,支持联合国发挥积极作用,支持扩大发展中国家在国际事务中的代表性和发言权;要积极发展全球伙伴关系,扩大同各国的利益交汇点,推进大国协调和合作,构建总体稳定、均衡发展的大国关系框架;要相互尊重、平等协商,坚决摒弃冷战思维和强权政治,走对话而不对抗、结伴而不结盟的国与国交往新路。构建以合作共赢为核心的新型国际关系,就是要以合作取代对抗、以共赢取代独占,推动各国同舟共济、携手共进,不能身体已进入21世纪,而脑袋还停留在冷战思维、零和博弈老框框内,要跟上时代前进步伐,把合作共赢理念体现到政治、经济、安全、文化等对外合作的各个方面。中美关系是当今世界大国关系的重中之重,针对一些人担心中美之间可能发生对抗甚至军事冲突,习近平提出按照"不冲突不对抗、相互尊重、合作共赢"的原则建立中美新型大国关系的理念,成为中国发展和稳定中美关系的目标和指导思想。这一战略理念要求承认发展道路、政治体制的多样性,摒弃零和对抗思维,聚焦合作、管控分歧,尤其是大国之间,更应积极沟通协调,避免权力转移过程中的冲突与对抗。这不仅是对中国与其他国家关系的表述,也是对各国关系的表述,而且实现了对传统国际关系理论的重大突破和国际秩序观的创新发展,引领了世界发展潮流和人类进步方向,为共同建设美好世界提供了新思路。

七、以"正确义利观"为国际交往原则

　　随着综合国力的不断增强,中国在国际交往时,既要基于自身国情量力而行,为他国发展特别是广大发展中国家提供力所能及的帮助;也应主动承担国际责任,与他国分享中国发展成果,即既维护国家利益又维护国际正义,承担国际道义与责任,处理好"义"与"利"的关系。习近平在十九大报告中指出,中国共产党是为中国人民谋幸福的政党,也是为人类进步事业而奋斗的政党,始终把为人类作出新的更大的贡献作为自己的使命,中国要秉持正确义利观和真实亲诚理念加强同发展中国家团结合作。在这里,"义"反映的是一种理念,就是共产党作为执政党和社会主义国家的理念;"利"就是国家交往也要恪守互利互惠共赢原则。在外交工作中倡导并坚持正确义利观,就是要坚持正确的价值取向,对周边近邻国家要义字当头、顾全大局,致力于维护地区稳定发展;对发展中国家要真诚友好、平等相待,对贫穷不发达国家要给予力所能及的帮助,绝不能唯利是图、斤斤计较;要在国际事务中主持公道、弘扬正义、践行平等的价值理念,做到义利兼顾,要讲信义、重情义、扬正义、树道义。正确义利观不仅体现了中华民族的传统美德和新中国外交的优良品格,反映了中国特色社会主义的本质属性,进一步丰富了新时代中国特色大国外交的核心价值观,而且成为中国在国际上弘扬公平正义、增强凝聚力和感召力的一面鲜明旗帜,有利于塑造中国负责任的良好国际形象,有助于提升中国的国际软实力,也得到了国际社会特别是广大发展中国家的普遍拥护和赞誉。

八、以总体安全观为国家安全指导思想

习近平在十九大报告中指出,统筹发展和安全,增强忧患意识,做到居安思危,是我们党治国理政的一个重大原则。当前,全球范围内安全问题泛化,非传统安全与传统安全、国内安全与国外安全问题交织,安全的范围、内容和实现方式动态变化。中国既面临着国内和周边安全挑战,也同样需要应对全球不安全。习近平强调,面对错综复杂的国际安全威胁,单打独斗不行,迷信武力更不行,合作安全、集体安全、共同安全才是解决问题的正确选择。他指出,亚洲和平发展同人类前途命运息息相关,亚洲稳定是世界和平之幸,亚洲振兴是世界发展之福。要倡导共同、综合、合作、可持续的亚洲安全观。共同就是要尊重和保障每一个国家的安全;综合就是要统筹维护传统领域和非传统领域安全;合作就是要通过对话合作,促进各国和本地区安全;可持续就是要发展和安全并重以实现持久安全。这种共同、综合、合作、可持续的总体安全观必须坚持国家利益至上,以人民安全为宗旨,以政治安全为根本,以经济安全为基础,以军事、文化、社会安全为保障,以促进国际安全为依托,统筹外部安全和内部安全、国土安全和国民安全、传统安全和非传统安全、自身安全和共同安全,坚决维护国家主权、安全、发展利益。这一精辟论断不仅为我国维护国家安全、加强对外安全合作提供了指导思想,而且强调完善国家安全制度体系,加强国家安全能力建设,通过搭建共建、共享、共赢的地区安全和合作新架构,为维护亚洲乃至世界的安全稳定提供了新思路,是中国对地区和世界安全作出的重要贡献。

中国参与全球治理的实践与特点

赵晓春*

[内容提要] 党的十八大以来，中国积极开展中国特色大国外交，以全新理念与创新性实践全面深入地参与全球治理，其主要特点是：为突破全球治理困境贡献新理念新方案；在全球治理领域发挥引领新作用；在发展治理领域开创互利合作新模式；在全球治理实践中承担大国新责任，为国际社会应对严峻的全球性挑战与突破全球治理困境做出了重要贡献。

[关键词] 全球治理　中国外交　治理理念　国际安全

党的十八大以来，中国作为世界第二大经济体与最大的发展中国家，以更宽广的世界眼光、更自觉的国际责任、更为积极进取的国际行动，推进并开展中国特色大国外交。其中，一个突出亮点是，中国以全新理念与创新性实践全面深入地参与全球治理，为国际社会应对全球性挑战与突破全球治理困境做出了重要贡献。

---

* 赵晓春，国际关系学院教授，主要研究领域为国际安全、中国外交。

一、为突破全球治理困境贡献新理念新方案

自 2012 年 11 月党的十八大政治报告中首次提出"要倡导人类命运共同体意识"以来，在短短的几年间，习近平总书记在一系列双边和多边重要外交场合多次提及并深刻阐发了构建人类命运共同体的重要思想。在党的第十九次全国代表大会上，"推动构建人类命运共同体"更被列入"新时代坚持和发展中国特色社会主义的基本方略"。构建人类命运共同体理念的提出，既是对源远流长的中华文明以及新中国成立以来和平外交思想的继承与发展；更是以习近平为核心的党中央，基于对世界大势的准确把握、对人类命运的深刻思考而提出的。一方面，当今世界已经进入到全球化时代，利益交融、安危与共、一荣俱荣、一损俱损；另一方面，当今世界面临着层出不穷、日益迫切的全球性挑战——地区热点持续动荡、兵戎相见时有发生、冷战思维和强权政治阴魂不散；世界经济增长乏力，发展鸿沟日益突出，非传统安全威胁持续蔓延；由美国等少数发达国家主导的全球治理机制弊端丛生、治理失灵，严重缺乏公正性、公平性和代表性。正是面对如此严峻的全球性挑战与全球治理困境，中国给出了要从政治、安全、经济、文化、生态五个方面推动构建人类命运共同体的明确方案，即在政治上，坚持对话协商，建设一个持久和平的世界；在安全上，坚持共建共享，建设一个普遍安全的世界；在发展问题上，坚持合作共赢，建设一个共同繁荣的世界；在文明交流问题上，坚持交流互鉴，建设一个开放包容的世界；在环境问题上，坚持绿色低碳，建设一个清洁美丽的世界。构建人类命运共同体理念的上述五个方面内涵极其丰富、深刻。它全面准确地把握了人类前途命运和时代发展趋势，契合了各国求和平、谋发

展、促合作、要进步的愿望与追求,五个方面相辅相成、缺一不可,形成一个完整统一的有机整体,不仅为中国外交确立了崇高目标,而且为应对全球性挑战、突破全球治理困境提供了充满希望的选择、开辟了新的治理路径。构建人类命运共同体理念自提出以来,在国际社会已得到广泛传播,并赢得了越来越多的赞赏与认同。2017年以来,联合国在涉及社会经济发展及全球安全等多份决议中,将"构建人类命运共同体"理念写入其中,显示出这一理念对于全球治理实践正在产生日益重要的影响。

二、在全球治理领域发挥引领新作用

十八大以来,中国在一系列涉及全球治理的重大问题上,阐释中国主张、贡献中国智慧。在政治领域,中国倡导构建"以合作共赢为核心的新型国际关系",倡导对话不对抗、结伴不结盟;针对中国周边及亚洲地区,习近平提出了打造"周边命运共同体"与"亚洲命运共同体"的重大主张。在安全领域,习近平在亚洲相互协作与信任措施会议第四次峰会上首倡共同安全、综合安全、合作安全、可持续安全的亚洲安全观;在第四届核安全峰会上,习近平提出打造以"公平、合作、共赢"为内涵的核安全命运共同体。在中国乌镇召开的第三届世界互联网大会上,习近平发出了"共同构建网络空间命运共同体"的倡议。在发展领域,由中国提出的"一带一路"倡议已进入实施阶段,并取得一批重要早期收获;在2014年北京APEC会议领导人非正式会议上,中国利用主场外交推动会议批准了亚太自由贸易区建设的北京路线图;在2016年中国举办的G20杭州峰会上,习近平提出了共同构建创新型、开放型、联动型和包容型世界经济的主张,进一步明确了二十国集团合作的发展方向、目标、举措,引导峰会就推动世界经济增长达成了杭州共识。通过就当代世界一系列重大问题全方位阐释中国主张,发挥凝聚世界共识、指明发展方向、规划行动路径的引领作用,已成为中国参与全球治理实践创新的一个鲜明特征。

三、在发展治理领域开创互利合作新模式

面对新的挑战,必须要有新思路。近年来,中国政府在构建人类命运共同体理念引领下,致力于探索、打造发展治理领域国际合作新模式;旨在通过深化沿线各国互联互通,实现优势互补,促进共同发展的"一带一路"倡议,即是在这一背景下中国奉献给世界的重要国际公共产品。四年来,"一带一路"从规划走向实践、从中国的一国倡议变为沿线国家的集体行动,进展和成果超出预期,赢得了国际社会的广泛赞誉与积极响应。2017 年 5 月,中国举办了"一带一路"国际合作高峰论坛,来自 29 个国家的国家元首、政府首脑,以及 130 多个国家和 70 多个国际组织的 1500 多名代表汇聚北京,共商推进"一带一路"建设的合作大计,形成了共 5 大类、76 个大项、270 多项的成果清单。峰会决定"一带一路"国际合作高峰论坛将定期举办,并成立论坛咨询委员会、论坛联络办公室。峰会发表的联合公报进一步明确了"一带一路"合作的目标、确立了合作的原则、规划了合作的举措。这些成果充分表明,"一带一路"倡议正在走向机制化,一个以互联互通为特征、以共商共建共享为原则、以互利共赢共同发展为目标的发展治理国际合作新模式已经形成。

四、在全球治理实践中承担大国新责任

近年来中国在国际政治、安全、发展等诸多全球治理领域、在力所能及的范围内，开始承担起越来越多的国际责任、发挥着越来越大的作用。在发展与世界各国关系方面，中国坚持在不结盟原则的前提下广交朋友，在已有基础上积极发展新的"伙伴关系国"，或提升"伙伴关系国"的层级。截止到2016年底，中国已与79个国家和3个地区一体化组织建立起不同层级的伙伴关系，构建起全球伙伴关系网络。在维护国际公共安全方面，中国积极参与地区热点问题的管控，如推动伊朗核问题谈判达成全面协议，致力于朝鲜半岛无核化与和平稳定，成功主办阿富汗问题伊斯坦布尔进程第四次外长会议，与东盟达成"南海行为准则"框架，积极推动乌克兰问题政治对话进程，深入参与联合国、亚太经合组织、上合组织等多边机制框架下的反恐合作，推动在联合国框架下制定"信息安全国际行为准则"。2015年，中国还宣布加入新的联合国维和能力待命机制，并建设8000人规模的维和待命部队。在发展领域，中国为推动相关地区与国家经济持续稳定增长、解决基础设施建设融资难的问题，于2014年出资设立丝路基金，携手金砖国家成立金砖国家开发银行；于2015年发起成立亚洲基础设施投资银行。在应对全球问题挑战方面，中国于2015年向《联合国气候变化框架公约》秘书处提交了《强化应对气候变化行动——中国国家自主贡献》文件，并为同年12月巴黎气候变化大会通过《巴黎气候变化协定》做出了不可替代的贡献。中国本着建设性态度全面深入参与联合国2015年后发展议程政府间谈判，对于联合国"2030年可持续发展议程"文件的通过发挥了重要作用。所有这些都表明中国正在以实际行动向世

界展示以维护世界和平、促进共同发展为己任的中国的负责任大国形象，显示了中国愿同国际社会一道共同推进全球治理、构建人类命运共同体的真诚愿望与坚定决心。

中国全面参与全球治理的兼容问题

王灵桂[*]

[内容提要] 中国全面参与全球治理，是历史演变的必须与必然，也是中国当前参与国际事务所面对的客观现实。从中国参与全球化历史过程的五个阶段出发，到党的十九大召开，确立了中国参与全球治理进入新的阶段。在这一新的阶段，以中国全面参与全球治理的大势所趋为背景，需要着重讨论中国全面参与全球治理兼容问题的五个要点：第一，在治理理念层面，实现全球治理的价值观与国家治理的价值观兼容；第二，在治理定位层面，以改革开放四十年的定位为基础，通过软实力强化弥补现有的不足；第三，在治理重心层面，应强调落实国家治理能力和治理体系现代化；第四，在治理策略层面，明确中国作为全球治理的推动者与改革者；第五，在外交理念层面，需要把握韬光养晦和有所作为的度和分寸。

[关键词] 全球治理　国家治理　中国　兼容问题

全球治理是一个老问题，也是一个很有争议的概念，当时罗西瑙在讲全球治理的时候，他认为全球治理就是没有政府的治理。后来西方研究全球治理的学者大体上也是走这个思路的，比如1992年

---

[*] 王灵桂，中国社会科学院亚太与全球战略研究院党委书记、研究员，中国社会科学院国家全球战略智库副理事长、秘书长。

建立的全球治理委员会就认为全球治理应当超越传统的国家与国家关系的结构，全球化的理论又以多种方式让国家的权力和国家边缘化。但是截止到目前，全球治理的实践表明，没有政府参与的治理是不太可能的，也是做不到的；全球治理不仅不能没有政府的参与，而且国家和政府在全球治理中发挥着关键、支撑和不可替代的作用，这是总体情况。

对中国来讲，参与全球化的历史过程比较曲折，大致上分为五个阶段：一是完全不参与时期；二是有限参与时期；三是积极参与时期（21世纪初到2008年）；四是全面参与时期（从2008年开始）。2008年是突进，因为这一年开启了中国全面参与全球治理新的阶段，奥运会、四川汶川大地震、G20成立等等这些事件，标志着中国在参与全球治理方面进入新的阶段。五是全球治理新阶段。准确的时间应该是从党的十九大召开，确立了新时代，也确立了中国参与全球治理进入了新的阶段。但是再往前追一追，其实2017年的达沃斯论坛，总书记当时也有一个很重要的讲话，在那个背景之下，可以从那个时期开始算起来，到十九大基本上定型。

文在寅来华之前，工作也很忙，但是据说他花了一天时间，认认真真地把总书记的十九大报告看了好几遍，看完之后很有体会，说"认真地把握、梳理、总结了其中所含的逻辑内涵和哲学意义，对中韩关系的发展起到推进作用"，讲得很好。笔者出了一本书叫《跨越"七大陷阱"》，中国今后的发展可能面临很多挑战和困难，这里的"七大陷阱"有四个涉及到中国在全球治理中怎么处理面前的挑战、可能碰到的问题。

中国全面参与全球治理已经是大势所趋了，这个题目本身没什么好讨论的，但有几点是值得讨论的，就是如何做好兼容的问题：

一是治理理念上。全球治理的价值观与国家治理的价值观如何兼容。现在人们更多地习惯于讲自由、民主、普世价值是全球治理的价值观。这种看法、这种理念是有偏颇的。

二是对改革开放40年的定位上。这次十九大非常明确，把中国作为发展中国家，发展中国家和新型大国这两个不同身份在参与全球治理时是有内在张力的。作为发展中国家，国力是有限的，中国只是一个崛起中的大国，还不是完全意义上有全方位影响的大国，经济体量虽然是世界第二，但是在经济发展质量、军事实力、科技创新等等方面还存在着非常大的差距。这几年随着我们"走出去"，加上讲好中国故事，国家软实力有所上升，也引起了西方国家的一些警惕，我们正在讨论中国影响力问题，澳大利亚、德国、法国、英国、包括新西兰这些国家都提出"中国渗透""中国影响"，但是总体上来看，他们已经有反应、有警惕了，但是我们自身的软实力还远远不够。西方对我们总结得很好，提出了"锐实力"，不管怎么样，他们看我们和我们自身的判断之间是有落差的。

三是治理重心上。就是全球治理和国家治理问题，无论是从治理体系还是治理能力方面，我认为中国都要实现现代化，所以十八大上总书记提出"国家治理能力和治理体系的现代化"，在十九大报告中对这一点也进行了再次确认和重申。中国当前又不能不在很多方面承担起全球治理的责任，如何平衡这两种治理，到底以何为重是需要慎重对待的问题。

四是治理策略上。现在对中国未来发展方向有很多说法，中国意欲成为全球治理的领导者还是推动者，是全球现行治理体系的挑战者、改革者还是重塑者？这次十九大报告里讲到国际影响力的时候专门提到了"塑造力"。我发现西方同行们对"塑造力"很疑惑，每次开会都问说"塑造力"是塑造什么？你说你是这个体系的改革者、维护者，但是你又是塑造者，塑造什么？我们在这些问题上好像还没有完全说清楚。现在我们感觉到中国在全球治理方面是推动者和改革者，应该还没有到挑战者，也没有到领导者的阶段。十九大报告里，习总书记说的是"中国走近世界舞台中央"，用的是"近"，就是离舞台还差几步、还没进去。

　　五是外交理念上。我们现在全面参与全球治理和我们的"不干涉别国内政"原则应该如何处理。建国以来我们始终奉行不干涉他国内政的原则，在过去几十年里，这个原则为我们交到了很多朋友，也赢得了世界性的赞誉；但是在全面参与治理的时候，我们的外交理念在韬光养晦和有所作为的度和分寸的把握上怎么把握，我觉得这是要处理好的一个问题。另一个就是我们参与全球治理，现有的国际上的通用规则我们怎么处理，特别是有些规则是在中国缺席的情况下制定和形成的，在这个问题上我们怎么对待这些规则、我们的态度和立场是什么，这个也是一个很重要的问题。

共同体战略与金砖合作治理的中国含义

刘　毅*

[内容提要] 2017年9月召开的金砖国家领导人厦门峰会致力于进一步深化金砖合作与全球治理的联动关系,推动合作治理机制建设。与会各国倡导共同、综合、合作、可持续的合作治理观念,支持通过相互间对话、协商与和平的方式解决分歧;以宏观经济协调与结构性改革为基础,推进合作治理方式创新。作为金砖合作的关键支持者与引领者,中国将金砖机制作为当代外交创新发展的重要路径,致力于协同改进全球治理态势,应对全球挑战、深化新兴国家合作、推进全球治理关系的机制化变革。

[关键词] 金砖合作　全球治理　厦门峰会　中国

2017年9月3日至5日,金砖国家领导人峰会在中国厦门举行。此次会晤主题是"深化金砖伙伴关系,开辟更加光明未来"。厦门峰会致力于进一步深化金砖合作与全球治理的联动关系,推动合作治理机制建设。与会各国倡导共同、综合、合作、可持续的合作治理观念,支持通过相互间对话、协商与和平的方式解决分歧;以宏观经济协调与结构性改革为基础,推进合作治理方式创新。中国作为

---

* 刘毅,国际关系学院国际政治系讲师、博士,主要研究领域为国际政治理论。

金砖合作关键支持者与引领者，将金砖机制作为当代外交创新发展的重要路径，致力于协同改进全球治理态势，应对全球挑战、深化新兴国家合作、推进全球治理关系的机制化变革。习主席在此次厦门峰会一系列活动中多次指出，要将打造第二个辉煌十年作为金砖合作的长期目标。"第二个金色十年"的概念则已成为各方共同认可的积极愿景，成为新兴大国实现共同体协作与集体化认同的重要战略规划。

一、厦门峰会与金砖共同协作

在全球意义上，厦门峰会进一步彰显了金砖五国的国际影响力。金砖机制建立10年来，从初期侧重经济治理、务虚为主的对话论坛，逐渐转向政治经济治理并重、务虚与务实相结合的全方位协调机制，稳步推进机制化。金砖国家依据世界经济与政治治理形式的变化，建立起多层次、各类型的协商合作平台；以金砖机制为基础，表达共同立场，寻求构建更有代表性、更公平、更具包容性的全球治理模式。经过从原则声明到实际行动、从国际经济事务到国际政治热点、从经济协调到多领域治理合作的演进过程，金砖机制进一步强化了新兴大国群体的内聚力与联合力。而此次厦门峰会则为金砖合作提供了新的升级条件与发展机遇，进一步明确了金砖国家作为国际行为体的实际影响力。

对金砖机制本身而言，中国在厦门峰会上提出"金砖+"方式具有重要意义。以"金砖+"合作模式为基础，有利于打造开放多元的发展伙伴网络，让更多新兴市场国家和发展中国家参与到团结合作、互利共赢的事业中。《金砖国家领导人厦门宣言》重点提及"金砖+"合作治理思路，强调在五个成员国之外继续扩展广泛的经济政治合作，在新兴国家与发展中国家之间强化综合联系与相互支持。这就为金砖机制提供了新的动力源。基于包容性、增量式改进思路，金砖合作已成为发展中国家深度参与全球治理的有效路径，也是中国等新兴大国寻求以渐进方式推进国际治理秩序变革的重要助力。

对中国而言，金砖厦门峰会与"一带一路"建设形成相互促进的联动关系。此次峰会上，中国推动举办新兴市场国家与发展中国家对话会，将"一带一路"建设愿景与联合国2030年可持续发展议程联系起来。中国在引领和推进金砖国家合作进程中，也始终坚持"务实协商、开放包容、互利共赢"的基本原则。习主席强调，2017年5月中国成功主办"一带一路"国际合作高峰论坛，各国共同设计跨区域合作，提出了一系列支持相关国家可持续发展的务实举措。各方一致认为，共建"一带一路"倡议的理念方向，包括政策沟通、设施联通、贸易畅通、资金融通、民心相通等，也是新兴国家、发展中国家共同合作的必要条件。

二、金砖合作的全球治理定位

一般认为，金砖国家参与全球治理的动力机制主要包括经济动力与战略动因两个层次。就经济动力而言，目前为止金砖合作仍以经济协调、功能化项目为核心内容。2008年以来，在国际金融危机背景下，以金砖国家为代表的新兴经济体为稳定全球经济形势作出了关键贡献。如果缺乏新兴国家经济需求与经济力量的强劲支撑，世界经济衰退程度将是不可想象的。金融危机影响逐步扩散之后，西方国家与新兴国家都认识到原有治理机制存在着严重问题。通过形成更为均衡多元的治理结构、增强治理机制的协调功能，在治理框架变革基础上强化经济合作，成为金砖机制延续和发展的重要动力。

在战略层面，深度参与全球治理进程、逐步提升新兴大国的国际话语权与影响力，也是金砖国家的普遍战略诉求。虽然金砖国家间存在不同程度的异质性，但其基本主张仍相对一致和明确：即在经济政治相互依存的全球化世界中，维持本国战略判断与国家行动的独立性、自立性。这一主张以尊重现有秩序的合理性、寻求有效融入和逐步改进为前提，不同于激烈反对现有霸权秩序或是明确的"不合作"态度，也不同于"绝对主权观"或"反西方联盟"。金砖国家希望作为一种集团实体，增强集体声音与战略对话能力，促进全球治理结构平等化与共治性，而其具体实现路径仍是以议题联盟、共识合作、多边主义为基础。

在更深层次上，金砖合作本身作为一种分析概念和分析范畴，其实际意义超越经济层次，带有某种"政经分离"的内涵。当然，金砖概念最初确实带有某种"经济标签"性质，并长期作为世界经济需求与消费增长的引擎，但即使经济发展出现某种放缓迹象，也并不意味着金砖前景的"黯淡"。"金砖褪色论"观点并未真正认识到金砖合作现象的独立意义；特别是关于相对经济规模或经济增长率的片面认识，无益于理解新兴国家在当代国际政治中建立起独立积极影响力的核心机制。作为独立的分析概念，金砖国家具有整体意义，其在全球治理中的影响力，不仅来源于经济发展的更高速度和质量提升，还包括为国际经济政治合作议程提供新的选项与机会，包括有吸引力的国际合作条件；作为一种整体的概念集合以及关键行动者，金砖国家致力于推动实现一种有别于传统治理格局的全球治理政治。对金砖国家而言，经济崛起是政治崛起的前期条件，但并非全部条件。新兴国家经济力量发挥其作用的过程，终究要进展到"日常政治""可持续""可巩固"

的层次上。

其次，金砖国家具有确切的代表性。作为新兴国家与发展中国家典型代表，它们在国际政治行为方式、资源运用、利益诉求和政策目标等方面，具有明确的共性特征与整体意义，成为当代南北关系中不可缺少的关键行为体。理解金砖国家的代表性，不能完全诉诸国家间差异。这些差异与金砖合作的外部影响力并不等同，金砖国家的"代表性"也不排斥新兴国家的多样化发展。所谓代表性，不在于个别成员在单一领域的发展轨迹，而在于整体决策偏好或集体利益诉求，包括可能的政策优先事项等。特别是在纠正全球治理中的失衡与垄断问题、致力于成为合作治理机制的倡议者和设计者方面，金砖国家与其他新兴国家具有相近的兴趣指向，且正在付诸行动，进而在全球化观念市场上形成一种特定的认同结构。

此外，金砖集团也是一个恰当可行的全球治理运作平台，能够合理体现或推进实现成员的国际政治利益。所谓"恰当可行"意味着：金砖合作一方面寻求扩展新兴大国的全球治理空间，巩固发展中国家的国际政治影响力；另一方面并不试图激烈反对目前的全球治理格局，而是在既有秩序中扩展新崛起路径与利益内容。通过推进金砖合作，成员国可以进一步交流国际关系与全球治理经验，基于一种群体而非单独的身份来应对来自发达国家可能的压力，提高与西方国家的治理协商地位。同时，金砖合作使成员国找到一种恰当表达发展中国家关切的方式，更易于受到外部世界重视。总体而言，金砖合作的必然性在于：成员国对于全球治理的需求和目标指向具有相当程度的一致性，共同致力于减少秩序结构的消极限制，在可能条件下以更好的方式实现积极利益。

三、金砖合作的议题倡议分布

总体而言，金砖合作治理基本特点包括：一是内容不断丰富，涉及内容快速扩展，特别是自2014年之后，出现较大的内容扩充过程，当年的宣言文件中较多涉及新发展银行及其他实质性的合作治理成果，对金砖合作关注领域展开了全面表述；二是全球治理始终是金砖合作最关键内容，其中不仅包括金砖国家对当前全球治理状况的一般观点立场，还包括改进治理的合理化建议、金砖国家可能的贡献等建设性表述；三是合作治理的行动计划日益明确和丰富，从原则性条款转向实质性规划，项目数量明显增加。

根据宣言涉及治理领域分布情况（参见图1），金砖合作治理的议题引导效应较为明显，其特点包括：一是集中于政治与外交、经济与金融、环境与发展、非传统安全、科技与人文等主要领域；二是对政治与外交领域的关注程度较高，近年来超越其他领域，体现金砖合作的战略性质；三是对功能领域如科技合作、教育及人文交流、人口政策、医疗卫生等领域的关注迅速提升，近年来成为仅次于政治、经济的第三领域，合作治理领域的总体分布更加均衡。

对金砖合作而言，中国的参与、支持及战略设计意义深远。本质上，参与金砖合作进程从属于中国当代外交战略变革的总体范畴。金砖合作既反映当代中国对外战略的发展变迁，也是中国特色外交进步的基本路径之一。以金砖领导人会晤主旨讲话为样本，可以体现中国对外战略的形势判断、倡议思路与积极行动（参见表1）。

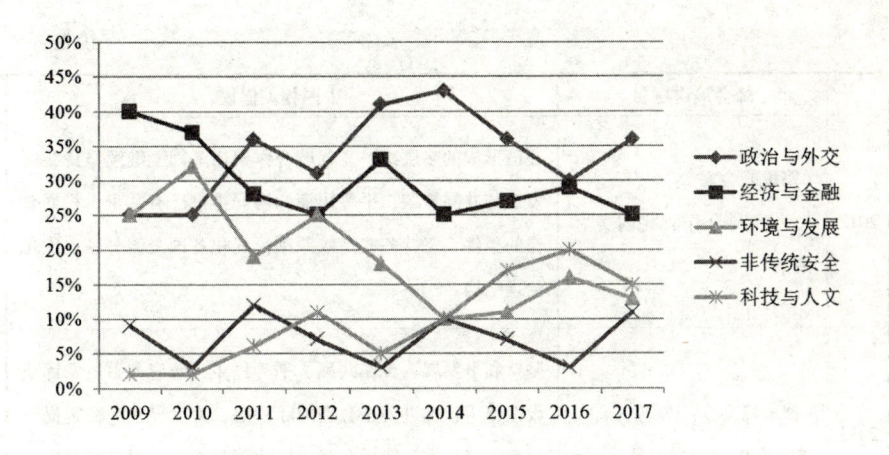

图1　金砖峰会宣言涉及治理领域分布

资料来源：根据历次金砖峰会宣言文件统计（外交部网站 http://www.fmprc.gov.cn/web/zyxw/）

表1　金砖峰会与中国倡议要点

	峰会演讲题目	中国相关倡议
2009	（叶卡捷琳堡峰会） 金砖四国领导人会晤讲话	增强政治信任，用好现有机制，扩大相互交流；深化经济合作，全面提升合作的水平与质量；推进人文交流，促进相互理解；提倡发展经验相互借鉴与共同改进；推动国际金融体系改革，从体制机制层面提供国际经济复苏保障。
2010	（巴西利亚峰会） 金砖四国领导人会晤演说	从战略高度明确金砖合作方向，以政治互信为基石，务实合作为杠杆，机制建设为保障，互利共赢为目标，开放透明原则为前提。各国应坚持互利平等、相互尊重、增强协调，合力解决结构失衡问题。
2011	（三亚峰会） 展望未来、共享繁荣	全力维护世界和平与稳定，避免暴力战争，坚持联合国宗旨原则，平等协商解决争端，实现共同安全；共同事情共同解决，构建公平有效的全球发展体系、公正包容的货币与金融体系；加强金砖国家间交流；强化伙伴关系。

续表

	峰会演讲题目	中国相关倡议
2012	（德里峰会）加强互利合作、共创美好未来	在已形成的多层次、宽领域合作架构基础上继续坚持共同发展与共同繁荣，平等协商，协同推进已有共识，积累合作的条件，坚持务实高效原则；强化各国交流分享；优化治理结构。
2013	（德班峰会）携手合作、共同发展	坚持和平发展、合作共赢、平等民主、兼容并蓄；发挥建设性作用，推进公正合理国际秩序，为世界和平稳定提供制度保障；推动建设全球发展伙伴关系，共同参与制定国际议程，将各国共识转化为实际行动。
2014	（福塔莱萨峰会）新起点、新愿景、新动力	发展金砖国家间更紧密、全面、牢固的伙伴关系，形成特定的合作伙伴精神，包括开放包容合作共赢的理念。着力推进经济可持续增长与全面合作、塑造发展条件，提升道义感召力。
2015	（乌法峰会）共建伙伴关系、共创美好未来	进一步深化金砖伙伴关系，引领全球发展。维护世界和平公正，构建共同发展的利益共同体以及多元共存的文明共同体。提升全球治理的集体力量。
2016	（孟买峰会）坚定信心、共谋发展	金砖国家继续作为全球治理变革进程参与者、推动者、引领者，推动国际秩序合理化，共建开放世界、应对共同挑战。
2017	（厦门峰会）深化金砖伙伴关系、开辟更加光明未来	致力于开启金砖合作第二个金色十年，推进金砖国家经济务实合作，加强发展战略对接，推动国际秩序公平与合理化发展，强化人文交流。

资料来源：根据历次峰会中国领导人讲话整理（外交部网站 http：//www.fmprc.gov.cn/web/zyxw/）

四、金砖合作与中国战略导向

当前全球治理领域关键问题在于治理需求迅速增长与治理机制应对相对不足之间的矛盾。当前世界经济仍面临诸多具体困难：各国增长的动能减弱、金融泡沫风险积聚、贸易保护主义重新抬头、政治外交冲突多发、意外情况频发。一方面当前全球治理难题急需得到有效应对，另一方面新问题与新挑战不断涌现，凸显世界各国特别是新兴大国协调建立全球治理长效机制的必要性。

中国引领金砖合作的积极意愿，主要是基于对全球治理的积极认可与内在需求。在利益国际化与全球治理过程密切关联的条件下，对外部资源和国际政治友好环境的基本需求，决定了当代中国外交的外向化变革。以金砖合作等机制为基础，适应新兴大国的国际地位，承担与实力相匹配的国际责任，成为当代中国外交创新的明确方向。在充分的实力和意愿基础上，中国已逐渐成为推动新兴大国合作机制的关键力量。目前中国正在加快创新发展方式，推进供给侧结构性改革，培育政治经济的新动能。中国也致力于推动国内治理改革与外交创新，重视建设以金砖合作为标志的合作治理实践平台，有意深度参与全球治理，探索提供机制类国际公共物品，体现与新兴大国相契合的治理理念。

另一方面，金砖合作机制具有充分的可行性与可塑性，便于中国提出适合更多国家利益期望的治理目标，成为合作治理外交的可选路径。金砖国家虽然在双边层面仍存在某些矛盾冲突和竞争，但通过建立某种合作与协调机制，可以相对抑制问题的负面效应；同时，金砖国家处于相似的发展阶段，存在广泛的经济政治利益关联，也都面临国内发展与外交变革的共同任务，在增强全球治理影响力方面有类似兴趣和利益基础，特别是在意识形态方面并无严重壁垒，在面对来自发达国家的竞争压力时，容易达成相近立场。

金砖合作治理进一步的扩展方向主要包括外部与内部两个层面。就外部而言，金砖合作能否提出有竞争力和创造力的全球治理方案，对国际经济政治议题发挥独特影响力，对既有国际和地区治理议程加以改善和扩展，需进一步明确并落实。目前来看，金砖合作成果更多分布在功能领域，在宏观治理领域的实质影响力尚有提升空间。就内部而言，金砖国家如何处理相互间的客观竞争乃至冲突关系，找到可持续合作动力，是其能否克服潜在隐患或"逆机制化风险"的关键。在功能领域合作基础上，应充分认识金砖政治经济合作中可能面临的困难与挑战，注重利益纽带、协商调节与战略引领并重，避免因国家间关系短时波动影响长期合作前景，这既是金砖整合的关键议题，也是中国外交战略的题中之义。

附录：国际安全治理论坛2017：国际安全治理与"人类命运共同体"

会议纪要

[编者按] 2017年12月15日，国际关系学院国际政治系在蟹岛会议中心田禾源农三厅举办了第一次国际安全治理论坛，论坛主题为"国际安全治理论坛2017：国际安全治理与'人类命运共同体'"，参会代表共50余人，分别来自外交学院、中国政法大学、中国对外经济贸易大学、中国人民大学、南开大学、吉林大学、复旦大学、北京外国语大学、北京师范大学、河南大学、国防大学、广州外国语大学、上海国际问题研究院、中国现代国际关系研究院、宁夏大学中国阿拉伯研究院、中国社会科学院等单位，以及《现代国际关系》《世界经济与政治》《求实》《世界知识》《当代世界》《太平洋学报》《东北亚学刊》等学术名刊。参会代表围绕国际安全治理的理论与实践以及"人类命运共同体"等议题进行了热烈讨论，现将会议代表发言录入本书，以飨读者。

开幕式（主持人：林利民）

林利民（国际关系学院国际政治系主任）：非常感谢大家参加我们的"国际安全治理论坛"。首先有一个简短的开幕式，请国际关系学院郭惠民副校长致辞。

郭惠民（国际关系学院副院长）：尊敬的秦院长、王院长、唐院长、徐大使，各位专家学者，非常高兴各位参加由我们国际关系学院国际政治系主办的"国际安全治理与'人类命运共同体'"研讨会。到了年底，大家会议也多、工作也忙，能够抽出时间来参会，不容易。所以我代表学校领导、代表刘书记、代表陶校长，对大家的到来表示欢迎。

我想国际安全治理是全球治理里面的一个重要内容。"人类命运共同体"，英文是 community，就是社区，全球都变成一个社区了；英文里有这样两句词，过去我们讲 state globally，act locally（立足本地，放眼全球），现在好像是 think globally, act locally（本地情怀，全球视野），在这样的环境里讨论这个问题也就是讨论中国智慧全球化的新版本，对我们这样一个研讨来说非常有意义。今天到会的很多专家学者在这方面有很多研究，做学者、做研究很孤单，因为有了这样的学术共同体，从此我们不再孤单，更不会感觉到路长。所以今天的研讨也是我们学术共同体的研讨，跟这个题目都对得上。

再次表示欢迎，也预祝研讨会取得成功。谢谢！

林利民：谢谢郭院长。下面请外交学院院长秦亚青教授致辞！

秦亚青（外交学院院长）：尊敬的郭院长、仁伟院长、永胜、徐大使，以及各位同志，我们学界同仁大家都很熟、都是朋友，我们坐在一块真正像一个 community。这次中央把"人类命运共同体"翻译成 community of a shared future，我觉得翻译得还是非常准的，没有针对词的翻译，但是更好地体现了它的意义。换句话说，世界未来是我们共同的。它的基础在哪儿？首先就是安全，安全成为一个重要议题。今年12月份我已经参加了好几个研讨会，我觉得安全主题仍然是非常突出的主题。今天开这个会，是非常适宜也是非常及时的。

第二，感谢国关学院邀请我，感谢组织者，感谢利民。国际安全这几年也逐渐成为国际关系学院的一个品牌和特色，人类不管建立什么样的共同体，都需要以安全作为最根本的基础，没有这一点，什么样的共同体都很难建立。安全共同体是国关学界最早提出来的共同体概念之一，并且现在研究也已经非常深入了。当前国际形势，安全问题很多，安全形势复杂多变，虽然复杂多变是常用词，但是用在安全上我觉得还是非常合适的。所以在这个时候，大家坐下来认真讨论一下安全治理，同时讨论安全治理方方面面的因素，也是非常重要的。

第三，会议主题和"人类命运共同体"联系在一起。就像我刚才所说的，既然我们翻译成 shared future，那么它的基础就是安全。如何把这两者更好地分析出来、梳理清楚，并且有学者自己的思考和思辨就更重要了。

基于这几个方面，我祝贺国际关系学院今年成功召开这样一个重要的会议，也感谢国际关系学院给我们这样的机会，我们在座很多都是老朋友，大家坐在一起深入地交流思想、互相启发，这是一个极好的平台和机会。

预祝今年这次论坛圆满成功，谢谢！

林利民：有请黄仁伟教授致辞。

黄仁伟（上海社会科学院前副院长）：谢谢国关学院举办这次很关键的会，我实在不应该在这里致辞。我最近也在研究全球治理，但是全球治理最不好研究的就是安全治理，其他治理，包括经济治理、气候治理，在理论上多少还讲得通一点，安全治理似乎很难讲通，因为安全是各国权力的核心部分，是最不容易结合为一个"国际治理"的。所以今天大家要在这个问题上抒发高见，也是我学习的一个机会。谢谢国际关系学院，预祝大会圆满成功！

林利民：下面请国防大学唐永胜教授。

唐永胜（国防大学国家安全学院副院长）：各位早上好！国际关系学院和林教授邀请我们来讨论"国际安全治理与人类命运共同体"，这样一个话题，我感觉还是抓得非常准。在当前的国际局势下，这是有重大价值的议题。国际体系正在经历深刻变迁，不仅力量结构在发生重要的变化，更重要的是国际关系的性质已经显现出许多新特点。在这样特定的发展阶段，世界未来发展演变出更多的不确定性，未来尤其是国际安全发展方向并不明确，主要国家都在进行战略调整，一些国家的战略焦虑不是减少了，而是增加了。这种情况在布尔津斯基去世之前称为动荡年代的不安全感。今天整个国际安全形势还是比较复杂的，这样国际安全治理就更加重要了，人类要共同面对未来的世界，对我个人来说也非常珍惜这样一个好的机会，也相信今天的会议会有更多成果。

林利民：谢谢唐永胜教授。下面请中国驻东盟使团团长徐步教授发言！

徐步（中国驻东盟使团团长）：感谢国关学院提供这样一个机会让我参加这个会议，非常感谢郭院长和利民教授。

郭院长刚才讲了国际安全治理是全球治理的重要组成部分，我们今天这样一个学术共同体来研讨国际安全治理问题，确实非常重要。我在东盟大使的位置上干了两年多，可以说对国际安全治理问题有一些切身体会，国际安全治理现在更集中体现在东亚区域安全治理这个问题上。东亚区域安全问题、东亚区域安全治理问题、东亚区域安全架构建设问题，可以说是我们工作当中，无论中国周边外交也好、全球外交也好，可以说是头等重要的问题。我想今天研讨国际安全治理与人类命运共同体这个课题，对于我们思考和探索中国的周边外交、全球外交以及中国在全球治理过程中怎样发挥好我们的作用，具有重要的意义，所以特别感谢郭院长给我们提供这样的机会。谢谢大家！

林利民：谢谢上面五位教授对我们的会议给了很大的期待，国际安全治理应该是我们大家共建、共商、共享的事情，开幕式到这里结束。下面请大家移步，我们合影。

第一场　国际安全治理的理论与实践
（主持人：黄仁伟、孙吉胜）

孙吉胜（外交学院副院长）：各位老师好！谢谢林老师！我们这节的主题是"国际安全治理的理论与实践"，共有7位专家发言，3位老师评论。下面请秦亚青教授发言，题目是《共商共建共享：国际安全治理的新理念》。

秦亚青：谢谢孙老师。今天我发言的题目叫《共商共建共享：国际安全治理的新理念》。

十九大报告把中国的全球治理观，总结性地、提纲挈领地定义为共商共建共享，内部治理也是用的这几个字，所以这也是很有意思的一个表述，非常好地体现了我们现在要走一条什么样的全球治理道路。安全治理是全球治理的一个方面，所以也需要走共商共建共享的道路。我今天主要谈三个问题。

一、安全治理理念在国际关系理论和实践中的发展

从国家体系产生以来，国家安全概念就诞生了。国家安全概念是西方人提出来的，是国际安全理念的起始，开始是这样说的，"它是以自国家为核心的这样一个安全理念，强调国家自身的绝对安全保障"，有一个内涵性的假定，就是国家可以不依赖任何其他国家而独立获得安全，因为它在设计这个概念的时候，原本就是完全从自身去考虑的，这是和西方的自在本体论有很强关联的。因为国家不是自己生长在一个体系中，必然和其他国家在一起，所以就逐渐产

生了 international security（国际安全）这个概念，国际安全实际上是 Inter-State。

其实到了 50 年代，国际关系真正开始往前发展的时候，安全困境概念的提出就包含了一个很强的假定，就是所有安全都是相互的。没有说我自己安全，就不用管别人了，这样一定会产生一个安全困境，所有你对自己安全的保护都被视为对别人的侵犯，从理论上指出自安全的不成立，所以任何源自自安全的实践必然导致自我不安全，这就是安全困境非常深刻的启示，绝对安全开始向相互安全的概念发展。在最严酷的情况下，安全也是相互的，当时埃克斯普让德（音）做了一个合作安全模式：一战的时候，战壕里敌对双方的士兵，只要上级不命令打是不会打的，都在那儿蹲着，他知道我不打他，他就不打我，有这样一种默契。他写了一篇论文，专门谈论一战中的战壕里的战士为什么双方很多时候不打，而实际应该打的。我们再想一下冷战时期苏美两家的核战略，当时美国人曾经提出来 NUS，星球大战理论就是在这套理论基础上发展起来的，它就是以自安全的绝对安全为主；我生产出一种东西来，你打不着我，我完全可以打你，但是这个除了里根时代以外基本没有采用，更多的还是采用确保相互摧毁能力，这个是相互安全的理念。

全球化时代安全理念往前发展，我觉得是向两个方向发展：一是向个人层面，典型代表就是联合国秘书长安南最后整理出来的关于人类安全的一套东西，也就是安全从国家向个人层面移动。二是从国家向全球层面移动，这是向上的层面。全球化时代也被很多人称为跨国威胁时代，认为这个时代的威胁主要或者不仅仅是来自于其他国家，而是来自于一些共同的全球性危机。总体上来讲，相对于国家安全和国际安全这两个层面，这两个方向又被通称为非传统安全，结果就是安全形态多样化。我们现在常用复杂多变等等词汇，都是因为涉及到各个方面，既涉及到这四个层面，也涉及到这四个层面的相互交错，国家安全、国际安全、人的安全、全球安全相互交错的复杂格局就形成了。

二、民粹资本主义兴起与安全理念的丰富

这些年来，随着全球化发展，民粹现实主义兴起。民粹现实主义一方面是民粹主义，一方面是现实主义，这两个结合起来，放到安全治理上就是重新强调自国家安全，这是一个很重要的表现机制，并且暗含排他性的安全是可以实现的。所以就会因此出台排他性安全观和安全战略、安全政策。最典型的例子就是全球最强的国家美国所谓的退缩政策，这是美国人自己说特朗普政府的政策，换句话说就是退出全球治理，全球安全不是我的事情，这个表现方面很多，我不再一一列举了。总体上说，不管它现在表现为什么状态，也是一种倒退。

三、共商、共建、共享的安全治理理念

我觉得这是中国特色大国外交在治理方面一个非常明显的变化，也是我们提出来的一个新的理念和路线图，包括了从国家自安全到全球安全的整个范畴，尤其有几个非常明确的特点：一是指明了安全的前提条件是共在安全。我们都生活在同一个地球，没有一个国家可以独善其身，国际社会存在的基础是共同存在，而不是孤立存在。二是提出了安全的基本原则是平等安全。安全治理需要通过协商安排的过程加以实施和保障，不是一方强加给另一方的安全，一方强加给另一方的安全是不可持续的，我们提出来安全观有一条叫可持续安全，强加是不可持续的。三是强调了安全的根本途径是合作安全。只有合作才是建立和维护安全的根本途径。四是表述了安全的重要形态，这是一种多元安全共同体。我觉得这是很值得探讨的一个方面，它超出现在国际关系学界、西方关系学界研究的安全共同体，现在所有西方国际关系学界的人都有一个前提条件就是那个安全共同体是高度政治同质化，必须是民主国家才能形成这样一个安全共同体。但是现在世界是多元多样的,所以我们这里包含着安全共同体,安全治理的重要形态是多元安全共同体,包括不同文明类型、不同类型国家、不同社会制度、不同发展阶段,构成一个共同的安全所在。我就说这些,谢谢大家!

孙吉胜:秦老师从学理层面对国际安全治理进行了探讨,同时也和大家分享了共商共建共享安全治理理念。下一位发言的是复旦大学的苏长和教授,有请!

苏长和(复旦大学教授):给我定的题目是《全球治理与国际安全治理的区别》。我主要围绕全球治理的一些重要问题讲讲我个人的理解。主要是三方面:一是国际安全治理观念;二是安全治理理念的关系和关联;三是中立文化。

一、国际安全治理观念

关于安全治理的观念,最近我让中美学生做了一些研究,就是比较研究习近平和特朗普的安全理念。学生做的研究得出的结论也很有意思,就发现这两个人或者这两个大国在安全问题上、在国际关系问题上,呈现出了两种完全不一样的世界观。比较这两个人的演讲稿,一个人讲多边主义,一个讲单边主义;一个讲共同安全,一个讲强化军事联盟;一个是讲怎么推动形成一个比较开放、包容、共享的经济全球化,一个讲比较排他性的经济全球化;一个讲国际交流互鉴,另外一个呈现的是文明冲突。我觉得学生的对比和他的研究结论很有意思,世界上最重要的这两个国家、最重要国家的领导的世界观,包括安全治理的观念,差别很大。我们再看欧洲,我们有一个"16+1",欧洲人的反应,特别是欧盟对我们的"16+1"好像觉得是在分化欧盟。我们跟拉美搞合作,美国人觉得怎么到我这里了?其实反映了什么呢?国际政治理论的安全也好、国际合作也好,有一个势力范围的思维,我们搞"16+1",欧洲觉得东欧应该是我们的势力范围;我们到拉美去,美国觉得这是我们的势力范围；我们到非洲去，西欧一些国家觉得这是我们以前的势力范围。有的时候和外国学者交流，我觉得美国人、欧洲人和亚洲人，好像中国人从来没有觉得这是我们的势力范围。徐大使是欧盟大使，传统理论来讲，一个大国最怕边上出现一个大国或者大的联合体，中国觉得从开始就应该支持东盟的合作，而且对东盟的合作一直持这样的支持态度，不是说这是我的势力范围。按照欧洲的思路，欧洲之间不应该出现一个联合体、不应该出现区域合作，防范出现这样的联合体，比如说英国防范欧洲大陆。

所以我觉得观念很重要，在安全治理里面，它怎么看这个世界，往往会影响它的实践。这方面有一个例子，我们的"一带一路"和欧亚经济联盟怎么对接的问题，如果这两个国家都觉得相互影响了自己的势力范围或者以传统安全思维考虑，可能"一带一路"就搞不成，或者至少俄罗斯的欧亚经济联盟我们认为它可能影响到我们的话，这样就合作不好。所以在安全治理里，不管是全球治理还是安全治理，观念很重要。

二、安全治理理念的关系和关联

秦老师一直做这个研究，我觉得如果说国际安全治理跟全球治理有联系的话，秦老师讲了相互影响。其实我们要理解这个世界或者讲新型国际关系的话，可能需要有一些新的概念，比如说怎么从关联关系角度理解共同安全、普遍安全或者新安全。我经常讲的一个例子就是产权，西方经济学告诉我们的产权基本是排他性产权、私人产权，这个产权是建立在独占观念的基础上的。比如我买了这个房子，按照这个产权观念，产权都是我的。其实你买的房子有一部分产权是关联产权，是关系的产权，比如装修的时候你要照顾到九楼或者十一楼，超越了西方完全建立在独占基础上的产权关系，有一个关联产权，安全也是一样的，如果按照传统安全的话，就是独占、排他的。实际上安全方面是有关联关系的。习主席经常引用的一句哈萨克斯坦谚语就是"吹灭别人的灯，会烧掉自己的胡子"；中国有一个谚语是"损人不利己"，跟那个差不多，讲的就是关系关联。如果延展到人类命运共同体，人类命运共同体里有很多关联关系，如果没有这个思维，更多的是排他、独占，恐怕安全治理方面很难有大的突破。这是关联关系意义上来理解安全治理与人类命运共同体。

三、中立文化

我研究了我们国家很多国际法教材，发现我们国家真正自成体系的国际法还是周鲠生上下卷的《国际法》。当时在周恩来指示下，他写了这样一个成体系的中国人能理解的国际法。我发现他很大一部分是讲什么呢？中立。战后各国在安全上面临的一个问题就是选边、一边倒，要么倒向美国、要么倒向苏联，后来还有第三方道路，就是不结盟运动。所以周鲠生的《国际法》里面有很大的篇幅叫做"国家中立"。再看英国特色或者美国特色的国际法教材，你会发现中立篇幅很少，这些国家主要强调军事结盟。

我们讲的国际安全治理怎么把中立文化弘扬起来，徐大使在东盟有很深的体会，东盟有一个最大的特点就是中立。世界上不少中小国家，在安全治理上如果选择军事结盟的话，恐怕是最不利的，已经形成军事结盟体系的这些中小国家，如果你跟它讲中立的话，就要鼓励它从军事结盟的对抗性安全文化理念走向合作性安全文化，就是选择中立。所以从安全治理来讲，西方的安全文化理念这一块讲得不多，它不是不讲中立，也讲，但是是从巩固自己的军事结盟体系来讲，所以它的国际法里面不太讲中立；但是中国讲新型全球治理也好，新安全观也好，国际安全合作也好，在国际法和我们国家关系研究里把中立安全文化突出出来，应该对摆脱结盟对抗的安全文化体系是一个贡献。我们国家讲"结伴不结盟"，对一些国家来说，要跟它讲怎么在安全上形成这样一个中立。谢谢大家！

孙吉胜：谢谢苏老师提出的关于培养中立安全文化的观点，非常新颖。下一位发言的是南开大学的吴志成教授，欢迎！

吴志成（南开大学周恩来政府管理学院院长）：我谈几点认识，因为人类命运共同体与全球安全治理题目很大，随着党的十九大宣布了新时代开启，中国进入新时代，应该开始关注、谋划中国特色的强国外交。要提强国外交，也要倡导互尊、互利、互学、互鉴、和平发展、合作共赢的强国外交。十九大报告正式宣布中国进入了新时代，对外来说，这是一个全球化地球村的时代，整个国家和民族实现了从站起来、富起来到强起来的历史性飞跃，我们这几年外交的宣示也看得出来是越来越致力于建设全球负责任的大国，也进入构建人类命运共同体的时代，中国日益走近世界舞台，不断为人类作出更大贡献。十九大报告里面有十八处"强国"字眼，其中五次提到"早日成为社会主义现代化强国"，还有十三次提到了"教育强国、人才强国、科技强国、文化强国、制造强国、质量强国"，航天、网络、交通、贸易、海洋、体育都叫强国，提军队的时候实际也是军事强国，提的是"要建设世界一流的军队"，那肯定是军事强国，但是唯独没有提外交。

上半年我们就提了这个问题，提外交强国是顺理成章的，因为中国是大国，从新中国建立开始我们就是中国特色的大国外交，搞了几十年，中国进入了强国时代，外交也可以提中国特色的强国外交，只不过我们这个强国外交也要考虑在国际社会引起的猜疑和误解，但是我们倡导的是一种互尊、互利、互学、互鉴、和平发展、合作共赢的强国外交，所以不应该忌讳。作为世界大国、世界强国，内政外交的联系和相互结合是更加密不可分、相辅相成的，而外交也要更加服务、服从于国家整体发展战略。所以从新中国成立以来，我们的外交一直是服务于站起来、富起来、强起来，只不过现在提强国外交，要始终做世界和平的建设者、全球发展的贡献者、国际秩序的维护者和国际合作的推动者，这样的角色一直不变，但是一个国家所处的历史性方位和时代我们心中应该有这个自信，应该可以提出来。

二、世界大国，我更愿意把中国叫世界强国，只有世界强国才能更有效地提出以人类命运共同体为目标指向的世界方案，才能真正有能力履行全球使命，才能真正具有全球话语权、全球话语力，因为这是这个时代所决定的。我们的全球化深入发展，用习近平的话来说就是"全球化的深入发展，使人类整体性和人类利益日益凸显，越来越成为你中有我，我中有你的命运共同体"。那么，面对全球问题的日益凸显，要实现全球真正可持续发展，人类命运共同体建设愿望当然越来越旺盛。在这个时候，人类命运共同体可以是中国思考人类社会发展未来的一个中国方案。一个多世纪以前，梁启超用三句话总结了中国的大历史，中国之中国、亚洲之中国、世界之中国。目前中国所处的景象已经具备了或者说已经正在具备"世界之中国"的担当，也就是中国的发展影响到了世界的未来，也彰显出了世界的意义和全球的价值。习近平在打造人类命运共同体的唯一总路径和总格局当中，实际上包括了营造公道正义、共建共享的安全格局，也强调建立一个持久和平、普遍安全的世界，这个跟我们世界强国的外交是对应的。

三、世界大国或者说作为世界强国的中国应该有大安全观，谋划战略安全观。在全球化时代，立足于地球村时代的世界整体性和国际相互依赖性，真正的全球性大国强国的治理，不仅仅意味着国家系统内的政治、社会和市场秩序的有序平衡，还要求国家治理、区域治理和全球治理的良性互动。新时代构建全球负责任的大国或者是强国治理观，就必须不仅仅考虑国家本身，而是国家、区域（包括周边）、全球三位一体的多层级的综合治理观。在人类命运共同体的指导之下，作为全球安全协商共治的中国构想，世界强国和中国特色的强国外交应该构建一个国家、区域包括周边、全球三位一体的多层级、多领域的综合安全治理观，打造共同、综合、合作、可持续的全球普遍安全格局。

在这三个层级里面，国家安全是基础、是根本利益，因为这是涉及到核心安全利益的主权安全、政权安全和发展安全，而主权、发展是需要统筹的。从区域的角度来讲，区域安全，包括周边安全，是我们的依托、是战略利益。区域安全应该追求的是合作的安全、共同的安全和集体的安全。从全球安全这个层级上来看，这是目标、保障，也是延伸的利益，因为全球范围内的安全问题日益泛化，非传统安全与传统安全、国内安全与国外安全问题交织，安全的范围、内容和实现方式在越来越复杂的发展变化中，所以全球安全是综合安全、可持续安全，这需要统筹包括传统安全、非传统安全、文化、社会、经济、军事等等不同领域的安全，也需要包括国土安全、国民安全、外部安全、内部安全，这个全球安全是一个更加广泛、更加综合的安全。所以，作为世界强国的总体、综合的安全治理观应该是一个多层级、多领域的综合。我就先谈这几点粗浅的认识，谢谢！

孙吉胜：谢谢吴老师。吴老师强调了作为一个强国的大国安全观的必要性，涉及到国家安全、区域安全、全球安全等等方方面面。下一位发言的是国防大学的唐永胜教授。

唐永胜（国防大学国家安全学院副院长）：各位好！我发言的题目是《新型国家关系的基础及主要挑战》，如果更加切合这个主题的话，还是叫做《国际安全治理的基础及主要挑战》可能更好一点。

前面也讲到了我们现在处在一个剧烈变动的世界，处在这么一个动荡的年代，所以国际安全治理需求也在明显增加。具体讲到国际安全治理基础，我想主要体现在这么几个方面：

一、源于对过去世界大战教训的总结。过去的历史使我们对安全的认识有了深刻的体验,对人类命运的思考、对和平的向往,都使人类社会在二战结束后发展到今天,总体上有了一个相对稳定的局面。

二、以核武器等战略武器,特别是核武平衡为基础形成的战略稳定,仍然是我们研究国际安全问题的基础性条件。

三、国际联系的增强。尤其冷战结束以后,全球化迅速发展,尽管发展到今天遇到了一些困难、出现了一些波折,甚至出现了反复,但是整个国际联系增强了,这个趋势不可能被逆转。在这种情况下,使得国家之间联系比过去复杂得多,竞争与合作并存已经成为大国关系的主要的时代性特点。

四、军事手段在一定程度上已经失去效用。包括美国在中东的军事上的实践直接证明了即使强如美国,想用军事手段解决类似中东问题、阿富汗问题、伊拉克问题,效果比预想的要差很多。军事上可以取得胜利,但是在政治上、经济上要想消化这些国家,几乎做不到;所以再想用这样的手段解决安全问题,尤其是非传统安全问题,可能越来越难。主要大国都应该从中汲取教训。与此同时,国际法体系也在不断完善,小国在今天的国际体系中的生存条件比起过去好了很多,得到明显改善,亡国灭种的危险几乎不存在,国际法对这些小国也有相应的基本保障。

五、新技术创新为经济发展、社会进步提供了持续动力。现在讲到的战略资源的概念,可能比过去要宽泛得多。过去一个国家兴起可能靠掠夺别人的资源,今天更多靠的是技术创新、社会治理体系的变革等等这些方面来推进自己社会的发展。我想在这种情况下,从另外一方面也为国家安全治理提供了一个动力。

六、全球性问题的增加。我们面对着越来越多的地区性、全球性问题,近些年来呈现了显著增加的趋势,我不展开讲了。

在上述因素的影响下,国际安全治理尽管非常艰难、出现了反复，但还是取得了很大进展，无论是在国际还是地区层面，安全机制还是不断得到加强，比如说非核机制、地区安全上的安保，实际上为推进国际安全还是作出了很大的贡献。

我还想强调的是，为什么今天国际安全治理更加引起我们的关注，实际上还是由于当前我们确实处在一个历史节点上。国际体系在变迁，也说明原有的国际体系已经难以再简单地持续下去，必须进行变革。在一些讨论中我也提出来，当前的国际体系处在这么一个饱和的阶段，已经不能为全球性的经济增长提供足够的动力，也不能为更有效的全球性安全提供必要的保障；所以在这种情况下，我们提到了国际体系变迁，我们提到了体系的饱和，我们处在转变的这么一个关键的历史阶段。在这个阶段，传统安全问题和新出现的各种安全问题交织在一起，就形成了我们面对的越来越复杂的这么一个安全局势，老的国际安全治理体系、新现实相互碰撞、相互交织，共同发挥作用。所以说，未来如何发展确实需要世界更多的国家，尤其是主要大国发挥更大的作用，推进全球安全治理的发展。

这里也强调了老的国际安全治理体系、新现实的综合作用，在推进国际安全治理的过程中，系统效应可能就变得更加突出，推进过程中可能出现的发展方式，使得这个系统进一步失效，这是比较悲观的前景。另外一种可能是能够产生系统性的臃陷现象。系统论讲究系统臃陷，就像人的大脑一样，可能由多少个神经元构成，但是这些简单的神经元如果放在一起的话，就会产生系统臃陷，产生复杂的思维，今天我们就面临这么一个节点。打个比喻，就像解放战争时期林彪和廖耀湘在东北战场上的这场较量，为什么廖耀湘军队那么短时间内就兵败如山倒，原来那么强大的军队，训练有素、装备那么先进，实际上就是面对林彪这样一个对手，他的系统失效了，而林彪的部队尽管可能不是那么训练有素、武器比廖耀湘军队差很多，但是产生的整体合力确实优于廖耀湘部队。我想今天整个国际体系变迁过程中，确实面对着这么两个前提，怎么使得我们的努力能够积极推进大国之间更加积极的战略互动，推进国际安全治理，需要大国尽更大的责任。

孙吉胜：唐老师刚才提出了一个很严峻的问题就是老的国际安全治理体系的失效和系统臃陷问题，我们也希望这种事情不要发生。下一位发言的是北师大的张胜军教授。

张胜军（北京师范大学教授）：关于全球安全治理，现在我们的困扰特别多，我觉得现在有两个比较大的困扰：一个是安全泛化问题，把所有问题都上升为安全问题，政治、经济、文化等等问题，所有问题都上升为安全问题。这是第一个问题。第二个问题是治理过度问题。在国家层面上的安全治理是过度的，因为各国的军事设施、军事设备、武器装备是过度的，已经远远超出了维护一个国家安全的需求，这个现象在世界上特别突出，也是全球安全治理的难题。

第一个问题使得我们搞不清楚到底安全出现了什么状况，第二个问题由于某些方面特别是国家军事安全上的过度治理，又导致了大量资源和经费被占用，所以说安全治理的问题一直是一个特别难的问题。

在这个过程当中，我们也注意到学术界对这方面的讨论出现了一种过渡，从国家安全范式向人的安全范式的过渡。秦老师也提出了人的安全问题，包括传统安全和非传统安全，都是这一类的问题，这些学界的讨论很显然是意识到了对于人的安全投入相对不足或者对国家安全的过度重视。如何解决这个现象呢？当前的国际安全治理，第一是出现了什么情况呢？安全不应该物品化，无论在哪个层面，国家也好、集体也好、区域也好、国际国内也好，安全越来越成为一种公共物品，需求越来越多，大到国家，小到企业、个人，我觉得安全公共物品化也是非常有趣的一种变化。还有一个变化特别值得我们研究和关注，安全的内在要素之间关联度越来越高，安全所需要的所有元素之间的关系，比个体要素本身要重要，如果相互依赖特别严重，任何一个要素的缺失都会导致这个环境的安全公共物品的丧失。全球安全治理当中常常面临一种匮乏，我觉得无论是安全的公共物品化还是安全的泛化，我们都要考察它的实质，我认为它的实质是公权力的介入。我们现在对安全需求到一定程度，一定需要公权力的介入，否则没法维护安全，这也是相互依赖的本质，这个统一起来有助于我们思考下面的问题。

下面的问题我们就要从它的手段或者说性质上认识安全治理的本质。在手段上我把安全治理分为两种：一种叫目的性治理，一种叫非目的性治理（无目的性治理）。目的性治理大家都非常清晰，有假想敌的治理或者我们为了某种目标的治理都叫做目的性治理，无外敌者国恒亡。目的性治理是人类社会范畴里的常量。人类诞生以来，目的性地相互攻击，基本都是目的性治理，这些都是军事层面的。悖论是什么呢？越是有目的性的治理恰恰达不到目的，基本所有目的性治理都是失效的，因为所有的目的性治理都有一个意图存在，这个意图会和它的敌对方形成对立，这种对立是难以被消除的，基本上所有的目的性治理都是没有从本质上消除威胁或者说达到安全，实际上都是把它推后了，只不过是阻止了对方的威胁变成现实。我们把这种情况称之为威慑或者叫做均衡，实际上变成了一种相互威慑。为什么相互威慑理论在国际安全领域特别突出呢？目的性治理必然导致这种结果。今天很多学者都会提出疑问，这样导致一种心理上的不安全，这也是安全困境的一种表达。所以我们发现这种目的性的治理，其实不过是推迟了现实威胁，实际上并没有解决。所以现在倡议一种什么解决方法呢？就是寻求交集、寻求共识，相互目的中有重合部分，在这个基础上形成合作，我们把这种方式叫做合作安全，因为它是通过合作、共识而在某一个局部达成的安全。

值得庆幸的是，今天合作安全在以意料不到的方式在扩大。

　　第二种是非目的性治理（无目的性治理）。这个一点都不难理解，大家知道春秋时期，孔圣人说礼崩乐坏是非常可怕的一件事情，因为失序、失范、打破默契以后，就会导致不安全。秩序下的安全，一旦有人比如说第一次使用了原子弹、核武器，一旦有人悍然出兵打破这个秩序，必然天下打乱，什么小国的安全都不能保障。所以我认为我们今天讲的非目的性治理特别好理解，它就是一种礼崩乐坏以后的失序、失范，这个过程中必然会带来安全方面的危险性急剧提高。为了防止出现这点，我们就要进行目的性治理、就是要维护秩序。维护规则、维护宪法、维护稳定，这些都叫无目的性治理。当然无目的性治理还很广泛，一方面我们有时候会加强防范意识，比如说相互提供一些制度性保障，就是供给侧改革，这是没有问题的。有一种安全来自于系统危机，还有一种安全是我们自身无法意识到的，超出了我们的目的之外，怎么产生的呢？由于这个系统自身结构的某个方面出现了病变，导致出现了安全问题，而且这个安全的出现是滞后的，现在发现不了，得发展一段时间才能演变出来，这个安全也是无目的性安全，你不知道它什么时候爆发。这方面怎样产生的？我经常举美元和恐怖主义关系的例子，现在恐怖主义为什么很厉害，中东这个国家突然某个地方出现了大量的石油，巨量美元凝聚在这样一些国家里，就出现了一种系统紊乱，继续在系统里这样运行会造成的结果就是恐怖主义势力的兴起。对恐怖主义我并不是特别悲观，我认为再过十年差不多就能解决了，因为石油美元的地位逐渐降低，中东国家回归正常的话，这个问题就会得到解决。当然这是我个人看法。也就是说，在所有我们意识不到的非目的性的安全里，隐藏着我们不了解的机理，是一种自治理还是他治理？自安全治理和他安全治理必须加以区分，比如金融和权力、军事竞争，我认为他们是无法进行自治理的，因为他们很难出现一种序参量，秩序的背后是序参量，没有序参量出现，这个系统无以为系，你也无法对系统进行治理。但是金融只能监管，没有别的办法。我们对权力其实也是没有办法的，从古至今总是以大欺小、以强凌弱的，性质没有发生变化。这方面我们目前只能采取他治理，最难的是我们可以用权力来监督金融，谁又来监督权力呢？因为目前产生的都是一些权力均衡和权力平衡的办法，但是这种办法高度不稳定。

今天世界所谓全球治理的时候，我更加强调非目的性治理（无目的性治理）。自我修炼，传统说非礼不视、乱邦不居，这样一些自我防范确实是需要的；另一方面国家之间的自救采取制度上的保障，国家自救比如结盟或者外交合作，这些都是非目的性治理，并不知道危险什么时候来临，但可以自救，我们个体也可以这样做。所以我认为现在全球安全治理重点放在哪个方面值得讨论。我的结论是，无目的性治理恰恰是我们值得关注的方向。谢谢！

孙吉胜：张老师刚才提出的几个非常有意思的提法，就是国际安全治理过度以及目的性治理和无目的性治理的区分，听了以后我觉得还是很有启发的。下面请社科院的王灵桂研究员发言。

王灵桂（中国社会科学院亚太所研究员）：给我出的题目是《中国全面参与全球治理的挑战》，问题提得太大了，我改了一个题目叫《中国全面参与全球治理的兼容问题》。

全球治理是一个老问题也是一个很有争议的概念，当时罗西瑙在讲全球治理的时候，他认为全球治理就是没有政府的治理。后来西方研究全球治理的学者大体上我看也是走这个思路的，比如1992年建立的全球治理委员会就认为全球治理应当超越传统的国家与国家关系的结构，全球化的理论又以多种方式让国家的权力和国家边缘化。但是截止到目前，全球治理的实践表明，没有政府的治理是不太可能的，也是做不到的，全球治理不仅不能没有政府的参与，而且国家和政府在全球治理里发挥着关键、支撑和不可替代的作用，这是总体情况。

对中国来讲，我们参与全球化的历史过程比较曲折，大致上我分了五个阶段：一是完全不参与时期。二是有限参与时期。三是积极参与时期（21世纪初到2008年）。四是全面参与时期（从2008年开始）。2008年是突进，因为这一年开启了中国全面参与全球治理新的阶段，奥运会、四川汶川大地震、G20成立等等这些事件，标志着中国在参与全球治理方面进入新的阶段。五是全球治理新阶段。我感觉是从今年开始的，准确的时间应该是从党的十九大召开，确立了新时代，也确立了中国参与全球治理进入了新的阶段。但是再往前追一追，其实今年的达沃斯论坛，总书记当时也有一个很重要的讲话，在那个背景之下，我认为可以从那个时期开始算起来，到十九大基本上定型。

文在寅来华之前工作也很忙，但是据说他花了一天时间，认认真真地把总书记的十九大报告看了好几遍，看完之后很有体会，说"认真地把握、梳理、总结了其中所含的逻辑内涵和哲学意义，对中韩关系的发展起到推进作用"，讲得很好。上个月我出了一本书叫《跨越"七大陷阱"》，中国今后的发展可能面临很多挑战和困难，这里的七大陷阱有四个涉及到中国在全球治理里怎么处理面前的挑战、可能碰到的问题。

中国全面参与全球治理已经是大势所趋了，这个题目本身没什么好讨论的，但是我想讨论的有这么几点，就是如何做好兼容的问题：

一是治理理念上。全球治理的价值观与国家治理的价值观如何兼容。现在人们更多地习惯于讲自由、民主、普世价值是全球治理的价值观。我认为这种看法、这种理念是偏颇的。

二是对改革开放40年的定位上。这次十九大非常明确，把中国作为发展中国家，发展中国家和新型大国这两个不同身份在参与全球治理时是有内在张力的。作为发展中国家，国力是有限的，中国只是一个崛起中的大国，还不是完全意义上有全方位影响的大国，经济体量虽然是世界第二，但是在经济发展质量、军事实力、科技创新等等方面还存在着非常大的差距。这几年随着我们"走出去"，加上中国故事，国家软实力有所上升，也引起了西方国家的一些警惕，昨天、今天两天我们正在讨论中国影响力问题，澳大利亚、德国、法国、英国、包括新西兰这些国家都提出"中国渗透""中国影响"，但是总体上来看，他们已经有反应、有警惕了，但是我们自身的软实力还远远不够。西方对我们总结得很好，提出了"锐实力"，不管怎么样，他们看我们和我们自身的判断之间是有落差的。

三是治理重心上。就是全球治理和国家治理问题，无论是从治理体系还是治理能力方面，我认为中国都要实现现代化，所以十八大总书记提出"国家治理能力和治理体系的现代化"，在十九大报告对这一点也进行了再次确认和重申。中国当前又不能不在很多方面承担起全球治理的责任，如何平衡这两种治理，到底以何为重是需要慎重对待的问题。

四是治理策略上。现在对中国未来发展方向有很多说法，中国意欲成为全球治理的领导者还是推动者，是全球现行治理体系的挑战者、改革者还是重塑者？这次十九大报告里讲到国际影响力的时候专门提到了"塑造力"。我发现西方同行们对"塑造力"很疑惑，每次开会都问"塑造力"是塑造什么？你说你是这个体系的改革者、维护者，但是你又是塑造者，塑造什么？我们在这些问题上好像还没有完全说清楚。现在我们感觉到中国在全球治理方面是推动者和改革者，应该还没有到挑战者、也没有到领导者的阶段。十九大报告里，习总书记说的是"中国走近世界舞台中央"，用的是"近"，就是离舞台还差几步，还没进去。

五是外交理念上。我们现在全面参与全球治理和我们的"不干涉别国内政"原则的如何处理，建国以来我们始终奉行不干涉他国内政的原则，在过去几十年里，这个原则为我们交到了很多朋友，也赢得了世界性的赞誉，但是在全面参与治理的时候，我们的外交理念在韬光养晦和有所作为的度和分寸的把握上怎么把握，我觉得这是要处理好的一个问题。另一个就是我们参与全球治理，现有的国际上的通用规则我们怎么处理，特别是有些规则是在中国缺席的情况下制定和形成的，在这个问题上我们怎么对待这些规则，我们的态度和立场是什么，这个也是一个很重要的问题。

我想中国要参与全球治理肯定要从这五个方面更好地兼容，这是我学习十九大的一点初步体会，也是在这次会议上的命题作文，讲得不对的，请各位老师批评。

孙吉胜：刚才王老师在提出中国参与全球治理进入新阶段的前提下为大家提出了几个非常值得思考的问题，关于中国如何全面参与全球治理，谢谢王老师。本阶段的几位发言都做完了，下面就进入评论环节，有三位专家评论，三位是袁正清研究员、徐海娜博士和张国帅老师。

袁正清（《世界经济与政治》编辑部主任）：谢谢国际关系学院的邀请，评论谈不上，这一组的发言都是大家、专家，我就谈谈我自己听了以后的一点感受和启发。

关于全球治理，我们现在讨论比较多，秦老师去年和今年也在中南海做了一个全球治理讲座，中国越来越重视这个问题，我想可能与中国在全球的地位有关系。现在处在一个大的变动时期，可能对中国来说是一个机遇，也可能是一个挑战，这个涉及到全局的变迁和规则的再造，同时也涉及到观念的重塑。这样一个大的变化时期，中国怎么样去处理或者是面对我们现在急剧发展中的国际社会，无论是从国家层面还是学术界层面都提出来很多新的理念、新的主张,而且有很多新的实践。这里很大一点要去面对和处理的就是中国参与全球治理,怎么面对全球理念。中国面对自身的理念是不是要有一个新的认识、新的变化,中国自身的发展能力或者说我们进入新时代以后,我们自己是不是也有一个在国家治理方面的理念变化,也要适应新的世界变化,这是中国自身理念的调整。另外就是中国对全球治理方面,或者在某种意义上是对以前以西方为主导的全球治理,要有一些新的想法、新的作为。刚才很多老师也讲了,一些新的理念,特别是共商共建共享,是跟原有治理方式不一样的,中国能不能提供一个跟以前不一样的全球治理思路,包括安全领域。习近平总书记在政党全球峰会上也说了这个问题,十九大报告里也说到这个问题,我们能不能提供另外一个思路,就是中国的贡献,并不是说只有你这个思路就是唯一的,而是其他国家的思路也值得你参考和借鉴,也有它的价值,这个共商共建共享实际上是文明之间的互鉴问题,就是怎么样对待其他文明、其他国家的一些问题,美美与共、世界大同、天下为公的这样一个理念。我们认为中国人所想的就是比较理想的世界可能是这样的,但是在这样一个过程中可能会面临很多问题。我自己是做杂志,我们也很关注这样一些问题,这是我的一点想法。谢谢!

孙吉胜:袁老师也提出了中国在应对全球治理当中的对内和对外的调整,包括观念的调整和思路的调整等等,对中国来说还是非常重要的一个方面。下面请徐海娜博士评论。

徐海娜(《当代世界》编辑部编辑):各位老师好!非常荣幸今天参加这个会议,对国际安全治理问题进行学习。也非常感谢林老师给我这个机会锻炼一下自己,因为我第一次做评论人。

来之前我稍微看了一下相关东西,尤其对我们杂志的国际安全治理方面的内容了解了一下,2015—2017年三年间,我们杂志输入安全治理搜出来的文章只有一篇,输入全球治理,文章多了一些,从人类命运共同体到全球治理的各个层面，经济治理、气候治理等等，一共是23篇。

我今天来是带着学习的心态，另外就是想解答我的困惑，刚刚几位老师发表的演讲都非常好，秦老师对多元安全共同体尤其安全治理在国际关系现实中的发展做了梳理，对安全治理的历史脉络进行了梳理；苏老师就开放的还是封闭的国际安全治理进行了解释，我对他请学生做的案例和比较、关于中美领导人或者中美两国的安全治理理念印象非常深刻。就发言题目来说，秦老师和苏老师做的都是理念方面的解释和梳理。我刚开始看到这个发言题目的时候，看到苏老师的题目、当然可能是林老师定的，就是全球治理与国际安全治理的联系与区别，这个恰恰是我的问题。我搜相关文献的时候，看到习近平主席在9月26日参加了国际刑警组织大会，发表的演说里用到了全球安全治理，我们这次会议的主题是国际安全治理，而且我在中国知网上搜相关文章，学者们用的是国际安全治理也偏多一些。我现在不知道官方和学术界在国际安全治理和全球安全治理的提出和使用方面是不是有不同的理解，我是想请苏老师回答一下这个问题。

另外，吴老师在他的讲话里讲到的主要是军事强国与国际安全治理的关系，唐老师做了大国关系与国际安全治理关系的发言，张老师在安全治理的泛化方面让我印象非常深刻。我看到各位老师不管是对历史的梳理还是现实的总结还是中国参与实践这些梳理来看，我们是在做比较和联系。在做比较的时候，我们如果要理解自身的话，可能要寻找一个参照物，或者在一个参照系里寻找参照物，这样才能给自己定位比较准确。王老师最后讲到中国在国际安全治理当中的参与或者是承担的责任，包括是什么样的作用，是领导还是挑战，最后说是塑造，现在仍然不是特别清晰的阶段。我还是想到了习近平总书记的那篇讲话，未来在国际安全治理方面会成为一个重要的文献，他的题目当中不但提出了这个概念，在里面已经把这个路径和方式提出来了；所以我在想，中西文化在这方面是相通的。我们古人讲天下大同，西方人很早就提出了永久和平的天空之城。如果说永久和平在我们看来有点是虚幻飘渺，但是对它的现世努力是非常有意义的，尤其我们在构建国际安全共同体也好、人类命运共同体也好，可能现在提出的许多已经落到实处的方法，不管是"一带一路"也好、还是多元体系的合作也好，都是中国的方案和智慧、努力。这是我的一些体会和问题。

孙吉胜：谢谢徐老师非常全面的点评，也提出了自己问题。如果有时间就请专家解答一下。下一位评论的是张国帅老师。

张国帅（国际关系学院副教授）：我也是和徐老师一样，第一次做评论人，很忐忑，重点是有机会和各位专家做一个交流。这是一次非常重要的学术思想碰撞，我归纳为既有理论高度又有实践意义，既有国际情怀和世界视野，又有中国特色。

各位老师的发言我概括和归纳为以下几个点，秦老师的发言侧重于理念建设，包括苏老师的发言，理念先行，只有在正确理念指导之下才能研究出能够采取的正确战略战术、政策，怎样才能在国际或者是全球安全治理当中发挥更大作用，我受益匪浅。几年前在美国的时候，当时YouTube是没有墙的，我把所有秦老师在国外的演讲视频都看了一遍，非常佩服秦老师中西学养俱佳，给我带来了很大启发。

我对苏老师的教学实践还是很感兴趣的，苏老师在教学一线，教学和科研结合在一起，既能够让学生对现实有更深入的了解，同时理论层面，又能让学生提高理论层面思考问题视野。如何在全球治理的视野下看待国际安全治理，一些独到的视角和见解令我很受益。

吴老师有一个观点我非常赞同，就是所谓的强国外交，因为我们进入了新时期，有些旧有的理念、旧有的思维还是要坚决摒弃或者再商榷的。

唐永胜老师精细地勾勒了国际安全治理的基础和主要挑战，我记得唐老师提到竞争和安全共存的说法，我就想到这两天我在看一些报告，因为下周一美国要出特朗普政府的第一份国家安全报告；在此之前，他的国家安全事务顾问麦克马斯特就说中国和美国的关系是竞争性接触。这个概念和唐老师说的竞争和合作共存是一个概念，这是一个新的定位。由这个问题我就想到其他几位老师在发言中提到的全球安全治理或者是国际安全治理离不开大国的担当，大国要发挥作用，中美新型大国关系，杨老师的主旨发言就是新型国家关系和国际安全治理，我特别期待，很可惜杨老师今天没能参会。中美在世界体系当中的分量直接决定了国际安全治理的效果，如何进一步研究好中美关系是为国际安全治理提供一条另外的清晰的路径。

张胜军老师的讲话非常系统，给我印象非常深刻的就是无目的性治理的重要性，目的性治理是解决眼前问题，无目的性治理可能更有可持续性的。

王老师的发言概括了中国参与全球治理的不同阶段，并就全球治理和国内治理的关系以及中国如何参与全球治理发表了给人很有启发的观点和概念。

这是我简短的一个评论，从个人而言，收获非常丰富，非常感谢。徐步大使的那句话让我也很受益，我们要谈全球治理或者是国际治理，最核心的还是东亚安全的治理，如何更好地营造东亚的安全构架，我想这应该是一部分学者格外关注的，因为周边外交是我们很重要的一项工作。

孙吉胜：谢谢张老师的全面点评。

第二场　国际安全治理的困境与出路
（主持人：秦亚青　徐步）

秦亚青：这一节讨论的是国际安全治理的困境与出路，我说三句话，第一句话就是现在国际安全形势确确实实瞬息多变，挑战是多方面的，并且在第一节发言中谈了四个层面的挑战都很严峻。第二句话是这种挑战有实质性的问题，现在在国际社会和国际体系中尤其是大国中，冷战初期形成的某种共识大大弱化，这样使安全困境的复杂性变得更加严峻。第三句话是办法总是比困难多，所以我们是有信心能够找到办法来解决困境的。谢谢大家！

徐步（中国驻东盟使团团长）：国际安全治理对中国来说确实面临很大机遇，也面临很多挑战。前面大家已经讲到了中国在全球治理当中可以扮演的角色以及正在发挥的引领作用。在这样一个背景下，我们面临的困难是很多的。对中国来说，到底是走进去了还是靠近了世界舞台的中央，这个里面确实有很大的讲究。接下来我们就请相关学者发言。首先请仁伟。

黄仁伟（上海社科院前副院长）：谢谢徐步大使主持这场讨论。给我定的发言题目是理论依据。理论依据不好讲，首先国际安全治理这个概念、定义到现在也不完整、不清晰。到底什么范围算国际安全治理？有广义和狭义的。广义的，凡是涉及人民安全的治理都是国际安全治理；狭义的，使用军事手段的安全治理才叫安全治理，包括维和或者和军事手段有关的比如核扩散、大规模武器扩散这一类叫国际安全治理。我这里讲的是狭义的，如果你把广义的都算进去，人类的健康、财政金融安全、禁止毒品等等，那就很多了，等于把全球治理都包括了，所以我们应该讨论的是狭义的国际安全治理。如果这样定位的话，狭义的国际安全治理，在原来的概念里基本上是美国或者美国盟国体系的安全治理，其他国家在这个领域没有发言权、没有规则的创制权，处于完全不平等的状态。现在如果中国要在国际安全治理领域里有发言权、有规制权，甚至于还要按照我们的想法主导，那个任务是非常艰巨的，所以需要设计这样一条路径。这条路径又要和十九大讲的人类命运共同体一致起来，这个理论的建构，要把几个线、上线、下线、左线、右线稍微接上。我们参与国际安全治理的目的和手段是什么，这些目的和手段同人类命运共同体是不是能够一致？为了这个我来说几点，没有理论依据，就是自说自话。

我们创造或者将来要建构的国际安全治理实际上是要解构在西方霸权主导下的、以盟国体系为基础的西方国际安全治理体系；不解构这个，就没有人类命运共同体指导下的国际安全治理体系。当然我们也不可能用革命和战争手段去解构它，要争取尽可能用合理、合法、和平手段来解构。哪些我们已经参与的或者越来越多起作用的安全治理领域我们要确定下来；哪些还没有占领或者没有进入的，我们要想办法进入；哪些连西方也没搞的，我们也要确定。把这些不同的方面确定下来，比如维和，我们已经是五大常任理事国里最大的一支维和力量，这一块我们要确定下来，而且要成为持续、持久的主导力量。通过维和，培养中国军队走出去的能力，培养中国军队走出去的路径；找到路径，以及在全世界布点的合法性。现在军委改革以后也专门定了要有多少维和部队的力量，如果我们保持三万到五万的维和部队常规力量，那就是全世界最大的超过维和部队总和的力量，这条路可以走下去。

第二条路不是维和但是也相当于维和，比如海上打击海盗，要从红海地区扩大到马六甲和整个印度洋，扩大到太平洋甚至于大西洋，凡是有海盗的地方，中国海军都得出现。还有空中力量，凡是有"伊斯兰国"这样的组织，中国也讨论过对"伊斯兰国"，中国空军要不要出去？因为俄罗斯已经先出手了我们就免了，但是不等于俄罗斯在每个地方都出现，空军也要找到机会在有这样恐怖主义势力集中的地方出兵，这样我们陆海空都有合法参与国际安全治理的路径和能力。这是一大块。二是各个大国之间合作的，不是联合国，而是大国之间合作的国际安全治理，其中最主要的就是大规模武器扩散，伊朗我们参与得不错；朝鲜尽管不成功，但是也是中美两个大国为主。这类问题今后还会出现，不仅是朝鲜和伊朗，弄不好连日本都会出现，就要想办法在大规模武器扩散方面的安全治理领域，中国不是一号也是二号的主角，要达到这个水平。

第三条路是战后重建模式。战后重建的安全治理也很重要，叙利亚现在有战后重建问题，伊拉克、阿富汗，将来还有别的地方。其实美国、俄罗斯都请过我们去参加战后重建，但是我们都推托，不想去，我认为这个也是必须去的，特别是阿富汗，讲了很长时间，一直没有进行。李伟是专家，完全可以做，美国人在我们后翼包抄我们，我们自己不参与，让人家在那儿？现在已有的国际安全治理模式里中国可以参与、可以进去的要尽量进去，先是做学生，然后慢慢成为主角。

第四条路径就是有一些领域现在没有规则，比如太空、深海、极地、网络，这些某种程度上也是军事手段的延续，现在都军事化了，在这些领域国际安全治理是没有规则的，我们有可能进去并且创造规则、制定规则。把这些加在一起，国际安全治理，中国或者是主导者、或者是参与者、或者是创立者，使国际安全治理的概念从模糊到清晰、从虚的到实的、从不能解构西方盟国体系到能够解构西方盟国体系，因为盟国体系根本上就是一个冷战产物，不能作为全球治理特别是国际安全治理的主体，我们一定要坚持这一条，不要把这个责任又放给西方盟国体系，而且西方盟国体系也在改造，甚至于在扩大，也在适应新的全球安全治理需要。如果我们放弃了，就听任它在转型中变成主体。我就讲到这里，谢谢！

徐步：感谢黄院长，黄院长提到了要给全球安全治理一个恰当、清晰的定义。黄院长提到了要认清中国在当前全球安全治理形势下所面临的诸多困难和挑战，也非常深刻地提到了探索中国参与全球安全治理过程中应该思索的路径和方式，应该说这些问题都非常深刻。下面请孙吉胜教授发言。

孙吉胜：感谢国际关系学院和林老师的邀请来参会，听了大家的发言也非常有收获。我的发言题目是《人类命运共同体话语传播与国际安全治理》。我之所以选了这个视角，主要是因为现在的中国已经和过去的中国完全不同，已经把自己变为世界大国，世界大国就需要在国际上具有超出一般国家的感召力、影响力和塑造力。影响力和感召力的重要方面就是国际社会对自己提出的理念和主张的认可、接受、欢迎甚至是模仿。中国在十八大以来提出了一系列理念、主张和政策，也需要在国际层面传播，否则中国就很难在软性方面成为一个真正的世界大国。我主要谈三个方面：

一、话语是国际安全治理的重要因素

我们都知道话语可以建构安全的感知、影响对安全问题的认识，包括它的紧迫感、威胁程度，不仅可以描述具体安全问题，也可以交流关于安全的信息，同时也可以使某个问题安全化，甚至也可以影响到安全化程度的高度。比如关于气候变化，我的一个博士生做了一篇论文：克林顿执政期间，气候变化是被表述为一个非常紧迫的安全问题，但是小布什执政期间就被去安全化了。我们再想一下2016年美国关于中国南海的话语，紧紧围绕中国破坏南海航行自由，并且借助CNN等媒体，使南海问题在国际层面危机化了，中国也进行了大量话语回应和辩驳。国家之间围绕安全问题其实也存在大量话语博弈和话语竞争，也包括当前美国和朝鲜之间的话语互动。

《外交评论》这一期刚好有一篇文章写的是关于核问题的虚张声势，主要讲朝鲜如何利用核问题虚张声势，非常有意思的一篇论文。关于安全主题和安全政策是需要以话语为媒介进行调整，保持二者之间的平衡，对某个安全主题的话语表象直接影响到国家安全政策，同时安全政策也需要依赖话语对安全主体进行描述，二者其实是一个相互影响、相互塑造的关系，这也是后解构主义国家关系理论的重要观点。

当前整个世界安全领域发生的重大变化，其实有很多问题还是需要用新的语言描述、阐释的，这也进一步凸显了话语和话语权的重要性，比如我们如何解释欧洲难民危机的根源、如何解释几年前"伊斯兰国"的突起、如何理解当前人工智能对未来安全的影响等等。所以我认为从某种程度来讲，国际安全治理也存在安全话语的"治理"，这里的"治理"主要指通过话语塑造一种共识，以实现一种更好的话语秩序，为更好的治理提供助力。

二、中国安全观与人类命运共同体话语的独特性。

人类命运共同体包含了中国新的安全理念，树立共同、综合、合作、可持续的安全观，也是中国特色大国外交新理念的重要组成部分了，这种安全观也是中国提出的共商共建共享的全球治理观的体现。但是我们都知道，这种提法和西方传统安全理念是完全不同的。提到西方安全理念，我们首先可能会想到安全困境、零和博弈、国强必霸、大国必战等等；中国的安全观是完全否定了西方的安全逻辑，从二元对抗思维转为一种和合思维，也就自然就导出了不同的安全治理政策。但是也正是因为中国倡导的安全观的独特性，再加上西方话语霸权和学术霸权的影响，这些实际上为中国在世界传播这些理念提出了很多需要面对的问题。按照我们官方的权威翻译版本，共同、综合、合作、可持续的安全观是翻译成为 new thinking on common comprehensive corporative and sustainable security，我看了一下国外，国外很多用的是 new security concepts。我也搜索了国外的文献，关于新安全观的研究非常少，基本搜不到。我们提出的全球治理观"共商共建共享"，翻译过来是 the principle of achieving shared growth through discussion and collaboration in global governments，由于汉语语言和文化差异，这种理念翻译过来以后，整个味道就变了，原来那种特性都很难体现出来了。所以我觉得如果让这些理念有效地在国际社会传播，并且被正确理解和接受，如何从学理层面或者从学者研究层面传播这些理念是当前中国面临的一个比较重要的问题。

三、如何构建和传播人类命运共同体与中国安全观话语

无论是人类命运共同体概念还是中国安全观话语，实际上都是与传统西方大国理念有非常大的差异，也体现了中国文化思维方式和行事方式的不同。这个确实是一种难以回避的事实，也就需要我们从中国的特殊性来挖掘共性，来体现中国话语的影响力。从另一个角度来说，当前世界安全领域面临的很大问题其实都是非传统安全，也就是说任何一个大国都不能完全应对的，也都需要一种共享、共担的视角来应对，中国文化和中国思维方式实际上有助于解决这些共同问题。所以我认为进行相关话语构建和话语传播，需要从中国的思维方式，尤其是中国的秩序观入手。中国人的思维方式我觉得有以下几个方面和西方明显不同，秦老师也做了大量这方面的研究。首先重视整体性，强调从全局而非局部出发来看待事物的性质和联系。从中国外交实践也可以看出这一点，中国创建了很多机制，比如中非合作论坛、中国与东欧的"16+1"合作、南美合作机制等等，都是把原来很分散的零散个体聚合在一起，然后在一个整体架构上解决这些共同的问题。二是强调事物的差异性。认为在一定的条件下，矛盾对立的双方是可以相互转化的，也就是说即使两个对立的事物，最终还是会形成一个由差异构成的和谐整体。正是因为

对这个差异的认识，导致了中国思维的第三个特点就是重和合，最终达到和平、和谐的状态，这也是我们一直强调的中国文化的精髓。所以中国提出的人类命运共同体和新安全观实际上也体现了这种非常独特的中国思维特点和秩序观，中国的秩序观强调和而不同、兼容并蓄，和西方强调的丛林法则是完全不一样的。具体来说，中国是强调通过仁来促进公平和规范、通过义促进正义、通过礼约束各种竞争，所以中国的秩序观和西方的秩序观是完全不一样的。正是因为这种秩序观，中国文化也强调要更加理性地对待世界差异，就是我们经常强调的求同存异。对世界不同的文化文明当然也是强调互学互鉴、兼容并蓄、多元共生，所以中国也不可能产生这种文明的冲突或者文化的冲突这样的理念。

总结一下，进一步挖掘中国这些特有的理念，最终的目标还是希望他们能够成为一种可以解释人类行为共性的内容，而不仅仅是说这种特性只适用于解释中国的内容，特殊性当中其实包含着共性，只有做到了这一点，这些理念才可以被世界真正地接受。当然我们从目前这些理念在全世界范围的传播情况来看，这个任务还非常艰巨，也会非常漫长。谢谢大家！

徐步：孙老师从话语的角度剖析了人类命运共同体构建的一些思路。当然，我们都非常清楚国际体系本质上讲是以实力为基础的一种权力安排，对于话语在国际体系当中特别是全球安全治理过程当中到底扮演什么角色，我想我们都会有不同的看法；但是无论怎么说，这个话语体系的构建确实对于实力的构建，对于国际安全治理过程都会有很重要的影响，因此也是非常好的一个视角。下面我们先欢送亚青，亚青有别的事情，没有办法参加我们的会议。非常感谢他。

下面我们请李绍先院长。

李绍先（宁夏大学中国阿拉伯研究院院长）：谢谢利民邀请我来

参加这么高大上的会议，国际安全治理论坛。前面大家的发言我觉得都非常高大上，探讨全球治理的理论、实践。我要讲一些具体的东西，因为我讲的主要是中东，而且非常抱歉，我讲的这个地区也是给大家添乱了，给国际安全治理添乱了。大家都能感觉到今年中东乱象纷呈，也门危机在深化，前不久萨利赫还步卡扎菲后尘，死于非命。今年6月份，卡塔尔外交风波一直到现在没有平息；今年9月25日，伊拉克库尔德自治区还实现了独立公投，引起了相关国家的激烈反应；今年10月、11月，伊拉克、叙利亚先后宣布"伊斯兰国"消灭；11月份，黎巴嫩总理也导演了一场辞职又收回辞呈；到了年终，特朗普又搞出来一个耶路撒冷，而且普京也没闲着，跑到叙利亚撤军。

从"阿拉伯之春"到现在，那么大风波以后，涟漪应该一圈一圈越来越小，但是现在的情况不是这样，中东是出大问题了，各方面也在探讨中东到底出了什么问题，症结在什么地方。很多人写文章说中东现在可能是政治、经济、社会过渡不畅，地区治理出现了问题；有的人是从什叶派和逊尼派尖锐对立分析，以沙特阿拉伯为代表的逊尼派、以伊朗为代表的什叶派；有的人从大国博弈，美国和俄罗斯；有的人从全球反恐，恐怖主义的角度来分析；还有的是从宗教，觉得伊斯兰教太坏了、太极端了等等。各方面说的都有它的道理所在，但是我觉得不是症结，否则的话，讲不通伊斯兰教两大派斗争了一千多年，有这个宗教开始就开始了，为什么现在是这个样子？所以还是有一个症结所在，动荡还是有一个主要矛盾。我觉得症结在于中东原有的秩序坍塌崩溃，新的秩序难产、建立不起来。

原有的中东秩序是什么秩序呢？我认为中东坍塌的秩序是从冷战结束以后建立起来的，具体来讲就是1991年两大事件导致中东当时我们叫新格局的产生。一个是海湾战争结束，美国打赢了海湾战争；二是苏联解体，美国一家主导了中东局势。我记得当时我们圈子里的人写文章说，从海湾战争以后美国西促和谈、东遏两伊。在中东，西边推动以色列和巴勒斯坦和谈；东边遏制伊朗、伊拉克，同时被削弱的伊拉克和伊朗相互制衡，形成一个新的格局。

从中东历史来看，稳定的时候或者形成一个新的格局，那就是要相对稳定一段时间。形成这个格局是由三个因素决定：一是地区内力量要平衡；二是地区外大国的平衡，因为它是十字路口，大国必争必夺；三是地区内和地区外的平衡。1991年，这三个因素具备了，美国强势主导了中东以后，西促和谈、东遏两伊，内部在美国强力干预下实现了平衡，所以形成了一个相对稳定的格局。所以20世纪最后十年，中东出现了历史上比较少见的和平稳定发展局面，像奥斯陆协议、巴勒斯坦自治、巴以最终地位的谈判等等。巴勒斯坦、阿拉伯和以色列之间开战，不断出现像中东的那样一种前景，非常好的局面。但是这样一个局面没有维持多久，这个格局从"9·11"事件以后开始开启了崩溃的过程。具体来讲，2003年伊拉克战争，我认为是一个起点，旧的格局、现在讲是旧的格局，当时冷战后叫新格局，那个格局开始崩溃发端于伊拉克战争。伊拉克战争首先是颠覆了这个地方原有的地缘政治的平衡，再加上之前的阿富汗战争，中东地区地缘政治力量上大概是阿拉伯、伊朗（波斯人）、突厥（土耳其）以及犹太人为主的以色列四大力量，用基辛格的话讲，这四大力量之间就是"敌人的敌人还是敌人"，相互之间制衡是一个平衡。但是在伊拉克战争和阿富汗战争之后，这个平衡的结构被破坏，伊朗起来了，因为之前这个地区制衡伊朗的力量——阿富汗的塔利班政权、伊拉克的萨达姆政权被打掉了；但是伊朗起来并没有导致这个结构垮下来，因为小布什二任的时候大力干预中东，打压伊朗甚至一度军事威胁伊朗，同时在伊拉克保持十多万大军，对伊朗形成巨大的压力。在这个局面下，伊朗甚至于不得不委曲求全，签署了《核不扩散附加议定书》，暂时终止浓缩铀等等。但是在奥巴马上台以后又逐渐倾斜了，特别是2011年的两大标志性事件，一个是美军从伊拉克撤军，一个就是所谓的阿拉伯之春，"阿拉伯之春"进一步削弱了阿拉伯的力量，美国撤军使这个天平正式倾斜。我们用不好听的话来形容，实际上伊拉克战争带给伊朗的红利在2011年美国撤军的大背景下开始兑现，伊朗真正的地缘政治力量结构不平衡了，而且是巨大的不平衡，这也是为什么后来形成两大集团，沙特阿拉伯为主导的集团和伊朗角力，这条主线的一个很重要的原因，我觉得真正坍塌下来，经过2003年、2011年以及2014年"伊斯兰国"出现，2015年伊核协议签署，正式把这个过程完结了。

所以现在中东地区是崩溃的，旧的格局解体了，但是新的格局建立不起来，这是现在最大的难题。新的格局我们按照地区内部的平衡和外部的平衡以及内外结合的平衡，地区内部首先平衡不了。伊朗现在独大，现在这个势头用阿拉伯人的话讲，1400年以来，有伊斯兰教以来、有阿拉伯帝国以来，从来没有过，波斯人国家、什叶派国家势力像今天这么大，没有。所以中东这些阿拉伯国家是非常恐惧的，这是内部的结构。外部也不平衡，外部美国是可以主导，可以有力量来平衡，但是美国没有意愿、有力无心。俄罗斯是有心、很积极，也有这个意愿要表现，但是没有力量、有心无力，所以造成内外结构的严格失衡。再加上美国现在特朗普随意性非常之强，一方面挑起来要压制伊朗，另一方面是耶路撒冷，又使他的一系列阿拉伯盟国非常尴尬，这是现在中东地区最大的症结所在。

给我出的题是还要有出路，我看不到出路，这是一个困境，地区安全治理的困境。谢谢！

徐步：绍先院长专门从中东安全治理的角度进行了解读，绍先院长讲中东这个地方很乱，给我们添乱了。我想乱世出英雄，对于国际关系学者或者国际政治学者来讲，也是乱世出真正的精英人才。

所以中东这样一种乱象其实也给我们提供了很多机遇，所以我们也不必抱怨中东很乱，正是这种乱使得我们探讨过程中也会感觉非常有趣。接下来请孟祥青教授发言。

孟祥青（国防大学战略研究所所长）：首先感谢利民老师对我的邀请，我接着绍先老师的话说，绍先老师说中东添乱了，看不到出路。我的视角是从当前国际安全形势的特点，我换一个视角，不是看新型国际关系，而是看国际安全治理。刚才仁伟老师也讲到了，从狭义国际安全治理讲到了中国如何建立人类命运共同体，提了几条建议，涉及到国际安全治理的概念问题。在我的发言中我稍微扩大一些，就是国际安全治理还是从传统安全与非传统安全的结合上看世界军事形势的变化和特点，对国际安全治理的影响以及面临的一些问题。

首先我讲两个问题：一是近年来整个国际安全形势出现了一些新的变化、新的特点；二是围绕这样一个军事安全的新特点，怎么来看国际安全治理。

一、近年来国际安全形势出现了一些新变化、新特点

近些年来，国际安全形势出现了一系列新的变化、新的特点，我概括为一句话，我认为就是一个特点，里面可以展开，就是我们过去讲的传统的军事安全出现了明显回升或者叫明显回归，并且呈现了上升趋势。如果回顾冷战结束以后将近三十年，冷战结束之初或者冷战结束之初的前十年、90年代，国内外学术界一致看法认为传统军事安全的地位和作用在明显下降。进入21世纪以后，大家还有一个普遍共识就是21世纪前10年，大家的共识就是传统军事安全和非传统安全同步上升、相互交织，越来越复杂，这也是大家的一个共识。我认为如果把这两个阶段作为冷战结束以后传统军事安全在国际安全中的地位作用分为两个阶段的话，我觉得现在就是第三个阶段，就是传统军事安全明显回归，而且呈现明显的上升趋势。

我认为它的标志主要是 2013 年的乌克兰危机。明显回归和上升趋势有这么几个表现：

第一个表现是近年来大国传统地缘战略博弈越来越激烈。比如说乌克兰危机、叙利亚战争，进一步加剧中东的乱局，看不到前景；东海、南海问题的凸显，某种程度上都反映了大国围绕传统地缘战略的博弈。大国在冷战结束以后，传统地缘政治、地缘战略的地位下降，现在又出现了明显回升，这是第一个表现。

第二个表现就是一些地区热点引发战争的风险在加大。和过去相比，和冷战结束以后的形势相比在加大，包括在中东也包括在朝鲜半岛。

第三个表现是大国的军事战略调整最近几年来更加凸显军事战略的进攻性，使大国对抗明显加剧。比如美国提出了一体化军事战略；比如俄罗斯战略取向更显得主动和进取性，特别是乌克兰危机以后，俄罗斯第一次把非核遏制纳入到军事战略体系，包括整个军事部署都进行了大幅度调整；再比如说日本强调联合机动防卫，包括在它所谓的西南方向战场建设、兵力部署都得到了强化，包括试图想构建日本加小多边的军事同盟，包括想建立日美韩、日美印、日美澳等等；再比如印度突出了所谓惩戒威慑的战略，有针对性地加长了陆地边境和印度其他方向的军事部署；再比如说欧洲国家加强了地区的军事存在，强化集体防卫，以应对多种安全挑战。我 4 月份到欧洲访问的时候专门和北约官员就最近几年来北约在如何看待俄罗斯威胁上，他们讲得非常明确，现在把过去多年事实上冻结的集体防卫又启动了，而且这个启动不仅在政策上启动，包括在军事力量部署。他们讲得这个问题非常严重，这个影响也非常深刻。

第四个表现就是这些年大国在推进作战理论创新和获取未来战争主动权上采取了新的举措。比如美国提出了更多应对三类混合冲突的挑战理论，三类混合冲突一个是针对国家军队以非国家行为体面目而展开的军事行动。美国举了一个例子就是克里米亚,俄罗斯在克里米亚展开的行动就是国家军队是以非国家行为体面目出现的。混合型冲突的第二个表现就是非国家行为体实施类似国家军队的初级联合作战行动,主要是"伊斯兰国"在叙利亚和伊拉克展开的行动。第三是国家和非国家行为体为实现共同目标而展开了共同行动,比如说俄罗斯军队和乌克兰东部的民兵武装联合展开了这样的行动,所以美国提出了这样三类混合作战的理论。当然俄罗斯也进一步完善混合战争战略战役理论,包括日本离岛作战理论,包括印度三军联合的一体化战区理论等等。

　　第五个表现就是最近几年主要国家不断加大国防投入,可以这样讲,新一轮的军备竞赛事实上已经展开了。在冷战结束以后,特别是相当长的一段时间,我们看到主要大国特别是西方大国的军费开支都是下降趋势或者是相对下降,美国对北约、欧洲盟友也是不满意,要求他们提高到3%,也是这些年美国努力的方向。但是最近几年最明显的变化首先是美国,美国2016年军费开支6180亿,特朗普政府刚刚国会通过,2018年将近7000亿美元,打破了奥巴马执政八年军费减持到4800亿的做法;同时也打破了奥巴马时期国会通过的未来美国军费开支的上限,我记得是5900多亿的上限,已经突破了7000亿,这也是冷战结束以后军费提升最多的一次。日本连续五年增加防卫军费,2016年大概是4381亿美元,而且人均军费高达20万美元,比我们高得多。印度2017年军费开支500亿美元,2020年准备达到623亿美元,增加幅度也比较大。再加上北约成员国扩大军费开支到2016年基本达到了北约的总体要求,就是总体防务开支提高3%的要求,比如说德国2016年是366亿欧元,比上一年增加了6.8%,可以说是联邦预算增加了2倍还要多,英国也是这样,包括整个欧盟的军费开支2016年以来都得到了比较大的提升,新的军备竞赛已经展开。

第六个表现，网络、太空、深海、军事化的进程在发展。网络、太空、深海这方面的军事化也在不断发展。

第七个表现，智能化战争已经进入大国军事准备的视野，作战力量在加快形成。新型作战力量包括网络战、太空战部队，都在成为大国未来战略的重点。

最近几年世界军事形势最大的变化我认为进入到冷战后的第三个阶段，就是过去讲的传统军事安全要回归，而且呈现明显上升趋势。

二、传统军事安全的回归和上升对国际安全治理的影响

我认为首先提出了严峻挑战，当然也面临着新的机会，我还是从两个方面来讲。刚才仁伟老师讲到国际安全治理，如果从一般来讲，或者叫国际治理或者叫全球治理，一般指全球或者地区性的权威性规则的制订和执行体系是非常复杂的复合结构，既包括传统安全也包括非传统安全，主要是非传统安全领域的治理体系和权威规则。这样一些权威性规则和体系，如果从有效性角度来讲，应该注重的是它的大国之间的合作和大国之间的共识。过去我们从传统意义上讲的安全治理主要是美国主导或者是西方主导的带有霸权的这样一个治理体系，这样一个治理体系在今天的形势面前显得无奈、无力和无助，就是大家谈到的全球范围、地区范围出现的无序化和冲突的上升，都反映了过去这样一个治理体系的无序、无奈、无力。中国也在探讨未来的治理体系，中国也提出了引领未来治理体系的建立，在西方国家无奈、无力、无助特别是意愿下降的情况下给我们提供了这样的机会。如果我们未来的国际安全治理要从有效性角度来讲，不关注这样一个合作性和这样一个共识的话，恐怕也会出现无奈、无力或者失效的状态，所以未来的国际安全治理体系应该强化的还是合作和共识。没有这样一个合作和共识的达成，不可能使这样一个治理体系找出一个新的出路或者发挥应有的作用。

首先我们看到，这些年由于传统安全的回归和明显上升，实际上是大国之间在国际安全合作方面的分歧加剧了，而不是共识加剧了。如果具体划分的话，大国之间在非传统安全领域的共识在某些方面是在加强。当然这种加强也得通过不同情况，比如反恐，表面上大国共识加强了，每一个大国在对待恐怖主义问题上不管价值观、不管恐怖组织的划分、反恐的措施都很标准，而且不简单的是双重标准，所以某种程度上也削弱了反恐领域的大国共识。其他安全领域，由于特朗普退群，退出TPP和巴黎协定，气候变化这样一个最应该大国达成共识的非传统安全领域也出现了新的问题。所以传统安全领域，现在世界在一些地区热点出现了无序化、找不到出路的困境，如果没有大国之间在国际安全治理体系当中的共识，无论是谁主导，恐怕也难以达成这样一个效果。

第二个看法，这样一个权威性规则和国际安全治理体系，恐怕传统安全的回归给国际安全治理也带来了一个新的机会，就表现在物极必反。往往大国在这样一个对抗加剧的同时也提出了一个新的问题，就是对冷战时期形成的那样一个传统的大国治理模式、治理机制提出了新的挑战。比如说过去联合国的改革提了很多年，包括在维和问题上的改革也紧迫地提上了日程。在这样的改革过程中，大国越来越有可能达成一些新的共识。除此之外，在如何应对地区冲突和地区这样一个新的安全问题，特别是在核不扩散问题上，朝核问题变得越来越突出的情况下，大国有没有可能达成更大的共识。比如防朝核问题进一步发展包括核扩散问题上，我感觉最近几年在大国共识上是上升的趋势而不是下降的趋势，中国对朝核问题上的态度更加积极，也反映了这样的共识的上升。通过这样一个形势的发展，也是给大国在国际安全治理体系当中提出了新的挑战，但是也提供了机会。

第三，我很同意黄老师讲的，中国在新的国际安全治理体系当中发挥作用，要跟人类命运共同体紧密结合起来了，这确实是一个新的课题。但是我认为目前无论在理论还是实践层面，我们缺位还是比较多，这里既有理论问题，很多问题其实还没有能够得到合理的、合法的顺理成章的解答。刚才黄老师做了一些解答。第二个方面是在实践上，坦率地来讲，我们要参与到国际安全治理体系当中，特别是要发挥一些主导作用，发挥一些主动作用，我们现在还不完全具有这样的能力，这个能力既包括刚才我说的理论能力，也包括实践能力。当然，也包括我们在世界上的影响力、世界上的公信力，包括这样一个软实力，这个方面都还欠缺。未来中国要在国际安全治理上发挥这样的作用，首先要在理论上有进一步的突破，其次要在能力上进一步提升。谢谢大家！

徐步：前面几位学者都谈到了要对国际安全治理有一个清晰的界定。可以说，孟祥青老师向我们非常深刻地解读了为什么当我们谈论国际安全治理的时候还是应该更多地聚焦传统军事安全问题，可以说孟老师非常深刻地阐述了传统军事安全明显回归的现象和原因；我们都是可以看到传统地缘战略的影响确实在上升，无论是萨德问题还是美国军舰在南海的巡航，还是美国同日本、澳大利亚、印度加强四国联盟问题，进一步加强它的军事现代化问题，我们的讨论越来越深入了。接下来我们请黄大慧老师发言。

黄大慧（中国人民大学教授）：谢谢主持人，也谢谢利民教授的邀请参加这次会议。刚才正如徐步大使所说的，中国构建人类命运共同体或者是国际安全治理体系，首先应该是亚太地区或者说中亚地区的安全治理。下面我就从这个角度来谈一点看法，从人类命运共同体视角下谈一下亚太安全机制的构建问题。

关于人类命运共同体理念，大体上适用于三个层次：一是国家内部；二是区域之间，比如东亚命运共同体、周边命运共同体、亚太命运共同体等等；三是整个世界。就亚太地区的安全机制构建问题，目前存在着这样几个问题：一是这个地区也存在着不少这样一些安全相关机制，但是这些机制都呈现出这样的特征，就是碎片化。也就是说在这个地区，在亚太地区，目前还不存在覆盖全区域的安全机制。另一个问题就是一些机制有强烈的排他性，尤其是美国所主导的这套体系之下的一些双边同盟体系，具有很强的排他性。这样的话，这个地区两个安全机制构建方面的问题，就是机制的碎片化和机制的排他性。

在这种情况下，跟我们今天的主题结合来看，这个地区未来要构建安全机制，应该以什么为理念？如果以命运共同体这样一个理念为指导的话，这个地区的安全机制构建应该更加具有包容性，而不是像以往那样具有很强的排他性。一般而言，机制的构建往往经过这样一个顺序，权力—机制—理念。也就是说权力建立机制，机制展示理念，大概是这么一个顺序。这一点作为一个典型的例子大家就很清楚了，二战后的法国和德国共同推动欧洲的一体化合作。从亚太地区来看，亚太地区具有这样一些特征，亚太地区具有很强的多样性、多元性，这点无论在政治、经济、文化方面都体现得非常明显。在这种情况下，我们在亚太地区基于权力先行的顺序，在这里强行建立覆盖全区域的安全机制的话，我想是不可行的，机制假如建起来也是不牢固的。正因为如此，在亚太地区构建安全机制，我个人的看法还是应该理念先行，而不是权力先行；并且首先推行这种包容性的理念，在地区国家间积累足够的共识，在这个基础上再构建具有包容性的机制，最终实现权力的和平共处。

为什么说要把权力放在最后呢？一般来讲是权力、机制，然后是理念。在这个地区我们构建了这个地区的安全机制，把权力放在最后，基于这样两点考虑：一是这是由权力的重要性决定的，也就是说权力如果不认可机制的话，机制可能就会受到干扰。比如说美国原来对亚投行也好、"一带一路"也好，进行阻挠或者抵制。再一个,权力如果不认可机制的话,还会出现另一个问题,就会导致这个机制边缘化,比较典型的就是一战之后的国联就没有发挥作用。在亚太地区还有一个很重要的问题就是大国林立,最近这些年来还没有发生大规模战争,在这个地区无法直接对权力进行洗牌,尤其是还要充分考虑到中美之间、中日之间在权力上的敏感性问题。

为什么要理念先行呢?理念先行首先就是要倡导命运共同体这样一个理念。命运共同体理念不同于"你之所得即我之所失"这样的零和式的军事思维,也有别于西方自由国际秩序所宣扬的"中心—外围"这样一种等级思维,它是一种万物并育而不相害、道并行而不相悖的共处思维,以及前面有学者提到的,这是美人之美,美美与共的共生思维。

基于这样一种认识,亚太地区安全机制构建要经历从理念先行,也就是说要先积累共识,然后到机制的构建,也就是说要落实这样一个理念,再到权力共处,也就是巩固机制这样三个阶段。只有经历这三个阶段,覆盖亚太地区的包容性的安全机制才能建立起来,从而最终为构建亚太命运共同体奠定一些基础。

十九大报告也强调中国要推进中国特色的大国外交,构建亚太命运共同体,中国未来推行大国外交,通过特色大国外交,使中国的大国外交不断走向成熟的必由之路,也可以说是构建人类命运共同体很重要的实验平台和必经阶段。回到我的话题,中国要想实现参与全球治理,尤其在安全治理上,首先还是应该推动亚太地区的安全治理。谢谢!

徐步:亚洲命运共同体也好,人类命运共同体也好,都是非常好的理论。我们的实践需要有理论的引领,但是与此同时我们也应当看到如果我们的理论大大超出了现行的现实,确实在怎样一种基础上这种理论是可行的,是能够被广泛接受的,并且真正能够引领这样的一种实践,需要学者深入探讨。美国驻东盟大使跟我在东盟有一场非常激烈的争论，我提出来十九大人类命运共同体，他强调中国讲人类命运共同体就是输出中国的意识形态，美国是坚决不能接受的。当然，亚洲命运共同体也好，人类命运共同体也好，这些理念我们已经提出来了，怎样把这些理念真正地通过人家听得懂、听得进、能够认可的语言解释清楚，我想这是我们学者需要思考的问题。下面请任晶晶给我们解答。

任晶晶（社科院研究员）：这个问题我解决不了，我只能谈自己对安全合作问题的看法。首先感谢林老师的盛情邀请，今天上午群贤毕至，大咖云集，在冬日寒冷的地方共同探讨一些热烈的话题，可见林老师在学界的影响力、感召力和塑造力，以及国际关系学院国际政治系在业界的话语权，能够共逢盛世、亲临盛举，感到非常荣幸。

作为今天上午最后一位发言者，也是今天上午唯一的可能也是今天全天唯一一个70末，我感到责任很重大。在座各位老师都是我的前辈，很多都是看着各位老师的书长大的，我今天报的题目是想回答两个问题，第一个问题是我们应该以一种怎样的视角研判和分析当前东北亚地区秩序和安全格局。第二是全球治理特别是安全治理的框架是否能够适用于当前的东北亚地区。

今天上午秦老师讲，安全概念的演进特别是国际政治历史上安全观念的演进经历了从自安全到相互安全、合作安全的发展过程。这个演进趋势体现出的是国际安全领域对人作为万物灵长的终极关怀关注，人在国际安全特别是安全理论研究中的回归，不仅仅是人本主义的回归，更重要的是我们看到的是国际政治研究单元向下沉，微观化这样一个表现在今天全球化时代的回归。

为什么安全从国家层面能够向个人层面移动，从集团层面向国际社会移动？我们回到了问题的本源，就是国家的出现究竟是为了什么。如果从政治制度发展史角度来看，国家的出现有各方面的集团政治的因素；如果从整个宏观人类历史演进角度来看，还是为了起到履行保护责任的目的。这实际上也是国际政治研究或者说国际政治关系的某种初心。国际政治中的每个行为体具有安全的自助能力，这是传统国际政治学研究的基本出发点和前提。正是因为在冷兵器时代，每个国家或者说每个国际政治行为体在进攻和防御的手段上并没有本质的区别，而在人类社会进入热兵器时代之后、特别是进入核武器时代之后，我们说国家在维护自身安全、争取生存空间和支配他人的权力方面的手段发生了质的区别。我们当今的世界安全格局在很大程度上恰恰是由当前世界的核格局决定和奠定的，特别是在东北亚地区，这一态势更为明显。

回答我刚才提出的两个问题中的一个，我们应该以一种怎样的视角研判和分析当前的东北亚地区和安全格局呢？我想这实际上是一体化研究的议题。在我们目前的一体化研究当中，特别是在区域化程度比较高的一体化实践研究当中，我们目前有三个视角，第一个视角是大国协调，第二个视角是区域合作，第三个视角是社会互动。如果我们说从形式上看，有大国协调、区域合作和社会互动；从内涵上看，有安全、发展和文化三个维度。分别对应的三个视角我们可以这样理解，在大国协调的视角下我们为了追求地区性安全，这种地区性安全既可以是国家的，也可以是集团的，也可以是体系的。从区域合作的角度来看，我们这个区域合作更多是指经济合作，更多追求经济合作的功能性外溢，为了实现和达成发展的目标。从社会互动视角看，社会互动的终极理想是实现一种文化认同。如果说从我刚才搭建的分析框架来看，安全、发展和文化的三个维度看，它的软硬程度是从硬到软的发展过程，如果从现在人类一体化的实践来看，比如欧盟、东盟、非盟、拉共体、海合会，从现在人类已经有的具体的区域一体化的实践来看，我们发现一体化程度越低，硬性视角越鲜明；一体化程度越高，软性视角就越突出。强调大国协调、追求国家安全，往往是一体化程度比较低的地区标榜和推崇的区域化模式。追求社会互动视角下的文化认同恰恰是一体化程度比较高的地区在一体化实践当中所要高扬的旗帜。欧盟代表的人类社会迄今为止最高的一体化水平，欧盟是当前人类一体化水平最高的合作机制，它是传统地区组织的代表。东盟我们越来越多地说它是新地区组织合作的里程碑。传统地区主义和新地区主义的区别何在？我认为传统地区主义强调的是合作主体间的同质性，而新地区主义强调的是只要条件合适，异质性主体间也可以达成成功的区域合作。东亚地区现存的安全冲突、矛盾和对抗以至于我们必须承认的某种安全困境的存在，恰恰是一体化程度较低的表象，这种表象和原因是相互促进和互为因果的关系。正是因为互信水平低，所以一体化程度低，一体化程度低又进一步推动或者说加强了这种互信的恶性循环。

在东北亚地区，目前面临的安全问题当中，除朝核问题之外，朝核问题大家都很清楚是怎么回事，它的形成机制、演变趋势和过程很复杂。同时还有另一大堆问题就是边界领土问题，日韩之间的独岛（竹岛）之争、日俄的北方领土之争、中日之间的钓鱼岛之争、中韩之间的岛屿领土冲突、甚至包括台湾问题，这些问题都是由于大国协调不畅，区域合作无序和社会互动缺乏造成的；大国协调不畅、区域合作无序和社会互动缺乏又进一步导致了东北亚地区一体化进程的严重滞后。

下一个问题我就要回答全球治理特别是安全治理框架是否适用于当前的东北亚地区？我认为全球治理特别是安全治理应该说有两个初始性的前提条件：一是全球治理特别是安全治理所治理的课题或对象必须是全球化过程中出现的问题；二是治理过程中必然伴随相关主体间主权和权力的让渡转移。东北亚地区存在的边界领土问题和朝核问题恰恰不是在全球化过程当中出现的问题，恰恰是作为全球化的对立面——冷战的遗祸,这些问题的出现不是由于全球化而造成的,而是由于冷战而造成的,而这些问题的解决也不可能用简单的主权让渡的思维和方式来解决。因此,将东北亚地区安全纳入全球治理特别是全球安全治理的框架来解决,这是一个伪命题。

所以我认为,在目前的这种现实状态下,以东北亚地区与全球治理的框架或者思维来谈安全治理是不切合实际的。未来这一问题的解决需要大国协调、区域合作和社会互动三个视角、三管齐下,共同努力,在经济外溢效益的驱使下达成大国间的合作共识,最后推动东北亚地区在国际政治层面的交流互动,才是地区安全问题解决的根本出路所在。

刚才张老师说我觉得这个地方就是个农家乐,这就是个农家乐,就是为了告诉咱们不忘初心,初心是什么?国际政治研究和国际安全治理就是要回归到人、回归到人本、回归到人的安全。从这个意义上说,社会互动应该是我们在东北亚地区追求安全秩序构建的终极目标和终极关怀。谢谢大家!

徐步:前面几位教授把我们的视角拉到了比较狭义的所谓全球安全治理的问题上,到了最后一位发言人又把我们的视角拉开了,开阔了我们的视野,也使我这个主持人感到非常困惑。到底什么是全球安全治理或者说国际安全治理,这个定义到底怎么下。我不知道黄老师有什么感想?总之,我听下来思路是打开了,但是答案是越来越模糊了。

接下来还有三位评论。

杨发喜(《求实》杂志社国际部主任):感谢主持人。首先感谢主办方林利民教授的邀请,天气很冷,但是还是感到很温暖。谈谈热点问题,也感觉心非常热。前几天习主席在大会堂讲话,大家年终岁末工作很忙,抽空来,这是对人类世界前途命运的关心,今天我们这个讨论主题也是高大上的,国际安全问题,这确实是最大的问题。刚才第二阶段，我感觉主持人已经点评的很到位，发言都非常精彩，第一是很深入，第二是渐入佳境。要想讲国际治理，首先对国际安全形势了解得非常清楚。实践是理论之源，讲理念、讲得晕头了，毛主席说讲科学讲半个小时头晕，讲问题还是要有问题意识、要有强烈的问题意识。这次很多都是专家，做了多年研究，本来想听会就是要听到信息，从仁伟院长一开始就给我们开了非常好的头，他说没什么理论，首先我谈谈现实、谈谈路径，这就是最好的理论，就是启发我们的理论思维。

绍先教授和祥青教授讲得非常好，传统安全威胁正在上升，我很认同。你看十九大报告，第一部分讲历史性成就和历史性变革，后来还讲了一段我们工作中存在的很多困难和挑战，讲了七个方面，其中有一个方面是国家安全面临新的情况，这句话非常不得了。十九大报告字字都有含义，内容含量太大了。讲中国特色社会主义建设之后，讲军队建设、要聚焦能打仗，还讲各个战略方向打仗，我们都准备得差不多了，很有进展，那段话都有很多潜台词，说明总书记对安全形势非常清楚。我们一方面讲和平合作共赢、时代潮流不可逆转、人类命运共同体讲得热热闹闹；但是我们有底线思维、我们心里有数，我们今天就聚焦问题，聚焦问题才能提出对策。

今天的讨论，我觉得初步达到了这个目的，这个问题还要继续讨论。人类命运共同体讲了五位一体，第一个就是安全，习近平主席在世界政党大会上提出了建设远离恐惧、普遍安全、人人享有安宁祥和的一个世界。第一条也是安全，没有安全什么事都干不成。大学生找对象第一条就是有没有安全感才跟你结婚，人生活是有安全感的，现在养老保险、社会保障有了，马斯洛说安全感是人最基本的心理需求。过去从站起来、富起来到强起来就是要求安全感。现在据说中国是世界上最安全的国家；美国动不动搞掉一个，我们去美国，先要交代说晚上不能出去。安全概念，总书记这次在第86

届国际刑警组织的一个会上也专门发言讲到安全的联动性、跨国性、多样性发展，安全的内涵和外延都大大发展，网络安全、太空安全、国民安全、企业安全。他说治理安全我们要有四个方式，其中要改革创新，鼓励各级组织。原来是围绕国家非传统安全，绍先院长讲中东乱局，有人觉得跟我们没关系，现在"一带一路"我们的企业都要走出去，哪个地方我们都有利益、都有安全，我们要去哪儿，安全是第一，很多国有企业搞"一带一路"，天下事就是我们的事不是抽象的道理，所以我们对安全格外关注。过去我们说天下大乱、我们形势一片大好；现在不行，现在我们首先要搞安全，所以这个周末王毅院长在国研院讲我们领事保护要更加突出。

我觉得十九大报告精神非常丰富，刚才大家说的人类命运共同体都是没错的，但是有人讲跟日本建立命运共同体，习主席讲命运共同体是一个长远目标，是几代人去努力的，我们不能因为理想遥远我们就放弃了，但是作为一个大国必须要有一个大的目标，但是我们也知道它非常难。命运共同体建设也很有气色，有挑战也有进步，所以我们心里一定要很清楚。命运共同体还是很好的，但是需要不断丰富。今天收获很大，非常感谢各位专家，谢谢！

李亚（《太平洋学报》编辑部编辑）：各位老师的文章我都是一路学习过来的，今天跟各位老师同台，评论各位老师真是诚惶诚恐。

林老师在第二节各个主题的设计还是非常科学的，有理论的也有现实的，现实里面还涉及到比较宏观的研究；也有孟老师关于军事安全方面的研究、黄大慧老师的亚太地区的关系和人类命运共同体二者之间的互动和构建，还有周边问题，大周边、小周边；任晶晶老师提到了东北亚问题，他的思路我觉得很有突破性；还有大周边问题，就是绍先老师提到的周边问题，今年确实发生了很多事情，是非常热的话题；黄仁伟教授提出了一个非常直接的话题，我们在建构中国国际安全治理体系的时候，恐怕得需要走解构西方国际安全治理体系的路径。同时他提出了四条现实的道路：一个是以联合国为中心的多边机制；二是大国合作；三是抓住战后重建机遇；四是我们的战略新疆域的突破口。

孙吉胜老师关于话语权、话语权传播、国际安全治理，尤其十九大以后提出的人类命运共同体的构建，我们是如何通过中国的话语建设以及有效传播来扩大我们在国际安全治理体系当中的话语权和能力的，这一点确实是非常专业的，做得也非常科学，他就提到了从一个特殊性的切入点，我们要建构一个中国话语体系。

任晶晶老师提出来的非常有效也非常宏观的框架，他提到了从三个切入点来构建国际安全治理体系的有效治理机制，大国协调、还有区域合作以及社会互动，三个视角分别涉及到安全、发展以及最终文化合作领域。任老师提的一个观点我非常受启发，您认为当前安全治理架构、目前国际社会形成的安全治理架构并不适用于东北亚问题的解决，我觉得非常有意思。

孟祥青老师前面有一些软性的话题，孟祥青老师说到了军事安全形势和新型国际关系之间的构建，孟老师分析了最近几年传统军事安全明显回归的大趋势，同时给我们梳理了八大表现，从八个方面给我们梳理了八大表现，最后孟老师又从挑战和机遇两个层次分析我们如何应对这样一个大的趋势。孟老师提到了三个点，我印象非常深刻，一是未来我们如何建立一个有效的治理体系，得从大国的合作和共识角度来走；二是带有哲学思辨意味的，就是物极必反，在传统问题或者地缘政治问题回归的大时代，其实也给我们国家创造了很多机遇和机会；三是提出在这样一个大的环境和背景下，我们可以把总书记提出来的构建人类命运共同体和我们现在要建设的新的安全体系，把二者结合起来，这一点也确实非常有建设性。

李绍先老师对中东问题的分析，李绍先老师首先梳理了2017年以来从年初、年中到年末，乱花渐欲迷人眼的一系列危机，最终绍先老师分析了这里的很多新矛盾还是原有的秩序崩溃了,但是新的秩序还在长期的形成过程当中,我们学习中东问题或者研究中东问题,这几十年以来一直在起伏变化,短期之内确实看不到最终的结果和有效的治理。

黄大慧老师把聚焦点又回归到了亚太地区,提出了一个非常有意思的观点:我们在亚太地区要建立一个新的突破西方的安全结构应该是理念先行,机制建设居中,权力之间的调整尤其是区域大国之间的权力调整应该放到最后一位。他的观点对于当前以及今后一段时间我们国家在这个地区如何更加有效地实行我们的战略很有启发意义。

王辉(国际关系学院副教授):大家好!作为国政系的老师,觉得今天上午收获很大。我们这组一共有六位发言人。主要特点一是议题非常全面,讨论了国际安全治理理论、现状、热点,包括传统安全与非传统安全,讨论了国际安全治理的困境及其路径。二是六位发言人提供了精彩纷呈的观点。基于前面的评论人已经详细说了六位专家的观点,我简单用一句话概括一下每位专家的主要观点和新视角。黄仁伟教授给我们清晰地解读了中国参与国际安全治理应该从现有的西方治理框架中寻找路径,给我们提供了一个非常清晰的概念;孙吉胜教授主要提出在人类命运共同体构建过程中应该重视话语权的问题;李绍先院长从中东乱局讲起,认为中东乱局主要的根源在于原有秩序的崩溃以及新秩序还没有建立,很好地诠释了我们国际安全治理会议召开的必要性;孟祥青教授认为现在传统安全有明显回归的趋势,这个应该是国际安全治理聚焦的焦点;黄大慧教授提出东北亚治理必须理念先行;任晶晶教授主要提出东北亚造成的困境不是全球化造成的,而是冷战的遗产,因此安全秩序的建构必须从社会互动的视角开始。

这些观念我总结了一下,大体上有以下一些特点与共识:

第一，六位专家都认为目前的国际安全挑战非常严峻，传统安全与非传统安全同时上升，传统安全回归的态势非常明显。

第二，国际安全面临着安全合作与政治信任严重不足、国际制度的供给有限、大国的治理意愿不足，因此需要积极参与。

第三，这些安全问题的产生反映了各国之间的国际秩序观的差异，有霸权秩序、有多元主义秩序、还有宗教秩序观等等，这些造成了现在安全治理困境非常明显。

所以，我们现在需要一些新的理念、新的机制、新的路径，因此给我们提供了一个机遇，我们召开这次会议，中国提出了人类命运共同体是恰逢其时。谢谢大家！

徐步：非常感谢三位评论人精彩的评论。

第三场　国际安全治理与人类命运共同体
（主持人：吴志成）

吴志成：下午环节讨论开始！这场讨论的主题才是我们会议真正的主题，围绕我们主题这个环节有七位大牌专家分享，第一位是国际安全治理理想主义经典人物蔡拓教授，中国政法大学全球问题研究所所长，他发言的题目是《全球治理的新关切与人类命运共同体》。

蔡拓（中国政法大学全球化研究所所长）：谢谢国关学院，上午大家从各自角度谈了很多观点，很受启发。我下午主要谈这么几个问题：一是"三个关切"，理性认知全球化、理性认知人类命运共同体、理性认知中国在当代世界的地位。这是我要谈的三个关切；二是"二个警惕"；三是如果有时间也从国际安全治理角度说几句。

第一，全球治理三个新的关切。我们谈国际安全治理，很显然它是全球治理的一部分，应该在更大范围内，从全球治理角度来谈。全球治理的前提是全球化，第一个是理性认识全球治理，如果对它出现一些误解，可能对全球治理的认知上也会出现相应的问题。现在对全球化认知上还是出现了一些误解，我归纳为五个误解：第一个误解是对全球化的认知过多偏重于经济视角。现在我们谈逆全球化，主要是从经济角度分析的，谈了大量的贸易、投资这些方面的下降等等，实际上我觉得全球化是一个全面的全球化。第二个误解，是现在我们谈全球化，批评它的负面性，就是非人性化、贫富差距过大等等。我觉得误解在于，全球化的本质我们有所忽略，它的本质还是人类在相互依存这样的大背景下走向整体性这样一个趋势我觉得并不会改变。在这方面，在当前逆全球化背景下忽视了这一点，就是全球化的本质和现象之间有所脱节了。第三个误解，现在评价全球化，我们更多地忽略了过程的视角、阶段的视角。自地理大发现以来，按照长的历史眼光来看，全球化的500年对人类文明起到了非常大的作用，所以我们看待全球化的时候应该有一个历史的眼光、有阶段性分析，不能太简单化。第四个误解就是把资本全球化和资本主义全球化混淆了、没有搞清楚。现在需要认真研究，资本全球化是生产要素本身的全球化，应该是客观的、不带有其他色彩的。而资本主义全球化带有意识形态色彩和政治制度色彩。我们现在笼统地讲全球化就是资本主义全球化，这是缺乏依据的，一定要从经济学、政治学角度把资本全球化和资本主义全球化做一个明确的切割和区分，否则说不通我们自己"一带一路"都要往外投资；这样的话，我们也是资本主义全球化了，所以这需要认识清楚。第五个误解是把全球化的理念简单定为是自由主义。自由主义是基调，贸易自由、民主等等，都体现了自由主义，但是自由主义是有歧义的，我主张把全球化的内在理念归结为全球主义而不是自由主义。我觉得只有对全球化有更清楚的认识才可能对全球治理有信心，否则全球治理就没有前提了。这是第一个，理性认知全球化。

要解决全球化问题还要着力解决全球化的三个再平衡：经济再平衡、政治再平衡和观念的再平衡。第一个是理性对待的问题上，我觉得中国现行的政策包括高层相对来说是清晰的，我们一直在逆全球化背景下坚决主张推进全球化。关于全球化再平衡问题我们也提出来了，所以在这个问题上国家政策还是比较明确的。

第二就是理性认知人类命运共同体。上午也都涉及了，我觉得现在问题在哪儿？缺乏对人类命运共同体的基础性的理论研究。从学理角度上认知人类命运共同体到底是什么研究不够，现在基本围着外交领域转，学理研究上不够。我觉得应该从政治哲学、国家与共同体、社群主义与世界主义这样一些基本关系的向度上理清，这样才能定位什么是人类命运共同体。国家本身就是共同体，现在你要提出人类命运共同体，他们的区别是什么？我们现在提人类命运共同体是要超越它的，怎么定位它？这些基础理论现在欠缺。现在对人类命运共同体的理解我认为目前存在两种理解：一种是学理性理解、观念理念的理解，就是世界主义的解读。人类命运共同体强调主体不是国家，是人类、强调利益共享，同时强调价值共享，如果命运共同体没有共同关切、情感、观念的共同，怎么可能叫命运共同体？光是利益共同体吗？我觉得这应该是世界主义的解读，也是人类命运共同体我认为本身的一种解读，理想主义的解读。另外一种解读就是现实主义的视角，就是国家主体，仅仅是强调利益的共享，并不倡导甚至是忽视、回避价值共享，这是现实主义视角、也是工具理性的视角。目前我认为我们大多数的理解包括我们国家政策上的定位大体还应该在第二个层面上，虽然讲的是人类命运共同体，但是实际上落脚到现实主义层面解决，讲的是国家主体、是利益的共享。现在我们在倡导人类命运共同体理念上似乎要全球、人类的，可是一回到实际政策上都是国家的，实际上现在出现了一种矛盾，在政策层面和理念倡导层面是有矛盾的，就是如何把它协调起来，可以把它看成人类命运共同体实现过程中的两个阶段，我觉得用过程来看它可能会好。前提是你要有世界主义的解读，要有这个制高点，如果你不认为它是人类的主体、认为不要价值共享，我认为共同体是走不远的，不能称其为真正意义上的共同体。今天的讨论中我们一直没有涉及，没有从学理层面把人类命运共同体先搞清楚，然后才来进一步研究它怎么在实践中去做。

第三，理性认知中国在当代世界的定位。我想谈几点，我们应该是新型大国与发展中国家的双重定位。整体来讲中国是发展中国家，但是从国际关系角度来看也要看到我们的冲击性，新型大国定位的视角也是需要的，这是双重定位。在全球治理方面，参与全球治理和有限引领全球治理结合起来。现在头脑有点热，我们还要全面积极参与、有限度引领。在经济领域，由于我们的大块头，可能你要做一些引领，很多方面我们还做不到是全面引领。中国的国际作用，更多地取决于我们国内的改革和深化国家治理。最终我们全球治理的依托点在国内，如果国内改革不继续深入、国家改革治理不全面深化，要想在全球有影响力和号召力是做不到的。比如最近北京一个月发生的事情，这样的形象很难引领国际。这种情况怎么引领？要把我们的作用还是定位在搞好国家治理上。这是我谈的三个方面。

"二个警惕"：警惕国家主义、警惕反民主思潮。我认为现在要区别开民主和西方民主。民主本身是什么？西方民主是什么，先区分开。二是区别反思民主和反民主。我们要反思民主，特别是要对西方民主的问题进行反思，对我们自己的民主也要反思，但是反思民主和反民主是两回事，现在有一种苗头是所谓反思民主过程中或者非西方化的民主中，现在好像非议到民主本身了。

吴志成：从全球化五个误解认识，讲正确理性认知全球化。我们全球治理与人类命运共同体的构建,这是一个前提,特别讲了三个理性的认识,而且简要地谈到了二个警惕和担忧,这也是当下中国社会包括全球社会显示出来的矛盾。下面有请对外经贸大学的戴长征院长发言,题目是《人类命运共同体对既有国际关系理论与实践的超越》。

戴长征(对外经贸大学国际关系学院院长):每年到国际关系学院开会,觉得很放松、探讨又深入,所以也没有特别大的压力,感觉气氛特别好,有这么多大牌专家。

我的发言是根据最近我对十九大报告的阅读以及开了一些研讨会,包括对一年来我所观察到的现象的解读。上午黄仁伟老师讲了一个重要的问题就是我们现在讲人类命运共同体、构建新型国际关系也好,首先一个问题就是我们对西方理论和西方国际关系实践如何理解。他用的是解构,我用的是超越,我们有没有超越的可能性,如果没有超越的可能性,就很难说两个构建。如果有了这种可能性,我们就能说可能在未来相当长的一段时间内有希望构建。过去一年就像蔡老师说的,全球政治出现国家主义、民粹,特别是现实主义和民粹主义的盛行。我一直在持续听特朗普的一系列演讲,包括特雷莎·梅的施政演讲,他每一场报告我都觉得和奥巴马时期提的不同。奥巴马时期通常讲的是自由、民主,这些词永远排在前面,现在特雷莎·梅和特朗普,特别是特朗普,首先是 American Great Again, Put the American First 等等,Liberty 基本很少提的,这些词的变化可以看到欧美政治的转向。习近平主席在十九大报告里提出了两个构建,我觉得特别有意思,过去我们一直认为全球化是西方推动的,现在中国成了全球化最有力的推动者。我想提出两个构建,它是有现实需要的,也是根据我们国家的发展力量增长提出来的,所以我们可能第一是说我们要冷静、理性地看待和认知这两个构建,其次是我们要理解这两个构建。我的理解就是,这两个构建包含着西方不同的一系列内涵和内容，我认为它是对西方国际关系理论和指导原则，一系列指导原则和理论的推理，比如西方一直提国际体系是这个状态，权力和利益是政治的基础，由于这两个问题的存在，国家的自保、国家的权力诉求就是必然的。如果按照这样一个逻辑我们来构建新型国际关系和人类命运共同体是不可能的。显然，按照中国智慧，按照我们现在的设想，我们可以说用中国的这套方案和中国智慧，至少和西方国际关系理论进行互构，来进行某种程度的超越，这是在一切国际关系理论和指导原则以及行动的法理上可以进行某种程度的超越。

第二，我们一系列的安全观和它也有不同。西方特别是美国追求绝对安全，安全的实现形式也不同，比如利用霸权、同盟、同盟体系实现这样一个安全，追求片面安全和绝对安全。

第三是发展观不同。通过南北差距，工业资本帝国主义是通过对落后地区的剥削来实现，这个发展观也是不同的。美国到现在以布雷顿森林体系确定的美元霸权来实现它的发展，所以发展的赤字问题和不平衡问题就这样出现了。

第四是和平观和中国也是不同的。我们的和平观也有超越，西方的和平可能是断裂性的和平、不平衡的和平，是你一有和平我就没有和平的和平。我们能不能在和平外交观上与和平实现的路径上跟它有所不同，这是第四点。

第五点是文明观也是不同的。我们提出的人类命运共同体是在文明的互鉴、交融基础上，亨廷顿说的"文明的冲突"，包括一系列关于现实主义的理论都是对文明的不同的差异，甚至说由差异所引起的冲突基础上来推论国际关系如何处理的。

第六是全球治理观也是不一样的，实现途径也是不一样的。西方人先设置一套规则和制度，他说我的规范你如果不来遵守或者不来执行，可能治理就没有你的份。不但没有帮助这些国家摆脱贫困、缩小东西和南北差距，现在真正能够跨越中等收入陷阱的国家是不多的。大概是十二个国家在二战以后跨越了这个陷阱，其中包括当时已经特别发达的日本和德国。西方这套东西确实有很多问题，在几个方面我们是不是都可以用我们现在的理论对它进行某种程度的解构，比如构建人类命运共同体和新型国际关系，对它进行复构、统构和解构，中国的学者的工作是特别艰苦的，我们想在这方面怎么开展一些卓有成效的工作。当然我们并不仅仅是宣传、解读，我们的理论可能还有很多艰苦的探索工作。

至少有这么两个构建有这么几个方面的作用：

第一是国际关系中的各种困境，它又提出了质疑，比如"修昔底德陷阱"，这些陷阱是不是存在，现在很多人还在提陷阱，这些陷阱是不是存在或者说是不是人为建构的呢？这些方面也值得我们深思。

第二，我们的和平发展和治理之争问题确实是存在的。既然存在的情况之下，中国作为这样一个新兴大国也好，实现中华民族伟大复兴，这个责任是逃不掉的，当然责任和利益之间我们要进行平衡。

第三点就是新型国际关系里的一个问题就是大国是什么样的角色，当然是扮演关键的角色和作用。这次我们提出总体稳定和基本平衡的大国关系。能不能实现这样的大国关系是方方面面的，比如中美、中俄、美俄之间，首先就是理念和认知问题，我们人人都知道理念、观念和认知特别重要，但是问题是观念和认知真的很难改变，所以我们真的需要把我们提的两个构建挖深挖透，能够让西方人和全世界明白我们在讲什么才行。

第四，如果人类命运共同体是一个远大目标，构建新型国际关系是它的基础。大国的关系和国际安全治理的改变是一个前提，即使有全球治理的格局，改变也是很难的。中国考虑问题的角度是不一样的。如何构建我觉得有几个问题，包括上午很多老师都提出来了。

第一，如何让世界听懂得中国的话。十九大报告写得那么漂亮，实际上我们大部分中国人是读不懂的，我可以说大部分中国老师是读不懂十九大报告的，因为它的语言和平时我们的语言是不一样的，所以真的需要我们专家去理解，特别是怎么让全世界理解我们，这是特别困难的一个问题。

第二，如何处理大国关系，刚才已经讲过了。

第三，规范和制度确实有一个创新。这是一个长期的、经过艰苦探索逐渐被接受的过程，我想面临既有机遇，确实挑战也特别多。现在有学者一直讨论会不会透支国力问题，我想都是存在的。我们作为这样一个国家，一定要处理好国内和国际安全、稳定和发展的关系问题，仍然是特别重要的。特别是问题，国内的治理、国家的治理，是我们参与和引领全球治理的基础。如果国家治理很糟糕，如果国家内部安全问题、发展问题、利益解决不了，我们如何引领国际全球治理。这些事情需要我们有更多的对话，可能有助于我们从两个方面来思考问题。谢谢！

吴志成：长征院长立足于两个构建，从五个方面谈了有关人类命运共同体对既有国际关系理论与实践的思考。下面请冯玉军教授。

冯玉军（复旦大学教授）：非常感谢国关的邀请。这几年国际形势变化大家总是用混乱来形容，乱象丛生、乱云飞渡，确实有很多让人看不清楚的地方。究竟发生了哪些变化，什么原因导致了这些变化，我也把自己相关的简单思考向大家做一个简单的汇报。

我个人认为，现在这些变化都是源自于金融危机以后，三场非常重要的革命就是新能源革命、新工业革命和新军事革命。新能源革命我们看得很清楚，美国已经超越了沙特和俄罗斯成为世界上第一大石油和天然气生产国，这对世界能源市场和国际地缘政治格局带来的影响是非常重大的。第二场革命就是包括物联网、人工智能等一系列科技革命，而且现在特别是特朗普减税以后，高端制造业正在向美国和欧洲发达国家回流。当然我们也提出了自己的2025，但是未来究竟怎么样还需要进一步观察，更为重要的一场革命就是新军事革命。上午孟祥青老师也讲了一些。新军事革命，我觉得在五个方面正在加速开展。第一个是核武器现代化，美俄两个大国都在紧锣密鼓地让自己的核武库实现现代化，美国未来十年在这方面花费的开支即将达到6000亿每元，每年都有600亿美元；俄罗斯尽管财力不足，但是现在也在一些新的战略核力量建设方面投入新的资源；中国最近在这方面也取得新的进展，包括多弹头的分导式战略洲际导弹。第二是反导系统的部署和落实。美国在欧洲、亚太都在搞自己的反导系统，其实我们也在打造自己的反导体系，俄罗斯也是这样。第三是全球快速打击系统，也正在快马加鞭地落实。美国有美国的计划，俄罗斯有俄罗斯的计划，中国在这方面也投入了巨资，甚至在某些方面我们已经领先于美国人。第四是网络战。这已经不仅仅是一个理论问题，而且进入了实战的阶段，从美国人当初利用"火焰"病毒打击伊朗的浓缩铀计划，到朝鲜利用网络武器，包括俄罗斯，都已经进入了实战阶段。第五是无人化战争，随着人工智能的不断发展，随着无人机包括未来机器战士的运用，整个战争形态可能也会发生大的变化。在新军事革命变革的影响之下，我觉得国际安全的态势也发生了剧烈变革：

第一，既有的全球战略的平衡其实是在失衡，过去的平衡已经不复存在了。体现在三个方面：一是决策可以多元，比如原来讲全球战略平衡只是美苏两个国家的事情，现在随着新技术的广泛应用，我想越来越多地出现了能够对地区甚至全球形势产生影响的主体，既包括朝鲜这样的国家，也包括一些非国家行为体。二是全球战略平衡领域也进一步扩展。从原来的核安全转向了网络安全、太空安全等等一系列新的空间。在新军事革命影响之下，各大力量之间的军备竞赛正在加速进行。刚才讲到了美俄和中国，日本现在也是这样。三是出现了新的债权和形态。传统地区战争，国家之间的武装冲突，可能未来还会有，但是随着乌克兰危机的演进，俄国人开始把心理战、情报战、网络战、特种战有机结合起来，在短短的两三天之内就用两三万人的"小绿人"，拿下了整个克里米亚，而且后来在乌克兰东部地区我们又重新看到了这种场景的出现。未来的战争形态，这种混合战争可能成为一种低烈度的但是影响非常深远的一种战争形态。

第三，既有的国际军控与裁军体系加速崩坏。从美俄双边的传统军控、裁军体系可以看到，美国人已经撕毁了反导条约，俄美之间削减进攻性战略武器条约的约束力和影响范围相当有限。最近我们也看到美俄两国围绕着欧洲常规武装力量条约，围绕中导条约之间的斗争也日益激烈，这些条约其实在很大程度上事实上也被撕毁。在全球领域，《核武器不扩散条约》《核禁试条约》《化武条约》《生化武器条约》，其实也在日益受到不同行为体的挑战；我们身边的朝鲜，不仅在开发核武器，也在积极开发化学武器和生物武器，这种对地区安全构成的挑战一点也不比核武器的影响更小。还有刚才说到的无论是网络空间也好，太空军事竞赛，都没有现成的国际条约加以约束，未来究竟怎么办？在这种情况下，对于中国来讲，我们有很多工作要做，当然人类命运共同体是我们的终极目标，但是要达成这个目标还有很多道路、很多困难要去克服，我觉得这里有几个问题我们要想清楚，和国际安全有关的，原来我们倡导的多极化体系究竟意味着什么？是一种更加均衡、更加稳定、更加和平的国际秩序，还是会带来更多的混乱和不确定性？最近俄罗斯国家杜马原来副主席老布金的一个观点，俄国人原来也积极倡导多极化，他讲多极化现在看来带来的是更多的混乱和不确定性。再有就是我们所倡导的人类命运共同体，伟大的理想和现实当中的我们的军事现代化是怎么一个关系，我们在很大程度上也要趁着新军事革命的发展来不断提升我们的军备能力，但是现实和理想之间的落差怎么样协调。

第四，我们对于安全的威胁究竟做出哪些判断，把我们的外交资源更多地放在哪个方向。举个例子，最近一个阶段，我们一两年来，把很多精力放在了反萨德上。为了反萨德，我们投入了很多外交资源，中韩关系也经历了波峰浪谷式的变化，但是最终结果在很多人看来，尽管韩国人说萨德不针对中国、我们不和美国人联网，但是这是不可核查的。另一方面，我们对朝核问题，包括朝鲜开发化学武器和生物武器方面并没有投入切实的外交资源加以遏制。究竟要把谁看成我们最重要的威胁和挑战。

第五，我非常同意蔡老师的说法，我们现在在走向世界大国的过程当中，我们内外的张力怎么样化解。对外我们更多的是自由主义的，当然我们说我们已经完全超越了西方三百年的国际关系理论，但是它的内核我觉得是一脉相承的，是自由主义的主张，全球化、人类命运共同体，这和威尔逊的"十四点计划"和戈尔巴乔夫全人类的利益高于一切，我觉得还是有共同之处的。但是另外一个方面，我们的国内治理更多的还是保守主义的。对外的自由主义和内部的保守主义怎么协调？其实影响着中国未来的发展，也影响着我们对国际安全形势的思考和最终的变化。我自己没有答案，也是在日常研究当中出现的一些困惑，也求教于各位老师。谢谢！

吴志成：今天我看上午到下午真正谈军事的不是太多，给我们很多启发。下一位有请安全反恐专家李伟教授发言，发言题目是《理解构建人类命运共同体在全球治理中的地位与作用》。

李伟（中国现代国际关系研究院研究员）：谢谢吴院长，也非常感谢林利民和国际关系学院国政系的邀请，今天非常荣幸参加这个会。上午和下午，大家对人类命运共同体谈的深度广度，无论从学理上还是实践上，都谈得非常多了，所以我觉得我自己也谈不出什么新的东西。但是午饭也吃了、早饭也吃了，还说有晚饭，所以还是得谈一点。

今天我有一个感觉，我们谈国际安全治理问题，我们始终没有脱离十九大报告在国际关系、国际安全治理的中国方略这样一个总体框架，所以我们也是近期密集度很高地学习十九大。在学习的过程中，确实感觉到十九大很多理念、很多观点看法非常博大精深。所以我觉得我们一次研讨会也很难谈得透彻，林主任什么时候有时间我们再讨论一次。

我下面就谈理解，因为我感觉自己没有把握谈这个问题，只是把自己对构建人类命运共同体在全球治理中的地位与作用谈一些不成熟的想法，供大家批判。主要谈三个方面的观点：

第一，构建人类命运共同体，我个人认为是全球治理中的中国方案的核心。这点对不对大家可能各有各的看法。我为什么下这样一个结论呢？因为我们看到人类命运共同体的理念具有非常坚实、扎实的基础，也可以说它具有了它的价值观念是习近平主席在中国特色社会主义思想非常重要的组成部分。这样一来我们就知道，实际上人类命运共同体这样一个理念的提出，既包括了我们继承的西方理论马克思列宁主义，特别是包含了中国五千年以来文明的继承和结晶，非常有别于现成的西方和其他意识形态价值观念的方面，包括今天上午孙院长也提到了，下午蔡所长也提到了，包括它的包容性、多样性，包括和谐合作共赢的一系列理念，实际上都能在人类命运共同体中得到体现。所以我们讲，没有比较就没有鉴别，我们跟谁比呢？跟西方所推出的普世价值观念。原来我们一直在研究西方提出的普世价值观念，但是现在我们发现在全球无论是西方的普世价值观念还是其他的一些思想观念，都有一个致命的弱点，致命的弱点是什么呢？这些理念、观念都是依托于不同的宗教为基础而形成的，包括西方意识形态价值观念的最坚实的基础是源自于基督教。它的普世价值观念是基督教的一种施舍形态的普世价值观念。我们为什么这样说呢？我们可以看到从西方整体基督教的兴起、发展这个过程中，从它的殖民主义开始掠夺第三世界开始，乃至于到今天我们看到它在全球治理中发挥的作用，我个人认为主要有三个方面：一是武装干涉，也称为植入式民主。二是如果不便于进行植入式民主和大规模军事干预，采取的手段就是一种制裁的姿态。三是援助。这种援助跟我们所提倡的不一样，它是带有条件的援助，带有西方意识形态价值观念的援助。普世价值观念，西方现在面临着一个瓶颈、困境，或者说它的普世价值观念很难继续下去。所以我们可以看到为什么说英国脱欧、为什么特朗普能够上、为什么西方的极右势力的兴起都打破了西方这个以基督教为基础的普世价值观念。所以说现在欧洲要把难民挡在自己的国境之外，特朗普要筑高墙，这一切都与他所倡导的所谓普世价值观念的思想是不符的，因为现在它的普世价值观念，也就是说基督教为基础的意识形态受到了前所未有的挑战。这种挑战才导致西方乱象的出现，所以西方现在面临的问题不是来自于外部而是来自于他们自己内部，这才是问题所在，也可以说西方这种价值观念在全球治理中的地位、作用在急剧下降，这也就是我们为什么说中国日益走近世界舞台中央，因为有人要退出去了。包括我们看到的另外一些宗教形态，都是一种对抗性、排他性的，这个形态很难形成一个在全球化背景下实现全球治理。

第二，"一带一路"建设是全球治理的载体和依托。我们提人类命运共同体，空谈口号不行，你必须要有一个具体载体，这些载体我们上午也听到了，大家不能狭义地从经济上理解"一带一路"建设，所以我们说"一带一路"建设正是要弘扬古丝绸之路的精神、通过这些精神,"一带一路"的项目能够充分体现出来。这样一来我们就可以看到这与西方国家刚才我们提到的几种在全球治理中采取的方式方法不一样。这也是习主席提出的"一带一路"建设,包括世界政党大会上提的,说我们不会谋求改变其他国家的政体,我们也不会把中国的体制强加于他国之上。这也充分体现了我们在构建人类命运共同体传承的精华都在这里。所以说如果没有"一带一路"建设,我们也很难把构建人类命运共同体这样一个核心的全球治理理念推出去。"一带一路"不光是经济项目为主的,而是涵盖古丝绸之路的精神、中华文明这样一个精华,也包括人类命运共同体的理念。

第三,新安全观是当前国际安全治理的一个主要形态。这点上我们知道新安全观是习主席在亚信会议上提出来的,原来是亚洲安全观的体现,现在已经把它提升为一个国际安全观理念。也就是说新安全观强调的核心就是合作、安全,任何一个国家、你再强大,都不可能包打天下,美国是一个最活生生的事例。

我特别同意蔡所长对全球化所阐释的几个误解,我们认为全球化必然是人类发展不可逆的进程。在这样的状态下,不同国家之间的相互依存以及不同国家的安全脆弱性都在不断凸显。所以说只有通过合作的安全,才能真正解决国际上的安全问题。

从这三个方面来看,真正的全球治理涉及面非常广,我们要有核心、有载体,还要有形态、形式,这样才能在全球治理问题,包括国际安全治理问题上,中国把自己的理念真正贯彻下去,造福于人类。谢谢!

吴志成:李伟给我们分享了他理解人类命运共同体在全球治理中的地位与作用,提到了新安全观、"一带一路"等等。下面有请张健所长谈欧洲安全治理与人类命运共同体。

张健(中国现代国际关系研究院欧洲所副所长):感谢吴院长、

感谢国关和林老师邀请我、给我这个学习机会。国际安全治理是一个很大的题目,人类命运共同体也是一个很崇高的事业,我主要做欧洲研究,所以对这一块确实理解不深,主要是学习,主要从欧洲方面谈一些感受。听了很多,这个世界应该说是一个非常不安全的世界、不确定性很多,国与国之间,不管大国、小国、穷国、弱国、富国、强国都感觉不安全,最强的美国也感觉不安全。我们说中国是最安全的国家,但是中国也感觉不安全。每个国家从不同角度,从自己的国家利益出发寻求自己的安全建设,但是这些东西很大程度上又是和地区其他国家或者全球秩序相冲突的。所以怎么样把国家治理和地区、国际治理结合,的确是一个很大的问题。

欧洲是全球很大的一块,这几年我们说欧洲衰落等等,毕竟还是很大的一块,它的地区治理,欧洲在全球的行为,我觉得对这个国际安全治理还是不容忽视的一个因素。我们推进人类命运共同体怎么样推进,我觉得单靠中国可能不行,我觉得也需要一些合作者、需要一些同路人,欧洲人我觉得是可以争取的对象。我觉得美国是不大可能跟我们一块推进人类命运共同体建设的,这个比较难。但是,要推进呢,可以采取革命的办法,从农村包围城市、从亚非拉争取志同道合的朋友,然后是欧洲,最后如果这个理念深入人心,美国也可能接受,这也是一个办法。所以从这个角度我想谈一谈欧洲,欧洲安全形势的变化、欧洲新的一些考虑。

我先说欧洲当前的安全形势变化。我主要说西欧加上后来东欧剧变以后出来的这些国家,不包括独联体这些国家。这一块战后以来还是很成功的,地区安全治理是不错的。最近几年发生了很多变化,上午也说了很多,第一是传统军事安全再次浮现,这对欧洲来说是一个大问题。二是恐怖主义。西欧以前是个安全岛,现在也不安全了,今年也有好几起恐怖事件。再就是难民问题、非法移民问题,加上国内穆斯林的融合问题,所以给欧洲造成了很多烦扰。三是世界的变化。欧洲人担心的就是俄罗斯的混合战，这个混合战主要是针对俄罗斯的，这个主要是通过信息宣传、新媒体，一方面是俄罗斯的混合战，另一方面是一些渗透，宗教特别是伊斯兰极端主义的渗透，现在欧洲要反混合战，反极端化，这是一个很重要的问题。应该说欧洲安全形势已经发生了很大变化，变得很不安全，不管是传统的还是非传统方面的，都在深入发展。与此同时，欧洲面临一个治理困境。在威胁加大的时候，现在欧洲不知道怎么办。第一个冲击就是美国的收缩，它发展这么多年，是欧洲的安全支柱之一，现在我们不说解构，至少双方是在疏离，或者过去几年，我们说欧美疏离，相互不信任的种子已经播下，现在可能正在生根发芽。在美国收缩退出以后，如何处理跟俄罗斯的关系问题，如何在中东承担更大的责任，如何构建一个新的秩序或者国际安全治理体系，对欧洲来说都是很大的挑战。

第二就是它的安全治理模式。我觉得战后以来，欧洲最成功的就是一体化，保障了欧洲的和平，出发点就是这样。事实上战后这么多年，确实保住了欧洲大陆的和平，现在随着民粹主义、民族主义再次兴起，一体化出现了一个倒退趋势，特别是2016年英国脱欧，未来一体化能不能保证西欧大陆的和平，这个一体化会不会继续往后走，也是一个大问题。

第三是在解决安全治理问题上，欧洲的推动力、国际影响力在下降，它想做一些事，但是放眼全球，谁能帮欧洲做事，谁能和欧洲一起解决它的安全关系？我觉得现在看不到一个合适的对象，美国现在好像是一个破坏性因素，从欧洲可以强烈依赖的盟友变成了一个破坏性因素；俄罗斯就不用说了，欧美关系现在不知道怎么处理；其他的主要力量好像只有中国还能说几句话，跟他有一点共同语言。第三个问题我说一下欧洲的安全思路是什么样的。我觉得从目前情况来看，欧洲想做这样几方面的事情：一是自强自立，战后这么多年依靠美国提供的安全保护伞、甘于做小兄弟，现在他觉得这个可能不行了，必须要自己独立。最近几年欧洲在防卫联盟建设方面投入了一些力量。二是还要尽可能拉住美国，北边受到一些冲击，但是目前来看维持，能维持就要让它维持下去。三是解决发展问题，主要是周边，现在欧洲很多困扰都是来自周边，中东、非洲等等，它要解决这个问题，包括解决非法移民问题，解决恐怖主义问题，都需要从根本上解决。四是国际合作。刚才我讲了，至少是在非传统安全方面，我觉得欧洲开始把眼光更多地举向中国，这是它的安全心理的思路。

第四，欧洲跟人类命运共同体的关系。欧洲可以成为人类命运共同体的关心者。理念上，跟欧洲人有些相似的地方。人类命运共同体，中国自古以来就有这个意识，天下大同、家天下，自古到现在就有这个意识。欧洲战后搞欧洲共同体，所以它的共同体意识很强，虽然它要讲的共同体跟我们要讲的共同体不一样，但是它让渡主权，相互依赖，欧洲对这个理解还是很深的，至少比我们还要深。这方面的意识还是挺强的。所以应该来说，人类命运共同体，欧洲人现在有疑虑，不知道你到底想干什么，但是从根本上讲他对这个共同体是理解的，主要这个事是符合欧洲利益的。

第五，中国也是胸怀人类、胸怀天下。欧洲也有点这个意思，悲天悯人、人道主义情怀、人文关怀方面也是很强的。这方面中欧也有一些共同点。

第六，在非传统安全领域，无论是在气候变化、发展问题还是难民问题，这方面中欧对话都是在增多；特别是气候变化，特朗普退出，欧洲对中国非常看重。传统安全领域应该说是有限制的，由于意识形态原因或者由于美国干预，中欧在传统军事领域合作一直是浅层次，很难深入。但是我觉得欧洲和平意识还是挺强的，特别是德国这些国家，和平意识很强，单靠国防也解决不了问题。所以在反对战争方面，我觉得这一方面中欧也有更多的对话空间。

具体能做的从目前来看有限，但是维护全球和平这一方面我觉得是有共识的。很困难，但是我觉得中欧是可以进化的，世界上两大力量，这两大力量能够携手，对我们推动人类命运共同体建设还是有助益的。

吴志成：张健所长的发言从前面几位全球治理、国际安全治理当中又回到了区域治理层面，特别是以欧洲为案例，剖析了欧洲安全区域治理的分析。欧洲过去的成功探索和目前面临的巨大的挑战当中，我们可以看到不管全球治理还是区域治理，任重而道远。最后一位发言人是东道主李春霞主任。

李春霞（国际关系学院副教授）：上午听了各位老师关于人类命运共同体从各个角度的剖析，我对这个问题有了更深刻的了解。其实我就是做国别研究的，主要是做越南，是国别地区研究的范畴。结合上午大家对人类命运共同体和我研究的对象国、对象地区结合起来，谈一下我的理解。

对于十九大，前面的专家也都提到了，其实就是强国在如何构建人类命运共同体。从周边来看，中央也一直在提这个概念，周边命运共同体。从周边命运共同体的理解上，可能有各种不同的理解，可以从各个领域来进行分析。我的理解从国别地区上，我认为它是在实现我们十九大提出的强国梦。要强国，其实就是在周边构建一个战略依托，这个战略依托怎么样能够更扎实地构建起来，能够让我们离世界舞台越来越近或者处于中心地位。

在这个里面，我们把这个问题就继续落地细化的话，就是中国与周边国家如何去构建命运共同体？我是搞国别研究的，所以总是呼吁换位思考，换一个角度了解我们的周边国家，知道周边国家的安全需求，知道周边国家是如何对中国进行认知的。具体到我所研究的越南，我主要研究越南外交问题，包括越南和东南亚地区的很多国家，因为是二战以后从殖民地独立出来的，我认为这些地区的国家依然还在民族国家构建过程之中，所以他们对主权独立、领土完整是格外敏感的。东盟地区、东南亚地区是我们周边国家首要，也是我们比较成功的一个地区，但是我们经营了二十多年，在经济上、影响力上，我们有很大作用；但是这几年，美国这样一个再平衡，随着我们周边事态发展，一个是有西方的外部因素，还有这些地区对民族主权的敏感度所决定的。具体到越南这个国家，1986年革新开放，革新之后提出了全方位的独立外交；1986年之后，它其实就是不断在内化民族国家这样一个概念，把党、民族和国家的概念联结在一起。这个主要的反映就是它的意识形态逐渐向国家利益概念过渡。我把这个过程也叫做越南的外交转型，当然我们说中国也在外交转型，越南其实也有外交转型，我们只是从周边事态变化上，越南好像总是有两面性，总是说它是比较滑的，在中美之间搞平衡。其实从它的党的文件表述中也可以看到，它是逐渐把它的意识形态在这个过程中不断淡化，不断地向民族国家的概念转化。就像我们看到的革新开放之后，强调增友减敌的概念中，90年代在政治上一直在谋求和中国建立基于意识形态之上的盟国关系，逐渐到2003年提出两个"凡是"，也就是说确定了以国家目标来确定它的对外战略，凡是尊重越南主权的就是合作伙伴，凡是破坏的就是斗争现象。之后我们就看到它强调大国之间斗争与合作的两面，以国家的目标、而不是以意识形态，我们看到2005年、2006年，越南和美国之间的关系迅速加强，军舰之间的往来，之后我认为2011年的十一大又是一个突破，它把民族、国家利益明确地提出作为越南对外交往的最高原则，并且提出近9000万人的越南人民的最高利益、400万海外越南人的最高利益。这个就是把党、民族国家内化，在这个过程中，越南的官方以及和我们的交流学者中，他们就提出我们对美国是怕而亲、对中国是亲而怕。当然这里有毗邻大国和小国的地缘政治的矛盾心理，但是这里有主权国家之间的安全困境在里面，它担心，但是它从中国这里得到很多实惠和好处，担心中国对它的控制和主权上的不完整，这是它非常敏感的。对于这样一个不断内化的周边，在东南亚地区放到每个国家都有这样的情况。我们如何与这样的越南构建人类命运共同体，我认为从三个方面来讲：我们官方一直在讲政党政治是中越之间的压舱石，我觉得这个必须提，但是在认识上一定要划分清楚，越南已经把党派的意识形态的东西内化到民族国家的利益里面去了，而不能再用过去的阵营内的兄弟感情再构建这样一种关系。或者像我们开玩笑说的，像惯坏的姑娘这样来形容它，这个都已经不适应已经转型、已经内化的中越关系的构建。另外，命运共同体里我觉得有硬的一面和软的一面，硬的一面就是对这些地区包括对越南我们有压倒性的优势地位，不仅在政治上，我们的政治稳定，对越南这些政权这样的一种需求就是具有压倒性的、有强大吸引力的。另外是军事、经济、技术等各个方面，这是有压倒性的优势，我们有一种威慑性，这是硬的一面、非常硬。另外软的一面是非官方渠道，改变过去只是官方渠道的来往非常多，或者是我们的主要的，后面我们软性、柔性、非官方的渠道，就是现在谈的人文交流做得惠及、普及、影响到它的普通民众，这可能是我们后面对越南也好、对东南亚地区国家也好，怎么想办法，从命运共同体这个角度上。

吴志成：我们的发言就到此结束，下面是两位评论人，一位是来自河南大学的副校长、研究生院院长孙君健教授，一位是世界知识出版社的罗洁。

孙君健（河南大学副校长）：下午听了各位老师讲了以后，我有这么几点体会和各位同行分享。

第一，刚才发言者是六位专家，紧紧围绕今天下午第一个阶段主题国际安全治理与人类命运共同体而发表了自己的见解，特别是蔡拓教授和戴长征教授又进一步拓展这个主题。主题比较鲜明，围绕今天下午第一个阶段的主题来发表演讲，阐述他们的思想。

第二，刚才几位专家都分别从不同角度深入，要么解释国际安全治理和人类命运共同体之间的关系，要么是分别从概念或者理论上进行分析。从两个方面来看能够体现出来：从层次上，既有从全球角度理解全球安全治理与人类命运共同体之间的关系；还有从区域角度来理解，包括我们从欧洲安全、还有从国别，从这个角度来理解我们的国际安全治理与人类命运共同体之间的关系；还有一个角度，就是分别从文本、理念上、人类命运共同体建设的理念到理论上、到实际操作上，从这些角度来研究和阐述他们研究的心得体会。从理念上，特别是蔡拓教授的发言当中体现的，应该是从政治哲学高度，解决我们如何从全球化认识方面，尤其是五个方面的误区来理解全球治理和人类命运共同体之间的关系。戴长征老师主要从国际关系理论，从我们提出的人类命运共同体对于国际关系理论新的指导或者引导，这个方面的现实性的推动，还有从学理方面的一些期盼等等。

第三，大家都有很现实的关切。如果说从第二个方面，从不同角度、不同层面上来解读国际安全治理与人类命运共同体之间的关系，大家更多地从现实提出了如何实现人类命运共同体，特别是通过国际安全治理方面来实现，面临着很多问题，比如说新军事革命所带来的新的军事竞赛，比如说非传统安全的一些因素的蔓延对人类命运共同体构建带来的威胁。这里大家有很多现实关切，同时我们从理论上做国际关系学科建设和发展也有一些现实的需求和担忧，是我们推进有中国风格、中国特色的国际关系学派方面也有一些关切。

第四，从今天的学术讨论来说这里也体现了我们的学术期盼和学术观点。从刚才几位发言人里讲到的，对人类命运共同体文本本身的理解，包括李伟教授从三个层面：核心、载体、实现形态、方式等角度怎么样去理解。二是还有一些期盼，主要是戴长征老师提出来的，对我们的国际关系理论建设有所指导。还有就是在建构过程中面临的国际关系行为主体变化的问题等等。

从以上四点当中我有这么一些感受，总体来讲，国际安全治理理论与人类命运共同体建设是永远谈不完的话题，如果按照蔡拓老师讲的话，我们是要从哲学角度好好理解，也是我们的一个愿望。但是从国际安全治理现实面临的问题来看，这个也是需要探讨的，永无止境。谢谢各位！

吴志成：下面有请罗洁社长。

罗洁（《世界知识》杂志社社长）：首先非常感谢国际关系学院的邀请。这节各位老师的发言，我本来还是有点想法的，结果孙老师这么一讲，我觉得孙老师把我的想法都讲了，比我的想法更加深入，我就不知道该讲什么了。我很同意孙老师讲的几点，我们这个组里涉及到的领域比较多，也国别的也有区域的，有问题意识也有对国际关系理论的探讨，使这节内容非常丰富。但是我自己个人感觉，我印象最深刻的还是觉得蔡老师提出来的那些思考的几个方面，我觉得也是应该引起我们思考的，比如说"三个关切""五个误解""二个警惕"。我是做杂志的，我们做文章过程中，大部分时候会有问题意识，不能说只讲好；大家都觉得这个东西很美好，我们怎么样让它更加美好，我们更多的是想到其中的问题，怎么样规避这些问题；或者说这些问题不能解决的情况下，应该以什么样的方式探讨。所以我对刚才最后发言的李老师讲到的越南的情况，其实我也挺有感受的，我自己对缅甸比较感兴趣，所以做了一些研究。就觉得我们对他们周边小国有的时候太多用自己的一些想法去替代别人的思考，这样的话，有的时候可能是好心还会办坏事。

我们想有一个提问，今天开了一天，我是觉得内容真是非常丰富,各个方面几乎都有了,我看下一节也没有海洋问题。2017年南海问题看上去好像风平浪静,好像没有什么大问题,但是是不是也是暗流涌动的,会不会随时爆发?希望下面有些老师讲一下这些问题,或者徐步大使也能给我们讲一讲。要不然觉得今天还是有点遗憾。

我是做杂志的,希望我们老师的这些观点,可能会以另外的方式跟老师们联系,这些观点在我们这个会议上,大家都是这个领域的专家,希望将来约稿的时候,大家可以把高深的观点用浅出的语言表达出来。谢谢!

吴志成:地区安全治理、国际安全治理实际还是人治,南海之所以保持了基本平静,我觉得徐大使有朝一日离开东盟大使岗位的时候,也许南海未必那么平静了。

徐步:感谢志成院长给我这个机会,南海问题很庞杂,我就不展开了;但是我想回应一下春霞教授讲到的越南问题。春霞教授讲到国家利益、民族利益放在首位,是非常客观的观点。我们总会想到越南还是一个社会主义国家,两个国家之间的政党有这样一些共性,因此我们在处理国与国之间关系的时候应该充分考虑到维护好这样一种所谓的政党之间的关系,两国意识形态这样一种共性的关系。实际上,就我的工作岗位上所体会到的,越南其实跟我们想象当中的越南、共同的意识形态、这么一个友好的邻邦,其实越南跟我们的关系或者越南人对中国人的感觉远远谈不上近,可以说一点都不近。我们讲周边,普遍存在一种所谓近而不亲的现象。春霞教授讲的是所谓亲但是怕,我讲的是我感觉一点都不亲。越南在南海问题上的表现是非常恶劣的,原来把它自己绑在菲律宾身上,极力鼓动菲律宾挑头,杜特尔特政府转向之后,越南就跳到了前台,冲在了前面,越南可以说在对华政策上是在利用政党的关系,利用意识形态上的所谓共同观念的牌,从对华关系中获取它所希望得到的这样一种利益，来营造它所希望看到的一种环境，来谋取它所追求的这样一种外交上的所谓价值取向。所以在处理国与国之间关系的过程当中我们必须始终把国家利益放在第一位，而不是政党的利益或者意识形态上的利益。这点我想我们新中国建立以来，在外交上，在国与国之间的关系过程中已经有了足够的教训和经验，在今后现实的各个关系处理当中，我们应该始终牢记这一点。谢谢！

吴志成：通过前面八位发言人，大家可以感觉围绕国际安全治理和人类命运共同体的建设，我们可以感受到人类命运共同体的理念的理想化和国际安全治理现实的严峻性，这两者在我们刚才的交流当中充分展现出来了，这里既有学院派的理论思考，也有外交战略派的现实分析，所以给我们就这个问题的理解更加客观全面又辩证，某种意义上来说，值得我们学院派的很多学者好好吸取智慧。

刚才孙君健校长也讲到了，这里有几个关键词，全球治理、国家治理、区域安全治理、国际安全治理，我们在这个新的时代的国家、区域、国际、全球这样一个作为大国需要构建的大的安全战略，大的多层次的安全治理的战略充分从不同视角进行了各自的阐述，让我们非常受益。

今天上午已经有人提出来了，我们这个环节，国家安全治理和全球安全治理两者之间有什么区别。我个人以为，国际安全治理是长期以来民族国家时代的话语，国际是民族国家时代的话语，在目前的地球村的新时代，我们更多应该讲全球安全治理。全球安全治理应该是从世界层面的世界治理，国际治理应该是国家之间的治理。国际治理可以是全球的也可以是区域的，但是全球治理一定是世界的、全球范围更广泛的。所以更准确地描述我们这个时代，特别是与人类命运共同体所追求和对应的在安全治理问题上的内涵的话，应该是更侧重于全球安全治理。

第四场　国际安全治理与新型国际关系
（主持人：孙君健、蔡拓）

孙君健：根据会议安排，我和蔡老师一块主持，下面有请王树春教授发言。

王树春（广州外国语大学教授）：今天的题目是国际安全治理与人类命运共同体。这个比较高大上，理想很丰满、现实很骨感，我一直在怀疑我们国家内部问题成堆的情况下提这么一个话题，别人会怎么想、别人会不会信、政府是不是也是"不管你们信不信反正我信了"这样一种观念。上午很多学者也提到了我们的观点，我就把它综合一下，做一下安全观的转变这样的话题。

我认为现在安全观念存在三种形式，一种是传统的安全感，我为了和新安全观做一下区分，我提了一个新型安全观，在这两者之间有一个过渡型安全观，大家可以比较一下我提的东西和我们现在提的新安全观的异同。我觉得安全观的内容主要是三个方面：一是安全主体；二是安全内容；三是安全手段。我们比较一下这三种安全观在这三个方面的异同，我认为传统安全感在安全主体方面强调的是一元化的，国家是唯一的安全主体，所谓安全就是国家安全；过渡型安全观我认为是多元的，但是有哪一个是主导的区别。安全主体既包括国家也包括国家之上的国际社会和国家之下的个人，但是它更强调的是国家的主体地位；而新型安全观我认为也是多元的，但是更强调的是个人安全，所以既包括国家之上的国际社会，也包括国家之下的个人，但是更多的是强调个人安全方面。安全内容方面，传统安全观讲国家的安全就是国家的军事安全，所以国家必须要维护足够的军事防御能力；过渡型安全观强调在安全内容上讲的是综合性的，比如说安全的内容既包括军事安全、经济安全、政治安全、社会安全、生态安全等等，但是更强调军事安全的地位，注重发展国家的军事力量；在新型安全观内容上也是综合的，既包括军事安全、经济安全、政治安全、社会安全、环境安全，但是更强调经济安全和个人发展的政治权利。

这三种安全观在安全手段上，传统安全观更强调的是单一化手段，认为军事手段是解决国家安全最有力的唯一手段；过渡安全观强调的是手段多样化，说安全手段既包括军事安全也要包括非军事安全，但是二者相比的情况下更强调不放弃军事手段来解决安全问题；最后新型安全观在安全手段上也是多样性的，既包括军事手段也包括非军事手段，二者相比的情况下更强调运用非军事手段解决安全问题。

三种安全观念从传统向新型安全观的转变，但是我认为现在还没有完全实现新型安全观，所以我提了一个过渡型安全观，也就是在安全主体、安全内容、安全手段方面，虽然实现了多样化，但是还是强调一个主体的地位，就是国家的主体地位，军事的主要内容作为它的主导地位，手段也强调军事方面的手段。很多国家讲的新安全观更多的是目前处在过渡型安全观的类型上，比如我们国家提的安全观，我认为其实我们国家提的一些东西，在20世纪70年代西方早已经提过了，比如综合安全、合作安全、共同安全，这些东西原来都有，只是我们国家提了以后，我们国内就说它是一种新的东西，所以不是后来提的东西都是新的东西，我认为还是处在过渡的方面。除了理论上的梳理之外，我认为从传统安全观上，主体方面，目前来看，国际社会比如国际安全，我觉得内涵不是很清楚。国际安全到底指的是谁的安全？比如个人的安全，现在很多国家都在讲这个东西，咱们国家我看十九大报告没提个人安全，提的是人民的安全。我认为这个还是有一点区别的，比如说要强调个人安全，更多的是强调个人的权利,我们国家大家也都知道,人民的概念在不同历史时期的内容也是不一样的;但是我认为国家作为国际社会的主体地位现在还没有撼动,因为国家在主权、领土上有更多民族主义能够唤醒人们对它的效忠方面和非国家行为体还是有无可争议的优势的,所以我认为主导的还应该是国家安全。安全内容方面,大家一直讲是不是有其他方面的内容,比如大家没有争议的,前面我们谈到了安全的含义,大家如果按照这个安全的含义,很多问题是不是安全问题?现在很多问题都把它贴上了安全的标签,一旦提到安全的标签的时候就是一个深层的东西,就是必须要解决的,背后一定意味着资源的分配。如果所有问题都成了安全问题,都泛化到安全层面,这个资源的争夺就必然非常激烈。国家资源有限的时候怎样分配?是不是有主次?另外,在安全手段方面,我记得上午国防大学的唐教授讲到军事手段已经失效了,我认为这种提法还是要再斟酌一下。冷战结束以后,我们更多地强调发展、强调了经济方面的进步,以至于忽略了传统军事安全,我认为孟祥青教授讲的它经历了几个阶段,我认为实际上传统安全的军事的东西一直都在,只是在不同时期体现得没有像今天那么明显,甚至有人认为可以用经济手段来解决安全问题,不同性质的东西能不能相互替代,我表示质疑。

所以我的观点就是,我可能更倾向于保守一点,所以我认为在强调安全主体、内容手段多元的同时必须要突出其中的国家和军事手段的主导地位。谢谢大家!

孙君健:谢谢王老师。下面有请国关院的王文峰老师。

王文峰《现代国际关系》杂志主编):谢谢孙老师,也谢谢国关的邀请,上午跟大家一起谈国际安全治理,上午听的时候,我觉得心里还是挺有把握的,觉得我的思想、观点跟各位老师的观点都差不多,所以要放在下午,也是一个中规中矩的发言,讲完了也就讲完了。但是下午再说，好像在重复我上午准备的发言已经没有任何意义了，因为上午各位老师已经把我要讲的东西都讲完了，比如黄老师说国际安全治理定义还存在问题；我写的就是，首先安全治理的概念本身还是有问题的，后面的很多想法，包括很多老师也提到了，国际安全治理面临的困境其实是我发言的题目，对于我想说的或者说很多老师都已经表达的这样一个观点让大家留下更深刻的印象，我说一些不那么中规中矩的话。我们今天讨论的一个重要内容就是国际安全治理。不管它是国际安全治理还是全球安全治理，我觉得关键都是安全治理，我对安全治理这个事情本身其实不是很感冒，我觉得有必要讨论一下安全治理这件事是不是存在。国际安全治理，跟它在同一个档次的概念比如有全球治理，全球治理是我们这些年讨论得比较多的话题。当我们说到全球治理的时候，我们说的这个议题，经济议题和气候变化议题，说到经济议题，说到气候变化议题的时候，说治理的时候是有实实在在的内容的；经济议题就是说我们经济衰退、争取经济的增长；气候变化就是全世界各个国家一起应对气候变化的问题。这个治理都是有一个对象的，可是当我们说到安全治理的时候我们治理的目标、对象是什么呢？如果说我们治理的对象是人类或者世界、国际面临的安全问题，为什么今天提出来国际安全治理或者全球安全治理呢？因为安全问题从来都是存在的，自有人类社会以来，安全问题一直都是存在的。我们今天说到安全治理，当然今天很大程度上，国际安全的内容和以往有一些变化，但是也并没有完全变，或者说那些传统的东西仍然是安全问题的一些最主要的内容。以往人类无法解决的那些安全问题，国家间的矛盾、冲突、利益的纠纷，通过安全形式表现出来，以往没有解决，今天怎么就能够把这些问题解决呢？所以我首先就觉得，可能根本就没有国际安全治理这么回事。

什么叫国际安全治理？治理什么？怎样治理？具体来说，我觉得国际安全治理里，至少在今天机制是缺乏的。我们可以想一些不同层面的机制、不同形式的机制，比如说联合国可能是一种机制，联合国有合法性。在国际社会里面，它的合法性是最强的，但是它的行动能力是不行的、不够的。我觉得行动能力比较强的，比如美国的同盟结构，行动能力非常强，而且实际上它确实也能够一定程度上应对安全问题、解决一些安全问题；如果说它愿意解决这些问题的话，但是很大的问题是它的合法性不行，中国我们就认为北约或者说美国在亚洲的同盟体系的合法性不行，不能承担国际安全治理的机制或者主体角色。所以有些机构有合法性、有些机构有能力，但是很难有一个机构，比如地区安全论坛，既可能在合法性方面不足，更不要说能力，都是很软弱的。所以安全治理方面，机制是缺失的。

当前的障碍，一个是上午孟祥青老师也说到了，我觉得当前一个很重要的问题就是在国际安全上，传统安全议题的回归是很突出的，大国矛盾成为国际安全问题中或者说正在重新成为国际安全领域中的主要问题，相比于"9·11"之后更多的大家认为恐怖主义可能是我们共同面对的敌人那种情况来说，今天面临的共同的敌人、共同的安全威胁在变少，或者它的影响在下降，而大国之间的安全上的矛盾变得越来越突出了。所谓的治理，我觉得一个重要的因素就是要合作，合作一起去干一件事，才能说是国际治理。这里的合作，最主要的、在国际机制不足的情况下，大国之间的临时性的伙伴关系去合作治理，那可能是重要的。今天大国的这种安全上的矛盾可能越来越突出，所以大国的合作就变得可能性越来越少。这是一个障碍。

另外一个障碍就是我们面临一些新的安全问题。新的安全问题，比如说上午林老师也提出了太空、网络、深海等领域，没有规则，就可能世界主要力量按照一定规则联手进行治理，黄老师从中国角度来说这是中国的机会，因为这些是新领域、没有规则，所以中国可以抓住这个机会，更多地参与甚至逐步实现在这些安全问题上的主导，一般是对国际安全治理来说，我觉得没有规则其实也构成一个障碍。

再就是安全威胁主体越发多样化，从国家到组织到个人，这个世界安全形势变得越来越复杂，确实是这样的。我们受到的安全威胁来自方方面面，形式越来越多，组织非国家行为体乃至个人获得能够威胁社会、威胁国际社会、威胁国内社会的手段、能力和机会越来越多，对他们这样的威胁进行控制、预防、预测，我觉得相比之下就比以前要困难很多。

王树春老师说到军事手段不管用了，我能理解一定程度上确实不管用了，现在安全威胁可能来自于蚊子；但是对于国家来说，确实在一定程度上，它的军事手段不足以防范各种各样的安全威胁，这个意义上来说，武力在应对安全问题上显得力不从心、效果不大。

所以从这几个方面来说，我觉得当前国际安全治理确实面临着障碍，但是我觉得更重要的一点就是国际安全治理这个概念本身；这个概念之软、内容之空，没有抓手，确实很令我担忧，觉得也许再过两年，我们就不再谈论国际安全治理这个事了。

孙君健：袁教授从历史大现实到人类面临的安全问题，存不存在治，我们说天下大乱然后天下大治，文景之治和今天全球治理的治怎么理解？王老师给我们提供了一个再反思、再思考、再往前走的机会。下面请葛建华老师。

葛建华（《东北亚学刊》编辑）：感谢国关学院和林老师的邀请坐在这儿谈我的一点想法感到很荣幸，特别是听了这些理论大咖们的论述对我理论的提升非常有帮助。这几年我一直比较关注日本的印太战略，我谈一些这方面的心得，希望各位老师给予批评指正。

一、日本提出"自由开放的印度洋太平洋战略"，有了很大的进展。据媒体介绍美国政府文件已经将亚太换成了印太。日本提出的"自由开放的印太概念"已经获得美国的认可，成为美国的新亚洲政策。

日本的"印太战略"是在美国"印太战略"框架下，以日美同盟为主导、积极构建"印太"海上安全新秩序，配合美国及其主导的"印太秩序"。一方面，拉拢印度东进对中国崛起形成长期战略牵制；另一方面，通过强化与印度、澳大利亚等"印太"支点国家的政治、军事关系，以小多边海上安全合作形式，在"印太"两洋区域，建立多个以"自由、规则、法治"为基础，拥有共同意识形态的"小联盟"和伙伴关系网，使日本成为"印太地区"中美之外"中等强国和摇摆国家"的领导力量，谋求战略自主，维护和拓展日本在该地区的国家利益，从而把"印度洋太平洋"这一传统地缘政治概念，发展为"印太战略"。

安倍晋三第一次执政时期（2006.9.26—2007.9.12），日本将国家战略目标从亚太扩大至印度洋领域，希望通过联系该区域内的所谓民主国家牵制中国。2007年安倍访问印度，在国会讲演中使用"大亚洲"（broader Asia）概念，希望把"印度洋太平洋"作为一个整体地域，推动这一区域外交安保机制形成。随后安倍匆忙下台，这一提法并未得到日本外交安保专家和媒体的共鸣。

"安倍第二次上台之后就提出过'菱形钻石同盟'战略，希望澳大利亚、印度、日本和（美国的）夏威夷共同组成所谓'民主安全菱形'。近几年来，安倍也一直发展与印度的关系妄图在中国的西部进一步构筑对华包围圈。2016年8月，安倍在内罗毕举行的第六届东京非洲发展国际会议（TICAD）上正式提出"自由、开放的印度洋太平洋战略"。主要原因：一是海洋保障问题日益受到关注；二是印度崛起以及外交关系的变化；三是亚洲经济圈范围的扩大；四是中国采取的积极海洋战略。

二、日本在印太体系安全治理的主要内容：

1. 以三边合作为主要模式构建"民主钻石菱形同盟"是安倍在 2007 年首次提出日美澳印四国合作倡议，"通过日本与印度的联合，将美澳也拉入其中，逐渐成长为覆盖太平洋、印度洋全域的合作框架"，即以"自由、民主、基本法律和市场经济的价值观为基础建立起来"的"价值观外交"。这一倡议在安倍第二次执政时就顺势发展成为"民主钻石菱形同盟"的理念。所谓亚洲民主安全保障钻石同盟（本文简称"钻石同盟"），是以日美同盟为核心，美日澳印组成的菱形民主国家安保圈，将与英法合作的可能性也纳入到此范围内。

在"钻石同盟"中，双边层面上，美日、美澳、日印、日澳军事合作不断加强。除处于核心地位的日美同盟关系之外，日澳、日印之间的关系也形成一种"准同盟"的关系，每年定期召开外长、防长"2+2"会议，密集开展双边军事演习。在三边层面上，美日澳、美日印、日澳印关系均形成固定的高层对话机制，相关军演也在展开。三边合作是介于双边同盟和地区多边安全机制的一种合作形式，既弥补双边同盟和多边机制的不足，又不会取代现有机制。日本热衷于构建三边关系。笔者将对四国之间的三边关系，即美日澳、美日印和日澳印三边关系加以重点分析，剖析日本以双边同盟为基础，以发展三边关系为抓手，稳步推进"钻石同盟"的战略构建。11 月 26 日，日本提出四国进行首脑会谈，希望能在东南亚、南亚、中亚，甚至远到中东和非洲等地区的范畴内，促进自由贸易和防务合作，同时横跨亚非大陆去推进高质量的基础设施建设。

美日澳三边关系示范标杆，是构建"钻石同盟"的基轴。建立在安保基础上的美日澳三国关系相比另外两个三边关系，起步早、机制化程度高，关系更为成熟稳定。美日印三边关系突飞猛进，是构建"钻石同盟"的主翼。在美日印三边关系中，日美是同盟关系，日印关系已成为"准同盟关系"。在美日印三边关系中，日本通过更加主动的议题设计，游说美印的认可，以此形成合力，推动日本"印太战略"的落实。日澳印三边关系小步快走，是构建"钻石同盟"的辅翼。尽管与美日澳、美日印相比起步晚、层级较低、机制化程度不高，但却是小步快走，弥补了"钻石同盟"的短板。日本通过这种合作加强在"印太"地区自身地位和能力的提升。据《联合早报》26日报道，安倍于2016年提出"自由开放的印度洋太平洋战略"，河野提出的四国首脑战略对话是对该战略的推进。

2. 基于民主价值观推动"志同道合海洋国家联盟"。民主海洋国家在安全保障和经济领域内进行合作，日本认为自己作为亚洲海洋国家的代表，建立"印太"海洋国家在共同利益基础上构建海洋安全机制。

3. 制定"亚非发展走廊战略"，争取"印太"中等强国和摇摆国家。

日本认为，印太地区存在着一些尽管与大国的实力不在一个量级但对"印太"秩序发展有一定影响力的国家和国家群。这些国家被统称为中等强国（secondary powers）和摇摆国家（swing states）。他们的发展方向很有可能会给今后"印太"秩序的构建带来影响，发展与这些国家的关系是实现日本"印太战略"的重要途径；并与印度联合提出"亚非发展战略走廊"（2016年印度总理莫迪访日时发表的联合声明中提出建立）。

"钻石同盟"稳步推进，目前已经即将进入一个新的阶段。"志同道合海洋国家安全联盟"顺势而为"亚非经济走廊战略"由空转实。

三、日本的印太战略对中国的影响

日本的"印太战略"实施起来并不顺利，目前尽管有所进展，但前景还有待观察。但我们仍要充分防范日本以"印太战略"对中国"一带一路"沿线国家进行渗透，日本如若一意孤行，按照"印太战略"既定方向运行，将给"一带一路"倡议和中国的顺利崛起制造一定麻烦。

首先，日本"印太战略"的出现会给印太地区国家带来第三种选择，多边下注获取最高利益是中等摇摆国家的生存之道，虽然日本难以占据主导，但这将提高我国同相关国家的交往成本，增加我国推行"一带一路"的难度。

其次，日本借推行"印太战略"为自卫队和日本武器设备提供借船出海的机会，加强日本同东南亚、南亚等国的军事合作，提升相关国家军事装备水平，将使我周边安全面临新的不确定因素。

第三，日本更加积极参与国际安全事务，将助长日本国内右翼实力的气焰，使得日本在右倾的道路上越走越远，日本突破《和平宪法》的风险在逐步提高。

第四，日本自身虽然难成气候，但日本的"印太战略"符合美国以日本制衡和稀释中国地区影响力的战略目标，日本的"印太战略"与美国的"印太战略"相互叠加、补充，将进一步提高美日同盟在亚太地区的紧密程度和在印太地区的影响力，对中国构成战略制衡。对此我们也不能掉以轻心，要认清日本"印太战略"的实质和内涵，警惕右翼势力在日本政坛的抬头，以及其野心不断外化为实质性的外交战略和举措，必要时采取一定的反制措施，防患于未然。

中国的方案。一是对顺势而为联盟进行分化；二是拉住中间地带国家；三是加强"一带一路"沿线国家的经济合作，之外政治合作和安全合作；四是做好日本谨慎转向自力更生的准备。在日本的牵头下，签署TPP的11个国家达成新的TPP协议，由日本牵头，没有美国参与的亚太11国自由贸易圈接近成型。安倍还对中国的"一带一路"倡议改变立场称"可大力合作"，要在"开放自由的印太地区规则"下实施，在太平洋到印度洋的区域内，对"一带一路"构想提供协助。为此今后还要密切关注日本的这种"自力更生"动向。

孙君健：下面请孟晓旭教授。

孟晓旭（国际关系学院教授）：我报告的题目是《日本的安保动向和东北亚安全》，属于选择性治理，一个是针对日本，一个是针对东北亚。我谈谈自己的想法，因为最近两三年我一直在跟踪研究日本安全问题，也正好就借此机会向大家做一个简要汇报。

首先关于日本现在的安全动向，我们说日本现在还是不是一个和平国家；现在执行的到底是积极的和平主义还是消极的和平主义；到底是不是东北亚安全积极的承担体还是消极的承担体的思考。从2017年的日美安保动向有这么几个方面，一是从11月份众议院选举以后自民党压倒性胜利，他现在非常积极推动修改宪法，在安保方面主要关注的就是想把有关自卫队的条款加到宪法中，对日本安全方面有很大的意义的。二是现在非常热点的问题，日本对朝核问题的应对方式和思考，也是以压力方式应对朝核问题，尽管是压力加对话，实际是比较强力或者推出性地对待朝核问题是以压力为主。三是目前来看，日本加强或者强化它的同盟与准同盟关系。首先加大对美国的防卫武器进口，防卫合作。目前来看日美防卫安保合作有五个层面，其中一个是非常活跃的，就是日美防卫小合作委员会，是司局级的、会议开得非常多，因为往往是这样的层面上的更触及实质性问题。二是日美演习、日美韩演习、日美韩军事情报交换、日美韩共同指挥作战体系的训练和融合。准同盟现在比较突出的就是"日英准同盟"，现在日英防卫合作非常突出，英国脱欧之后也在寻找出路，日本也是在"美国优先"以及特朗普在东亚问题上的不确定性，所以对它现在来说，这应该是日本安保方面选择的一个方向。四是日本目前正在加强提升防卫水平，尽管经济很多方面还处于迟滞增长时期，但是它现在对防卫上的重视和投入非常多。有一个值得关注的就是日本现在准备引入巡航导弹，这是脱离它的专属防卫的。五是日本突出的一个特点就是在安全上进一步防范中国。尽管从目前来看，中日关系比较和缓，特别是强调在"一带一路"的合作上似乎有一些和缓的迹象。但是在安全方面，我们发现日本还是用双手抓的，就是它的空军作战部队作一些调整，特别是美国驻日的一些空军基地现在迁往岩国基地，是靠近中国方面的。再就是对岛屿的认定方向。此外，日本和中国海空联络沟通方面尽管是非常积极，实际是对中国有所防范的，才有这么一个触动。这是五个安保动向，是个总结和回顾。

我也做了四个方面的趋势判断：

第一，尽管它现在的修宪很积极，但是仍然存在一些障碍，特别是公明党的不确定性，对他的支持不明确。因为众议院选举之后，公明党实际上是削弱了，削弱了之后更加保守。还有其他在野党，因为公明党和在野党制约着自民党，怎么制约呢？并不是说在国会的票数上制约，而是在制约自民党修宪在民众中的基础和国民投票这一关。

第二，目前来看，安保趋势仍然是日本在自主防卫力和安保同盟上是双向强化的，现在日本的安全越来越走向复合安全。冷战以后它有不同的特点，冷战以后，比如说日美安保同盟有时候处于漂流时期，非常强调自身防卫力，现在它双向都不放松。

第三，对外主动攻击能力逐渐提升，也有可能会采取对外主动攻击的突破。因为现在来看，包括安倍的发言来看，不太强调像防长小野寺五典所倡导的主张拥有对敌基地的攻击能力，但是从日本国内的氛围和强化的措施方面来看，并不是已经被放弃了的一个选择。

第四，现在的安保趋势，应对朝鲜的威胁是当前的主要任务，实际上真正的背后应对的应该是中国,这从它的主要官防长官以及相关的重要的谈话当中都可以找到一些佐证。

我再谈谈对东北亚局势的影响。首先使得东北亚张力很强的环境下的安全形势更加紧张化,刺激着朝核问题的加剧,在相关报道和朝鲜方面的反应来看,可以看到朝鲜经常威胁要对日本实施核打击。

第二是安全和互信进一步丧失。日本在朝核问题上应对的强硬以及自身防卫力超乎寻常的提升,它还拥有巡航导弹等等,使得中国和韩国都非常怀疑日本的真实意图,怀疑日美的真实意图。我们说的人类命运共同体或者区域命运共同体或者东北亚安全共同体是一个负向作用,安全互信没有,安全共同体从何而来呢?

第三,它在逐渐改变,如果再去发展,肯定会改变东北亚的安全结构。因为现在日本是由弱变强,在军事方面,它的同盟更加强化,这样对崛起的中国或者是中国和日本之间的争端方面来说,在安全结构方面的改变也是值得我们重视的。

总之,现在来看,从2017年和2015年的日本相比,2015年的日本在安全上更多注重于法律和制度层面的改变,新安保法案等等,现在已经到了实践层面和战略层面。2013年,日本制定了国家安全保障战略,现在日本正在讨论要修改,要把这个安全保障战略进行修改,战略上更加提出了新的高度。

孙君健: 在这一节当中,他们从安全观到全球治理观,一直讨论到大国之间的新型国际关系。

徐步: 上午来了很多大咖,他们都走了,下午我们还有蔡老师,我看下午的讨论比上午更加深入。大咖走了之后,讨论渐入佳境。刚才有一个微信帖子说历史不是任人打扮的花枝招展的小姑娘,而是历经风霜后洞若观火的猥琐大叔,有些故事开端很美好,但是结尾非常冷酷,甚至充满黑色的幽默般的讽刺,令人无限唏嘘。我们讨论的安全问题就是这样一个猥琐的大叔。

今天的讨论，特别是今天下午的讨论非常有意思，总体来讲，我想无论是王树春老师还是袁鹏教授、葛建华研究员还是晓旭教授，都从不同角度给我们阐述了很多安全问题。总体来讲，通过今天的讨论，我想我们提出的问题比解答的问题更多，这是任何一场研讨会都会出现的局面，但是往往提出了这样一些新的问题，这些问题重新展现在我们面前，激发我们的思考。什么叫安全治理？确实这个问题我们没有解答。治理什么样的安全问题？确实今天也有很多教授提到了安全泛化的问题，我想这个问题是非常突出的。还涉及到谁来治理这样一些安全问题，怎么样治理，这些问题都摆在我们面前有待我们去解答。这就涉及到安全问题到底定义是什么，这个定义对我们探讨所有我们今天探讨的这些问题具有至关重要的意义。

如果说我们所探讨的安全问题是一种狭义的或者传统上的军事安全问题，我非常同意袁鹏谈到的狭义的传统安全观念问题绝对不可治理性，这些传统的军事安全问题应该说是国与国之间最高层面、最复杂的、最困难的也是矛盾最尖锐的问题，我想这些问题最多也就是管控，要真正治理，特别是通过国际层面的所谓理念、所谓的观念、所谓的思路处理好这些问题，我想人类历史也不会有现在这样一些我们所看到的冲突、战争、分歧、隔阂。所以，怎么样来管控好这些问题，我刚才也向蔡老师请教治理到底英文是什么词，我们都说治理是 governs、管控用 manage，这里应该说有很大区别，当然我们可以暂且忽略 governs 和 manage 之间的区别，我们可以暂且就用治理这么一个词，我们还是可以考虑面对我们周围这样一些问题，无论是传统的安全问题还是非传统安全问题，还是所谓的软安全问题，我们确实面临着很多困惑，面临很多挑战。

今天的讨论我想特别有意义的就是从国别角度进行了探讨。当然我们要从全球层面来探索、思考全球安全治理问题，但是这些全球安全治理问题应该说他们的基础都建立在对区域安全问题、国别安全问题、热点问题怎么样进行治理上。所以日本的"印太战略"非常值得研究，美、日、印、澳四个国家这样的准同盟关系到底怎样演变，会不会形成一个新的所谓同盟关系；在美国双边同盟基础上如果形成这样一个多边同盟关系，给中国的外部环境到底是什么影响，我想这是一个有战略性意义的重要课题。

今天下午的讨论，特别是刚才这一节的讨论非常深刻，非常有意义，也值得我们进一步探索，所以从这个角度讲，我特别感谢利民教授给我这个机会参加今天这个会，同大家这儿吸取更多的新鲜营养。谢谢大家！

罗英杰（国际关系学院教授）：今天下午我听了两组发言，我觉得今天下午的大咖也不少，每一位发言都有自己独到的观点，而且对我的启发都是很大的。我的研究领域是很窄的，对俄罗斯和中亚稍微有点研究，其他方面确实不太多，所以今天对我也是一个很好的学习机会。让我点评，我想谈一下我的感受，今天下午尽管发言不多，但是我觉得内容还是蛮丰富的，既有从概念和理论上对国际安全治理、传统安全观进行辨析探讨，同时也有具体的地区安全治理问题的探讨，既有宏观的也有微观的，有大战略层面的、也有具体层面的。后面三位发言人，葛老师、晓旭老师、王老师，你们涉及到的问题确实与我们中国国家的安全问题是密切相关的，从你们的发言中我得出这么一个结论，追究面临的周边问题是很突出的，对于我们未来如何治理，如何参与到周边安全的治理，提出了很大的挑战，因为对中国的崛起毕竟构成了直接威胁，包括"印太战略"也好，东北亚安全也好，朝核问题也好。

第二个感受，我想谈一下关于国际安全治理。回到今天发言的主题，国际安全治理与人类命运共同体，刚才几位老师都围绕着这个主题，文峰非常坦率地说，国际安全治理可能过两年就没有人谈了，人类命运共同体能不能构建起来呢，也是怀疑。我觉得从学者的角度上来说，我们觉得从各个角度进行评价都是没有错的，尽管构建人类命运共同体是习主席在十九大报告中写得非常明确了。为什么我们要开这个会，为什么以后还要开这个会，林主任有长远战略的打算，我觉得就是因为确实这些相关主题是很值得探讨的，其中有很多不明确的地方，比如国际安全治理，刚才徐大使说国际安全治理，有些高端政治比如军事问题，充其量是管控就不错了，治理就是一定要治好，管控也行，有效的管控更好，当然能够完全解决，那是最理想的。不过从有记载的人类历史发展到现在，安全问题完全解决确实不多，这就是我们面临的现实情况。树春刚才讲了我们的安全观从传统安全观到过渡安全观再到新安全观，这个问题越来越复杂了，给我们提出治理的要求越来越高，我们不仅要面临着治理传统军事安全问题，还要面临着自己的其他方方面面的安全问题。所以这个对我们的治理要求是在提高，而且确实从全球安全，我们从国际安全治理，刚才我听的发言，国际安全治理可以分全球层面和地区层面，全球安全治理更多地倾向于非传统安全的治理，比如能源危机、气候变化、疾病防治、扩散等等，这些问题都是非传统安全问题。这个里面就像文峰刚才讲的，因为各个国家利益各异，治理机制又缺乏，所以导致没有抓手，尽管气候大会年年都在开，问题却依然比较严峻。这是一个方面。

另外地区安全治理现在越来越有一种迹象就是传统安全的威胁在逐步加大，近几年在全球爆发的一些热点问题里，比如乌克兰危机、叙利亚危机，这是很明显的传统安全领域的问题。刚才发言人提到的日本的印太体系构建以及东北亚安全问题，这些都告诉我们现在传统安全问题依然存在，可以说非常严峻。但是也要看到现在传统安全治理主体是很明确的，因为参与的主体是很明确的，内容也是比较清晰的，博弈的内容是非常清晰的，手段也是显性的，用什么手段一清二楚，不怕别人知道。所以地区安全治理有它的治理途径，全球安全治理有它自己的软肋，因此，现在国际安全治理是一个非常庞杂的议题，我认为不仅是现在，未来几年我们围绕这个问题进行进一步探讨的空间还是很大的。因此，我想未来两年请文峰再来发言还是可能的，这个议题是很值得探讨的，无论是地区层面还是全球层面都是非常值得探讨的。今天各位专家从不同层面，从各种角度谈了这些问题，我觉得也就是对我刚才所讲的我们如何看待全球安全治理和构建命运共同体一个很好的回答，问题是存在的，但是治理的必要性还是有的，尽管没有抓手也好，目标不明确也好，但是它会慢慢清晰，慢慢显现出来。

主持人：谢谢罗英杰老师。

蔡拓：听了一天的会，从安全角度我也做点回应，下午的讨论还真是挺好的，更深入。王文峰主编他们回应了上午孟祥青教授的观点，这个问题我们还是得掰扯掰扯。从国际安全治理角度来说，目前传统安全确实一定程度上在回归，是跟整个国家主义的回归是配套的，就是军事安全、政治安全更受到关注，这是一致的。考察冷战后，树春考察的三种类型挺好的，但是我觉得阶段上我们现在得考虑，我们刚才讲的全球安全和国际安全要区分一下，全球安全其实在20世纪90年代表现得最突出也是被认可的，那时候也是全球治理最被认可的时候，因为那时候是要反思的，国家的模式要超越它。到2001年"9·11"事件之后，其实已经开始地缘政治、现实主义回归，但是不太明显，2008年这个阶段就应该结束了，2008年之后传统回归就更为明显了，国家主义回潮，传统安全完全立足于政治安全、军事安全这么一个趋势，即便冷战后也得分阶段来看。现在我们谈容易混了，说冷战后是不是安全观就发生比较大的变化，这个变化主要在1990—2008年之前，更严格来说是2001年之前，就是恐怖主义事件之前，在那之前是全球视角，后来往国家方面拨。

问题是这种拨之后，我们现在又回到传统国际关系理论，一轮一轮的怪圈都要回到现实主义、国家主义的基点上来。其实徐大使提的管控也是这个意思，我们只是采取管控的措施，但是不能从根本上排除，所以这就是一个问题。

我想提出的问题就是国际这种现实主义的指导思想，国家主义的思想，我们能不能突破？因为一轮一轮反复了，等于又一轮反复了，跟现在人类命运共同体是什么关系？人类命运共同体在解决这个问题上完全是空的、没有的，是一个口号？还是真的能解决？这个恐怕是我们下面要着力解决的。

关于国际安全本身，我有一些想法，其实我觉得是整体性的。今天我们谈的，我觉得现在的安全是处于非常不安全的阶段，空前的一个不安全阶段，是一个整体性的，从层次、领域上涉及方方面面，这是大家都能理解到的。有的人讲综合安全等等其他说法，我还是讲这个整体性安全问题。

第二，我想从另一个角度谈，我们现在还习惯于从原来的安全术语，我觉得现在的安全体现信任的安全、公平的安全、价值的安全，这方面乱套了，没有信任、没有公平，价值上混乱，是造成我们现在安全的最大根源。对国家、对民主、对西方自己信奉的自由主义主导的世界秩序现在都不信任了，整个国际秩序没有依托、没有安全感了。在精英和大众、发达国家和发展中国家等等之间的裂痕不平衡越来越大了，互相之间这种不平衡、不公平造成了怨恨，造成了矛盾，造成了从个人角度上完全没有安全感。所以我觉得今天谈论安全，可能这样一个视角值得考虑，不要光拘泥于原来的国家利益上的博弈的思考，它是一个信任安全、公平安全、价值混乱的安全，到底是国家主义还是全球主义？从这个角度研究安全，可能也是一条新的思路。

王树春：我回应一下蔡老师的探讨。冷战以后，其实我觉得国家的主导性一直都在，只是说在不同阶段它的显现不一样。我不认为它是回归，而是它一直都在，因为国家和非国家行为体相比而言有三个优势，这三个优势如果非国家行为体不能把它突破的话，你就很难说要突破国家为主体的这样一种体系。首先国家是拥有主权的，这是其他行为体不具备的，二是国家是有它的领土硬壳在的，其他的主体不具备。三是国家可以通过民族主义思想，把更多人吸引到对它效忠的层面。所以非国家行为体在和它的竞争当中，在这三方面不取得什么突破的话，很难说这个国家主义就没有了。所以我认为只是在不同阶段显现不一样。

文峰有很多观点我们是一样的，但是有一点不一样，你说大炮打蚊子，我们为什么要用大炮打蚊子呢？大炮可以解决的问题就应该用大炮去解决，西方人讲一句话，上帝的归上帝、凯撒的归凯撒，军事手段能解决的问题就应该归军事手段，非要用军事手段解决非传统的东西，肯定是不起作用的。用非军事手段能解决军事问题吗？一样存在这样的困境，所以我觉得不存在军事手段效率下降的问题。

王辉：今天听了一天的报告，很有收获，下午的讨论我觉得逐渐深入了，渐入佳境。我们刚才回应文峰提出的问题，安全概念实际是不断演化的，今天提安全治理，首先安全离不开主体，如果离开主体的话，安全的概念我觉得是不存在的。传统上安全主要是指国家安全，今天我们谈国际安全治理，实际上是否存在一个整体的安全上的共同威胁，如果整体上的威胁相对弱的话，比较突出的还是国家个体的威胁的时候，这样我们谈治理的时候，形成一种错位。当我们今天谈安全治理的时候，尤其是国际安全治理的时候，一定要突出各国安全上有共同威胁的东西，我们才能找到路径，如果我们把国家个体的治理，针对国家的安全，用治理的话，可能就找不到路径。谢谢！

冯玉军：仁伟老师说他发言的逻辑起点我不太认同，当前的国际治理体系基本是在美国同盟体系治理之下的，我觉得这个逻辑起点本身就是有问题的。现在我觉得当前的国际安全治理体系，一方面是多层次的、多主体的，另一方面在很多领域、很多地区、很多问题上又同时也是碎片化的。如果单纯地把当前的治理体系归结为美国同盟体系主导的话，我觉得我们的很多对策、很多政策选择会出现问题。比如说现在在朝核问题上也是这样，美国毫无疑问是一个重要的主体，但是如果单纯把朝核问题归结为美国对华遏制的一个手段，或者说前一阶段我们有一种论点说朝核问题是美朝两家的事情，和中国没有关系，这种我觉得还是有问题的。因为无论怎么样，朝核问题最关键的影响，或者说得再直白一点，最重要的受害者可能将是中国，不管起因是什么，但是中国在这个问题上不参与、不发挥作用，或者说袖手旁观，这种立场是错误的。

王文峰：谢谢各位老师的评论和问题。徐大使说了一句很好的话，提出问题比解答的问题更多，这个是讨论的意义所在，吸引我们去进一步思考。我现在对各位老师的评论和问题没有一个明确的回答，但是我觉得稍微有一点小小的方向和大家汇报、分享一下。我听下来，今天下午的讨论有一个想法，我们总体来说在很大程度上还是在用一种二分法的思维方式思考问题，比如说蔡老师提到的我们对人类命运共同体的解读可以分为世界主义的解读和现实主义的解读，这两种解读很大程度上是对立的，是不太能够融合的。袁鹏发言的时候也提到了类似的现象，中国现在对外的时候的话语体系很大程度上是自由主义的或者是理想主义的；而在国内，一定程度上是保守主义的，这也构成了一个矛盾。刚才蔡老师评论的时候说到，我们能不能跳出现实主义的怪圈，把冷战以后的历史分为两部分，2001年或者2008年以前的那一部分更多的是自由主义色彩的，后面这一部分更多的是现实主义色彩或者国家主义色彩的。总体来说，都是二分法的方法看问题。我学习十九大报告和习主席系列讲话，有一点体会，我们的领导人提出这些新的概念，比如新型国际关系、人类命运共同体等等各种概念的时候，可能有一种意识，就是表现为我们所谓的理论自信；在此之前所有的西方话语体系下面的那些思维方式、理论、概念在今天不灵了，资本主义搞的民主和自由主义的经济体系，走到今天走不动了吧，你们在世界上推行的这套东西无论是经济上的还是安全上的都不行了吧，过去这些年中国是多么成功的模式。是一种要超越于这种二分法的，不管你是自由主义还是现实主义，反正中国要走一条中国特色社会主义道路，这是高于你们争了几百年的现实主义和自由主义。你们在理论的怪圈里跳来跳去，中国跳出来了，我们提出了人类命运共同体这样的崇高概念、提出了新型国际关系，我想我们的领导人是有一定的诚意在里面的，就是说我们确实想搞一些新的东西，我们现在可能第一个我们的宣传机构解读得没有让我们这些普通中国人能够听懂，第二是我们学习得还不够，可能这里确实有一些东西。对我们来说，也许是要跳出二分法的方法来看待当前的世界以及未来的发展。回到蔡老师提出的问题，我们能不能打破现实主义的思维框架，今天的世界是在回到一种国家主义色彩取代自由主义或者理想主义色彩的那样一个简单的重复吗？用习主席的思想来说，可能不是，因为世界永远不可能再回到以前了；今天只能是越来越复杂，矛盾只能是越来越复杂。在安全上讲，威胁既有传统的威胁、又有非传统的威胁，即使是我们今天说传统安全上，传统安全矛盾在回归，但是世界绝对不会再回到冷战时候或者更早以前以大国矛盾或者国家矛盾或者现实主义矛盾为主要矛盾的状态了，那种非传统安全对人类的威胁是实实在在的，而且会是越来越大。

所以我是为了要回答蔡老师的问题，我们还是要跳出二分法，今天我们也许并没有回到现实主义或者说简单地回到现实主义或者国家主义，我们必然要走上一条以前我们没有走过的路，我们必然要有一些新的理论出现；否则的话，不管中美未来的竞争会是多么主导这个世界，但是恐怖主义依然是存在的，非传统安全只能是越来越厉害，我们面临的这些问题只能是越来越厉害。最后如果我们不去应对的话，肯定不会死于中美之间的核大战，而是死于非传统安全我们应对不了的这些威胁上。

蔡拓：观察者网上登了一篇文章说中国就是这种矛盾，在对外交往中是自由主义色彩，特别是在经济上强调贸易自由，中国只是在经济领域上倡导全球主义，实际上骨子里完全是国家主义，坚定地维护国家利益，我觉得他是看准了。你说的，领导是真诚的，我觉得如果是真诚的就非常好。我有时候也很困惑，十六大、十七大、十八大到今天十九大，关于国际问题讲共同的次数越来越多，我曾经专门统计过，就说明从十六大以来我们承认人类共同利益到今天讲人类命运共同体，共同性的思想在我们的最上层，在我们的党章和党的文献中是一条鲜明的线。但是这条线今天实际被我们忽略了，大家更多觉得中国在讲自己的特色，讲这些东西，这两者之间一直是有张力在博弈之中。如果真诚就好，说我们确实想突破现在这个现实主义指导的怪圈，用新的理念指导国际关系，怕的是理念上没有真正转变，仅仅是策略上的；回到现实问题完全国家主义的态度上，这恰恰是国际社会对中国的担忧，这个问题还是需要解决的。

孙君健：本节讨论的主题是从国际安全治理到新型国际关系的构建，各位专家围绕着从安全治理的安全观到安全治理的概念，面临的挑战等等，我们谈了构建新型国际关系，大家又进一步提升到人类命运共同体，构建新型国际关系，构建人类命运共同体。这里有一个前提是国际安全问题，这应该是一个前提。所以今天这个小节，我觉得非常好。大家从构建知识体系上来讲，从本体论到认识论、到方法论，都做了很深入的探讨。大家从探讨学科理论建设的角度，如何把政治话语转换为学术话语、变成知识的内容，大家在这方面也给我很多启发。再次感谢各位专家精彩的演讲,也感谢徐老师和罗老师的精彩点评以及各位自由发言老师的精彩演讲,谢谢!

会议总结(林利民)

林利民:开了一天的会,应该是陶校长向大家问好问安,给大家做一个总结,三点的时候,我们更大的领导把他召去开会去了,所以他就来不了,他委托我代他向大家问好,代他做个总结。

陶校长总结的特点是什么?就是简单,他会非常简单地把总结做了,我就学他做简单。四个关键词。第一是感谢、感动。今天来的都是大牌学者、大牌单位,这么多大牌学者,国际关系学院是个小学校,小小的国关、小小的国政系,大家过来支持,所以我们非常衷心感谢;但是今天一天的会对我们的支持,也感谢会务组的同志,大家用掌声鼓励一下,感谢一下我们后排的同学。

第二个关键词是大丰收。今天收获很大。从大家的思想、观点到信息,对人类命运共同体、国际安全治理,我们今天的讨论又深入了一步。最重要的是,在讨论过程中,大家的学风、会风对我们是一个很大的促进,我们学到了很多东西。

第三个关键词是抱歉,主要是我,办这么大规模的会议经验不足,所以安排不周,条件也有限,所以在生活上,昨天大家来报到的时候引起了一些不必要的绕路、困难,应该是我们之前的事情没做好,这次大家都以宽容的态度,我很抱歉也很感谢大家对我们的宽容。

第四个是期待。大家刚才讲了不少期待,第一个是期待大家的文章,因为我们希望发一个文集,今天的会议大家讨论这么多,三五千字,尤其是我们自己国际关系学院的学者写的,今天参会的北京的学者、外地的学者，我们都会把你们的思想转化成文字。第二个期待是期待今后大家继续帮助我们，帮助我们的会议也好、课题也好。第三个是期待明年再见。

再次感谢大家参加我们的会议和会议的成功！

大会秘书组
2017 年 12 月 15 日